第三十八辑

永嘉文史资料

YONG JIA WEN SHI ZI LIAO

永嘉县政协文化文史和学习委员会 编

中国文史出版社

目录

目录

《陈光中口述自传》节选[①]

陈光中口述自传
An Oral Autobiography of
Prof. Chen Guangzhong

陈光中 口述　　　陈夏红 整理

北京大学出版社
PEKING UNIVERSITY PRESS

---

① 《陈光中口述自传》，陈光中口述、陈夏红整理，北京大学出版
社，2024 年 2 月。

第一章　幼年记忆

出生日期的"秘密"

1930 年 4 月 21 日，农历三月二十三日，我出生在浙江省温州市永嘉县大若岩镇的白泉村。

白泉村位于著名的楠溪江畔，这里溪曲峰叠，景色迷人。清朝时永嘉当地诗人朱步墀有诗云："楠川山水甲东嘉，十里澄潭五里沙。""溪山第一溯珍川，渠水漾回出白泉。"白泉村地理环境得天独厚，山水环抱，依山而建，前临楠溪，视野开阔，环境优美。

白泉村已有近千年的历史。北宋神宗年间（1068—1085），大理寺评事陈灏退仕归隐，看到这里"东连陶公洞幽深，西接百丈瀑如帘；南面琴山钟秀气，北有白水起波纹"，正好耕读养身，遂携带家眷在此定居。据说陈灏建村之时，发现北面山脚下有一眼从白石穴里流出的泉水，水白如玉，清冽甘甜，遂稍加修葺成一"白泉井"，并将村子取名为"白泉"。

祖上的详细事迹已不可考。到我们那一辈，都是"光"字辈。家里给我取"光中"这个名字，寓"光大中华"之意。

这个出生日期需要解释下。我的农历生日是三月二十三日。1950年，我在中山大学读书时，响应组织号召，准备加入中国共产主义青年团，要按照组织要求填写个人简历。这是我平生第一次填简历。

这次填简历时，我并不知道阳历生日是哪一天，当时也没有万年历等途径可查询确认。于是，我就根据阳历比阴历快、大致差一个月的常识，填了1930年4月23日。因为填表要统一，所以我在后来的其他档案材料里，凡是涉及出生日期，我也都一直填的是1930年4月23日。

没过几年，我看到了万年历，核对了一下。我的出生日期，实际上是1930年4月21日。但那时候我没有改，因为要改的话，所有档案都要改，弄不好会有人说你不忠诚、不老实。这就是为什么我的所有档案材料里记载的出生日期都是1930年4月23日。

2020年我迎来九十岁生日。我的学生们编了一本《陈光中教授九十华诞贺寿文集》，里面我的出生日期依然遵从惯例，写为4月23日。

陈光中小学毕业照

两个第一之争

我的小学阶段，在白泉村里的白泉小学度过。

小学期间，我的学习成绩总是全班最好的。我并不是那种死读书或者特别刻苦用功的孩子，我也贪玩。农村里小孩能玩的游戏，我都会学、会玩。课外时间，我喜欢写写字，我还参加过写大字比赛。唱歌我也喜欢。尽管不是十分用功，但在小学阶段，我的成绩总是第一。

农村里没多少可以玩的东西。我上小学时，主要玩两个游戏：一个是象棋，一个是乒乓球。乒乓球也不是现在那种正规的乒乓球台，我们就是找块水泥板或者木板，用棍子、砖头支起来，凑合着打。学校里有个正规的乒乓球台，但是大家都抢。我们就在家里自己动手，支起简陋的乒乓球台。

小学毕业时，我们要公布成绩和排名，学校要往上报小学毕业成绩的第一名。这跟上初中有关系。当时另外有一个同学，成绩也很好，跟我是并列第一，我俩的分数和排名完全一样。我现在也搞不清楚，并列第一的分数是怎么打出来的。

所有老师有点发愁。两个并列第一，怎么往上报？后来听小道消息说因为我年龄比较小，所以老师把我作为并列第一里面的第二，这样到时我就会被刷下来。我听说后，急得不行，就跟家里说了。最后经过各方面的努力，学校还是给解决了上报问题，两个第一都往上报了。因为有两个第一之争，我印象非常深。

文言文的启蒙

上小学时，我白天在学校学习，晚上则由堂伯父教我们几个孩子读古诗文。

大伯家的孩子，天资一般，不怎么会念书。主要是我和我姐姐，还有陈光陆、陈光平，我们几个一起上小学。

到了晚上，祖父就会把我们集中在他住的偏房中间的小中厅里。小中厅里有一张桌子，我们就在那儿学习。祖父不自己教我们，而是请了堂伯父陈应如，到家里来教我们几个。那个时候，祖父就在旁边一边抽大烟，一边看我们学习。

堂伯父跟我们不算亲，属于同宗同族。这位堂伯父那时候大概五十多岁的样子，有个清朝的功名，大概是生员，还没考取举人。他应该是刚考完生员没多久，还没到考举人的时候，清政府就在1905年废除科举了。

我对堂伯父印象最深的，就是他对古诗词、古文名篇非常熟悉。他晚上来我们家，先教我们几个孩子读书，包括古诗词。我现在依然清楚记得《古文观止》里的名篇，比如《前赤壁赋》《后赤壁赋》，还有《陈情表》《前出师表》《后出师表》等，《陋室铭》等就更不用说了。学完《古文观止》后，堂伯父又教了《大学》、《中庸》、《论语》和《孟子》。我印象中《孟子》没有读完，刚开始读，时间不长。

堂伯父教我们读古文，都要求我们背诵。他先教我们读，遇到我们不懂的，他也讲一讲。讲得不多，最重要的是你得认识字。他闭着眼睛讲一句，我们就跟着背一句。他不仅要求我们理解，还要求背诵。这一次讲完，下一次讲课就是背诵，考我们。每人背一段，看谁背得最准确。

我小时候还算聪明，记忆力也比较好。在背诵这些古文时，我一般都是表现最优秀的，经常受到表扬。

这样的学习持续时间不长，也就三年左右。我古诗文背了不少。背诵的时候，我不知道内容、意思，一知半解，但背来背去，就慢慢触类旁通，文言文的之乎者也规律也就慢慢掌握了。后来上初中时，我可以用文言文来写简单的作文。当然不是全用文言文，有时就是兴之所至，文言文也可以简单写一写。而且上初中后，语文课上要学的古文，有相当一部分以前都学过了，所以学得很轻松。主要精力都用在学习数理化和英语上。

我上初中时，这位堂伯父在中学教书，还教过我语文。有一次我接受《温州商报》采访时，我就讲："对我一生最有帮助的事情，就是少年时代读了不少古书。那时候对古文不一定懂，但却让我在似懂非懂中，掌握了古汉语知识。后来我写了一些中国古代司法制度方面的文章，出版了专著，就是得益于那时候打下的基础。"

时隔七十多年后，当我走进曾经跟随堂伯父读古诗文的故居，仿佛听见儿时的琅琅书声。故居的容貌如旧，经历了漫漫岁月，苍老而质朴。当我再次走进白泉小学，虽然现代化的建筑取代了木材校舍，但当我追寻七十多年前的自己的脚步，走在操场外的溪边小路上，小路两侧昔日的小树苗，在经历了历史的风雨后，已长成参天大树；小路外溪水清清，仿佛看见自己儿时和小伙伴们游泳的身姿。

第二章 家族杂记

陈氏家族

要论我的出身，我家的情况应该算乡绅。

祖上的情况，我只了解到祖父那一辈。据我所知，祖父往上，家境比较好。尽管也没有在清朝有个一官半职，但多少有点土地，同时念书，耕读传家。在我祖父这一代后，土地不算多，开始衰败。

尽管家道中落，多少还是有点大家族的遗风，也还有书香门第的底子。我父亲这一代，几个兄弟都能上学，并在当地的师范学校毕业。单凭这一点就能够看出来，在我祖父这一代，家境还可以，也还有耕读传家的传统。

我们那边的耕读文化，很有传统。当地农村人普遍喜欢读书。不仅是我的家乡白泉村，其他地方也一样。南宋时，永嘉县有个进士村，一个村里有几个进士，确实了不起，这跟耕读文化也有关系。尽管南宋时考进士也好考些，但那也不是谁都能考取的。现在大家去永嘉，都会去进士村看看。

20世纪50年代土地改革，我们去广西，发现那些地方真穷，而且文化水平较低。我们家乡不一样，哪怕是贫下中农，也要千方百计把孩子送到学校上学，普遍文化水平比较高。我印象中同班同学里头，初中时很多同学家里条件不好。在我们当地，上个小学不算啥；但是在外地，有的地方小学毕业的在村里就是知识分子了。

耕读文化是相对穷苦的，一边耕地、一边读书。但我家受耕读文化影响不大。我家基本没有耕，条件相对好一点。

祖父没有正当职业。据我所知，他也没有真正务农。在当地，祖父算比较有文化的。但他并没有考取清朝的秀才、举人等科举功名。

祖父自己也写诗。他写出来后，就贴在自己家里的墙上，贴得到处都是。可惜我没有留下它们，也没有记住任何一首。

另外，祖父还会一点外科技术。他能做简单的外科手术，在农村帮远亲近邻处理脓包或者跌打损伤。他有个外科用的小手术刀，很尖。每次做手术前，他有个简单办法消毒，就是拿火把小刀烧一下；消毒之后，就给人家开刀处理伤口。

祖父七十多岁过世时，我已在上初中。

父辈

祖父有三个儿子：大伯陈佰农、父亲陈躬农、叔父陈素农。

父亲他们三兄弟，都上了当地的师范学校。那时候的师范，相当于现在的中专，但实际上比现在的中专水平要高很多，应该说是很不错的。师范学校毕业后，我叔父喜欢体育，毕业后在小学当体育老师。父亲干了什么工作，我不是很清楚。

我家有姐姐、妹妹，还有两兄弟。我弟弟叫陈光白。

叔父有几个孩子：除了两个大姐姐，还有比我大两岁的陈光陆，跟我同岁的陈光平，小我两岁的陈光汉。

我们陈氏家族，在温州当地很有名。主要是因为抗日战争期间，陈氏家族出了四个抗日将士，这在当地并不多见。2015年，时逢抗日战争胜利七十周年。这年12月25日出版的《温州日报》，在"穿越70年的家国情怀""和80、90后一起寻访——我家的抗战故事"系列报道中，还发表了一篇专题报道《满门忠烈，热血报国》，专门报道陈氏家族走出的四位抗日将士的光辉事迹。

我叔父在地方属于"抗日名将"。堂哥陈光启是"抗日烈士"，另一个堂哥陈光初是"抗日人士"。我父亲当时也算"抗日人士"。这里先讲讲我的叔父和我的两位堂哥，我父亲的故事下一章再讲。

叔父陈素农

叔父陈素农，1913年考入浙江省第十师范学校，后来于1924年12月进入黄埔陆军军官学校第三期。

黄埔军校成立于国民革命时期。当时国内军阀割据、列强环伺，孙中山等革命先烈深感有必要打造一支革命之师。在那个时候，全国的时代青年也都以"到黄埔去"作为革命救国的主要途径。黄埔军校试图通过短期学习，在军事和政治上展开集训，为国民革命积蓄力量。从1924年6月黄埔军校创办，到1949年10月，黄埔军校及中央陆军军官学校在大陆前后举办二十三期，培养学员23万余人；其中前五期都在黄埔，总共三年多时间；从第六期开始，学员们开始在南京中央陆军军官学校受训，学制也逐渐从半年短期集训，变成三年长期专业训练。

翻看黄埔军校史料，可以发现一个奇特的现象。在黄埔军校前四期毕业离校的4900多位学员中，第一、二期几乎没有永嘉人，第二期只有后来的国民党将领邱清泉。但第三期却出现永嘉同乡扎堆的现象。同期和我叔父一起编入黄埔第三期步兵队的永嘉同乡有陈藻、陈觉、徐启兴、陈祥麟、徐立、张鹏、汤复天、叶荏、叶祥宾、谢玛、胡世培、胡宝书、金家藩、周佩三、余昌舜、吴兆瑛、吴兆铮、李鸿僖共十九人；另外，编入第三期骑兵队的永嘉同乡有金麟、夏雷、陈槼三人。第四期只有陈于滨一人。这里的具体原因待考。这或许能够解释为什么我父亲后来也成为黄埔军校的一员。

受各种因素影响，第三期学员从入校到举办开学典礼，前后延宕近半年。他们在1925年7月1日举行开学典礼，1926年1月17日举行毕业典礼。

叔父他们第三期学员入学时，黄埔军校正在东征。第三期学员因刚刚入校，成立入伍生总队留校，分驻广州市区、黄埔和虎门等地，担任治安、勤务和警戒任务。在平息杨刘叛乱（1923年1月，在广东的滇系军阀杨希闵、桂系军阀刘震寰联合驱逐了广东军阀陈炯明，迎接孙中山回广州任大元帅。随着政治形势的变化，杨希闵、刘震寰逐渐与革命政府离心离德。1925年5月中旬，杨希闵、刘震寰联合港英当局，发动反革命武装叛乱，企图推翻革命政府，史称"杨刘叛乱"。1925年6月6日，正在东征的革命军回师，不到一周时间，迅速平息杨刘叛乱）时，第三期学员奉令回到黄埔，配合回师的东征军发动总攻击。1925年6月23日，第三期学员参加广州各界声援上海"五卅惨案"反帝游行，路过沙基时遭到沙面租界英国军警开枪残杀，军校官兵死伤近百人，第三期入伍生亦有16人遇难。廖仲恺遇刺后，第三期学员承担了参加监管廖案凶犯的重任。

1926年1月，叔父同第三期1224名学员一起毕业。这期毕业生，大多数被分派到国民革命军第一军（潮汕）、第四军（琼州）见习，在北伐战争中发挥了重要作用。

叔父后来一直在陆军系统。1928年，叔父考入中央陆军大学第九期深造。1931年毕业后，先后担任陆军第一师中校参谋、武汉干部训练班上校教务主任等职务，后转任陆军八十八师上校参谋主任及该师五二四团团长。

1933年5月，他在陆军大学第九期大军统帅课笔记的基础上，参考其他文献资料，编订完成专著《大军统帅学》。曾任陆军大学教育长和代校长的周斌、陆军大学教务主任邹鋆斌为该书惠赐序言，时任常州陆军第一师中将师长胡宗南亲笔写下读后感，对该书评价甚高。叔父在《例言》中指出，"本书乃研究军、方面军及最高统帅机关之指挥也。此类书籍，关于国防作战方法甚巨，故各国皆极端机密，不肯宣泄。本书专引战史实例，说明统帅之原理，以贡献国内兵学界之参考，其目的在抛砖引玉，共相探讨，期成功我中华民族之战法，以巩固国防"。

1938年夏天，叔父调任国民革命军第七十一军少将参谋长。其中有一次率领部队，与日军在河南商城的富金山一带遭遇。在仔细分析研判后，他认为日军将会猛攻，建议主力集结富金山，利用地形优势固守。两军遭遇后，叔父带兵居高临下，利用地形优势勇猛歼敌六千多人，极大地阻滞了日军前进的步伐。随后，考虑到我军亦有伤亡，叔父率部退守商城附近小界岭，等待第八十七师增援。叔父向第八十七师师长沈发藻建议，正面增援或有伤亡，可以从左翼出击，断敌补给线，迫使其后撤。这一战后，沈发藻发电盛赞叔父是中国的"鲁登道夫"。

1941年5月，率部辗转中条山的叔父，已升任预八师师长。在躲避日军的围剿中，他不慎扭伤脚踝，与部队走散，不得不藏在山岩一侧大松树下，耳边日军的刺刀声、饭盒声络绎不绝，侥幸躲过。在大山里，日军不仅大力搜捕，还发出悬赏令：如能缴获师长尸体，奖金两万元。叔父后来穿上老百姓的衣服，乔装打扮，一路艰险，最终回到部队。

这之后，叔父一直率部队辗转晋东南，抗日三年有余。1944年7月，叔父升任第九十七军中将军长。在南丹战役中，他率领两个师不足五个团的兵力，以少胜多，抵挡日寇两万多兵力达七日之久，对于西南战局的好转立下赫赫战功。

后来，日本从西南进攻重庆。我叔父当时是第九十七军军长，原来部署在重庆附近，紧急调到重庆和贵州之间的前线抗敌。与来犯的日军遭遇后，我叔父带兵同日军打了一仗，这一仗打败了。打了败仗后，上司不满意，他被撤职，于是就赋闲了。

抗日战争胜利后，内战箭在弦上。上面也不想让叔父带兵，叔父就以足患为由推托，"一生以黄埔开始军旅生涯，那就以黄埔作为栖身之地"。国民党方面后来也没有让叔父带兵，而是给了他一个闲职。1948年，叔父出任汉口陆军军官训练班教育处处长，一面授课，一面静观战局演变。

在这期间，依据其授课笔记，叔父又完成其第二本著作，即《二次世界大战简史：地中海战争之部》。

现在看来，叔父也是因祸得福。如果他在抗战末期不打败仗，可能就会带兵参加内战，他的命运可能同邱清泉一样。因为没有参加内战，现在我们家乡的县志里面，他是"抗日名将"。

尽管如此，他还是属于国民党系统。解放战争后期，国民党不行了，他就在广州解放前夕隐居香港。但是在香港待了一段时间后，生活比较困难，而且国民党在台湾也站稳了脚跟，所以他就跑到台湾去，挂一个闲职、吃闲饭。1983年，叔父八十四岁，病逝。

20世纪90年代我有机会去台湾地区访问。第二次去台北时，还专程去叔父的墓前祭扫。叔父的墓地在台北陆军公墓，坟墓的方位、面积和军衔挂钩。

我叔父的孩子中，大儿子后来去了美国，老二陈光平、老三陈光汉解放后都留在内地（大陆），没有跟着叔父去香港、台湾。

为抗战捐躯的远房堂哥陈光启

我远房堂哥陈光启的事迹也值得说说。

陈光启出生于1917年。据报道，他幼年受叔父陈素农、陈躬农及堂兄陈光初三位抗日将士的影响，从小立下"挥戈卫国保民安"的志向。十八岁时，陈光启在温州中学投笔从戎，考入黄埔军校；十九岁提前毕业，编入国民革命军预备八师，任少尉排长，直赴抗日战场。

1937年淞沪会战爆发后，陈光启率全排五十余名战士，死守防线三个月，成功完成防守任务。奉命撤退时，全排仅九人生还，他亦受重伤。陈光启耳朵失聪，不能正常生活、工作，上级遂让他复员休养。

1938年，陈光启身体康复后，在当地被任命为永嘉抗日自卫队分队长，镇守龙湾炮台。

1940年，随着抗日战争的持久进行，前线人手吃紧。于是，他辞别新婚不久的妻子，奉令返回部队，以上尉参谋身份回到太行山抗日前线。

1941年5月，日寇十万兵力围攻太行山，战争甚烈。陈光启率特务连浴血奋战，在生死存亡关头，他端起冲锋枪向日寇猛烈扫射，奋勇杀敌，不幸头部中弹牺牲。国民政府追晋其上校褒奖，并赐"抗日牺牲烈士"匾额。

远房堂哥陈光初

陈光初出生于1910年。1937年，随着日寇全面侵华，时年二十七岁的陈光初毅然参军，投奔我叔父。

淞沪会战爆发后，陈光初右腿三处中弹。幸亏当时上海医疗条件比较好，保住了腿。如果是在远离大城市的战场上受同样的伤，可能就得截肢保命了。

陈光初腿伤痊愈后，跟随叔父去了太行山，担任预八师少校军需股长，主要负责部队后勤保障工作。

1944年夏，日军将进攻的重点瞄准西南，湖南、广西战局危急，当地驻军几近崩溃。陈光初奉令前往南丹支援。战况惨烈，国军几乎全军覆没，最后只有几百人冲出重围。

那个时候，叔父不仅自己心生去意，也给堂哥陈光初发了遣返证："你和光启随我南征北伐，为保家国，你负伤于淞沪战役，光启战死太行，为国捐躯，尸首也不能运回故里。若抗战胜利后，国共和谈不成，难免要发生内战，死于内战不值啊！我给你发个遣返证，回家糊口吧！"

陈光初返回温州后，经营拉铁丝、制钉子的个体工作坊。后来社会主义工商业改造后，他成为制钉厂的工人，"文革"期间也受过冲击。

改革开放后，陈光初加入民革，一直活到九十岁才驾鹤归西。当时民革给他送来挽联："八年抗战出生入死，一世勤劳奉公守法。"

第三章 我的父亲母亲

父亲侧影

我父亲、叔父都是黄埔军校的学员。但叔父入学比较早，学的是军事科；父亲入学晚，进的是政治科。

父亲比叔父究竟晚几期，我说不清楚。黄埔军校史料中，有前四期学员及籍贯清单，我叔父是第三期，1924年冬入学，1926年1月毕业。但是，第四期学员中并没有父亲的名字。所以照此推断．父亲可能是黄埔军校第五期或者以后的学员。

在北伐结束后，有很长一段时间，父亲都在国民党的南京党部工作。抗日战争爆发前，我家一直就在南京。抗日战争全面爆发后，父亲才把我们送回老家。我弟弟陈光白就是在南京白下出生的。

1938年抗战开始后，叔父已经担任预八师师长。那时候国民党军队的师长，有独立的用人权。尤其是后方办事处主任，这是一个十分重要的职位，还是得用自己人。所以叔父就让我父亲过去，担任预八师后方办事处主任，最高军衔是上校。因为我父亲有北伐资历，给他上校军衔也名正言顺。

父亲的工作，主要是驻扎在西安、成都等地，负责整个预八师的枪支弹药和军需补给等后勤工作。叔父在前线带兵打仗，父亲在后方做后勤。他们兄弟俩有一张照片，是叔父从前线回到西安时所拍，现在还保留着。父亲很少给我们讲他的经历，很多细节无从得知。但因为这段经历，父亲也被视为抗日人士。

抗战胜利后，国共内战在即，叔父萌生退意。父亲身体不好，也就回家了。

父亲还是有一些文采的。他喜欢写诗，但作品几乎都没能留下来。父亲唯一留下来的一首诗，就是得悉我远房堂哥陈光启壮烈牺牲的噩耗后，在西安写了一首悼诗：

> 城郭人民半已非，江山为重一身微。
>
> 西移仓卒遇顽敌，东返张皇误战机。
>
> 碧血已随剑气尽，忠魂应化鹤来归。
>
> 关河烽火连天黑，玉树凋伤泪满衣。

父亲回永嘉时，我已经快读完初中。我上高中后，有两三年时间，我一直是走读，平时都是住在家里，所以一直到我高中毕业，父亲都和我在一起，几乎朝夕相处。

解放前，我们父子之间有点父尊的传统。父亲和我之间的交流不太多。我感觉父亲也很喜欢我，对我也很好，看我学习很优秀，也不操心。父亲偶尔也跟我谈点古诗词。印象中就是我念我的书、他忙他的事，我似乎没有什么事情必须和他交流，他也很少找我。

那时候堂伯父陈应如的儿子、我的堂哥陈光复，比我大几岁。他上高中，在县城没地方住，我家在城里有房子，就给他一间屋子，借住在我家。我住楼上靠窗户的房间，比他的房间亮堂一点。陈光复古文很好，数理化不行，后来没有上大学。解放后，他因为古文很好，当了中学师资培训班的老师，专门给中学老师们讲古诗文。后来他作了不少古诗和对联，还出版了著作。

高中阶段，我的主要任务就是努力学习。学习之余，自我娱乐。陈光复的象棋下得挺好。我俩一有空，尤其是周末，就一起下象棋。

母爱如山

就父母亲而言，我印象最深也最多的，是我母亲。

母亲名讳汤银茶。我出生后，从小到大，都是母亲照料着我长大。母亲幼时没有读过书。她同父亲结婚后，因为要跟父亲通信通过自学能够勉强认识几个字，也能够写有错别字的信。

母亲没有文化，但脑子很聪明，记忆力很强，对数字很敏感。我一直觉得，自己天赋比较聪明，可能遗传自父母，但是更多来自母亲。

母亲也很勤劳，家里生活上的事都是由母亲操劳。父亲胃不太好，也不怎么做家务，在家里从来都是母亲做饭。

母亲很疼爱我，可以说疼爱到极致。因为在我出生前，一连生了几个女儿。在农村，生了几个女儿，没有儿子，她心里头还是觉得十分遗憾。所以我出生后，她特别疼爱，特别珍惜。有些细节我现在还记得很清楚。

比如每年我的生日到了，母亲一定要在家里宰一只鸡，中间加一些栗子。为什么会这么做呢？我猜是有"鸡"有"栗"，谐音"大吉大利"。

当然这种待遇，还有另外一种解释。我的生日是农历三月二十三，而这一天也正是妈祖诞辰。南方农村都会在这一天祭拜妈祖，祈求平安，比如南京一带就有"三月二十三，乌龟爬下关"的说法。那么宰鸡，既祭奠了妈祖，也给我过了生日。大家都说我出生的日子好！不管怎么说，我每次过生日，都能吃到鸡肉。

母亲还多次跟我讲过一段经历：我大概四五岁的时候得了一场重病。那时候农村孩子夭折的几率很高，可把我母亲吓坏了。母亲说她一直在身边守着我。她跟我讲的时候，一边讲，一边哭，我现在还记忆犹新。

我上中学和小学的时候，需要自己带一点干菜。比如梅干菜之类，高级一点的还有腌制带鱼、炸鳗鱼等。母亲每次都精心准备好，给我带上。我小的时候，母亲在生活上对我特别照顾。上高中后，晚上我一般十点钟睡觉，母亲怕我吃不饱就睡觉，晚上九点多了，还煮个鸡蛋亲自送过来。

关于母亲的记忆，细节比较多。这些事父亲不会做，都是母亲做。所以我跟母亲感情很深。母亲晚年一直留在永嘉，我在外面工作，每个月都给她寄钱。那时候，我每月寄十元给母亲，有时寄十二元，逢年过节再加几元。刚开始我每月工资只有七十几元钱，后来涨到八十九元。那时候我也要养家糊口，还有孩子。对母亲来说，那时候十几元钱，在温州凑合过日子也够了。母亲去世时，我在广西大学教书。当时我没有赶回去，后来一直很内疚。没有回去，是因为当时还在"文化大革命"（简称"文革"）期间，母亲的家庭成分是地主，我感觉不便于太亲热。那时候我自己也背着历史包袱，有个需要划清界限的问题。母亲过世后，家里给我发了电报。但我经过考虑，没有赶回去。路途远是一个原因，阶级成分也是一个原因。我这个人从小受儒家的影响，主张孝道，但当时却没能赶回去送母亲最后一程，到现在还是很内疚。

父亲是温州和平解放的有功人士

抗战胜利后，父亲就回家了。有一段时间，他无所事事，后来在温州建华中学教国文，加上前面在南京工作期间也多少有些积蓄，就买了一些土地出租，在温州也算是地方乡绅。后来因为历史机缘，父亲全程参与了温州的和平解放。

温州之所以能够和平解放，与时任温州主政者叶芳和我父亲的交往有一定关系。

叶芳也是永嘉人，黄埔军校第七期学生。叶芳曾跟随我叔父多年，是我叔父的部下。1947年，叶芳担任整编第五军挺进纵队少将司令、邱清泉第二兵团骑兵团团长。1949年1月，叶芳又被委任为第八区专员。随后，叶芳又被陈仪任命为第五区（温州区）行政督察专员兼保安司令。

就这样，叶芳在当时军政合一的体制下，成为国民党在温州地区的最高领导。

但是，1948年下半年，国民党颓势已现。尤其是辽沈、淮海、平津三大战役后，国民党主力基本被歼灭。进入1949年之后，国民党方面更是溃不成军。1949年4月23日，解放军赢得渡江战役，解放了南京。随着解放军继续挺进，江浙一带迎来解放的曙光。

当时温州归中共浙南地委管辖。到1949年3月，浙南游击纵队已形成三个支队、两个大队的战斗规模，主力部队约两千人，区县队一千人，还有民兵四五万人，形成主力部队、地方部队和民兵三结合的武装力量体系。渡江战役后，为配合解放军解放全中国，中共浙南地委也率领浙南游击纵队，向瓯江两岸的国民党军队发起进攻，并取得节节胜利。

温州一带的形势极为明朗：共产党方面，军事斗争的胜利再加上群众运动的配合，全面胜利指日可待；国民党方面，除驻守温州城内的第二师两个团及其他零散部队近两千人尚有一定战斗力外，其他驻守各县的国民党军队残部千余人，整体士气低迷，战斗力薄弱，屡战屡败。

对于温州究竟是和平解放还是武力夺取，浙南革命力量已做好两手准备。和平解放当然是最好的选项，可以避免生灵涂炭，关键取决于叶芳能否起义投诚。

1949年3月，叶芳的靠山一个个倒台。尤其是1949年1月邱清泉在淮海战役前线被解放军击毙的消息，对他的刺激很大。他看到国民党内部有识之士为寻求个人出路，纷纷向人民靠拢，他自身思想转变也很大。叶芳是个明白人，他知道大势已去，需要在历史的紧要关头有所改变。

叶芳开始有点犹豫。有一次经过上海时，他同两个方面都有接触。共产党方面，他求助于永嘉同乡胡公冕。胡公冕在土地革命时期曾担任红十三军军长，土地革命失败后，胡公冕主要在上海从事统战和兵运工作。胡公冕答应转请中共上海地下党，尽快派人到温州跟他联系。国民党方面，叶芳找到国民党第五军军长熊笑三，为自己在温州征募的新兵要番号。熊笑三也答应报请叶芳为第五军第二师师长，下辖三个团。

叶芳回到温州，未等国民政府国防部下令，即成立第二师师部，自任师长，同时向新任浙江省主席周喦请辞温州行政督察专员兼区保安司令职务。他本来预期周喦不会马上批准，没想到周喦立即批准并任命新人，1949年4月上旬就要交接工作。叶芳知道，一旦交接，不仅不能继续指挥和控制保安独立团和自卫团，手下新兵团的补给也会受到影响。叶芳一面拖延交接，一面派亲信到上海，催促中共上海地下党尽快派人来温州。

叶芳同我父亲既是黄埔校友，加上他早年一直跟随我叔父，自然亲切。他主政温州后，跟我父亲来往甚多，经常来我家里做客、聊天。因为两人私交甚好，所以叶芳一方面派亲信前往上海与中共地下党联系，另一方面也同我父亲秘密筹划和商量。对于叶芳弃暗投明，我父亲是积极支持的，同他一起谋划。

1949年5月1日，叶芳的代表与中共浙南地委和浙南游击纵队代表，在郭溪岭头的历史古刹景德寺相聚，围绕温州和平解放事宜展开谈判，并在当天达成原则性协议，商定5月6日夜里叶芳宣布起义，浙南游击纵队进入温州城。但因为一些关键细节需要叶芳审定，双方约定5月4日再次会谈，并就双方关切的所有问题达成一致。

在和谈达成一致之后，起义的具体事项和其他各界的动员也在齐头并进。5月6日下午，叶芳在他的住宅召开当地开明乡绅座谈会。这个会表面上是征求大家对温州前途的意见，实际上是给大家放风，要大家支持他和平解放。这个会他要我父亲参加，我父亲也发言表态。因为事先有沟通，我父亲在会上的发言鲜明表态，支持温州和平解放。1984年7月，叶芳曾写过一篇《国民党陆军二师起义经过》，关于这次会议他是这样回忆的：

起义前夕我在信河街西河头住宅召开社会各界名流会议。参加者有张千里、刘景晨、梅冷生、金嵘轩、谷寅侯、陈纪方、杨雨农、吴百亨、陈躬农、戴萱庭、王纯侯以及王思本、金天然等三十余人。我首先发言说："目前形势已临紧急关头，请各位父老贤达来共商应付大计，如果打怎样打法？撤退又怎样撤法？和平解决怎样和法？请诸公多多指教。"张千里说："我是在乡将领，国民党不败不亡、天理难容，堂堂首都都不击自溃，我们浙南一隅还能打个屁，撤逃不是办法，只有听凭叶兄决定一切。"陈纪方说："八年抗战，温州三次沦陷，部队闻风而逃。百姓遭殃，人心厌战，就是大势所趋，如今也只有老兄承担这个历史任务，勿使故乡受糟蹋就好了。"其余陈躬农、金嵘轩等发言大致吻合张、陈的意见，言外之意是支持我的起义行动。

另一位叶芳方面参与温州和平解放的王思本，也在《我参加温州和平解放》一文中，提及这次会议：

五月六日下午在叶芳住宅召集地方开明士绅、有关法团领袖、学校校长等十余人会议，出席的有金嵘轩（温中校长）、谷寅侯（瓯中校长）、梅冷生（图书馆馆长）、吴伯亨（实业家）、王纯侯（商会）、张一鸣（商会）、杨雨农（救济院）……会议由叶芳主持，我作了形势报告，并公开向他们宣布准备反蒋起义，但不说起义日期，叶芳提出要求请他们支持，并声明如有泄密从严惩处。全场鸦雀无声，唯面面相觑未敢发言。经再三启发，刘景晨首先发言表示拥护，对国民党政府腐化无能，痛骂一顿，继之金嵘轩、梅冷生均表示赞同，会议不到两小时就结束了。

王思本在另一篇《叶芳将军与温州和平解放》的文章中，再度提及这次会议，部分细节略有差别，也提及我父亲的名字：

五月六日下午，在西湖头叶芳临时指挥部召开地方开明人士、有关法团领袖、中学校长等十余人座谈会，到会者有金嵘轩（温中校长）、谷寅侯（瓯中校长）、陈纪方（建华中学校长）、开明士绅刘景晨、梅冷生（图书馆馆长）、陈躬农、杨雨农（救济院院长）、王纯侯（商会会长）、吴百亨（实业家）等。会议由叶芳讲话，说明了开会宗旨，并宣告为了保障人民生命财产和地方安全起见，决定在温率部反蒋起义。我在会上也讲了话。叶芳即席要求大家支持我们的正义行动，并宣布如有泄密从严惩处。此时全场鸦雀无声，大家面面相觑，未敢发言，经再三启发，刘景晨首先发言表示拥护，并对国民党政府腐败无能痛骂一顿，继之金嵘轩、梅冷生、陈纪方等均表示赞同，会议不到两个小时就结束。

民革温州市委相关综述也表明，"5月6日起义前夕，叶芳召集社会各界名流会议，陈述当前紧迫的形势，听取社会贤达们的意见。有识之士都认为战或逃均不是上策，老百姓只希望勿使家乡再受战乱。言外之意都是支持起义行动的"。

就这样，1949 年 5 月 7 日凌晨，温州城迎来和平解放，避免了生灵涂炭的局面。

我父亲在幕后参与温州和平解放的事情，开始我们都不知道。在解放初期，温州地方政府也没有把他当作和平解放温州的有功人士，毕竟很多事情只有他和叶芳清楚来龙去脉。解放初期，叶芳还被当作和平解放的统战对象，但 1957 年被打成右派，加上我父亲早早谢世，这些经历就无人知晓了。目前出版的有关温州和平解放的材料里，会提及部分开明士绅的作用，但几乎没有提到我父亲的作用和贡献。这段往事重见天日，要到 20世纪 80 年代以后。

父亲自杀

前面提到，抗战胜利复员后，父亲回到永嘉，一边教书育人，一边买田置产。他名下土地数量倒是不多，但是解放后划成分时，按照那时候的观念，属于不劳而食阶层，所以被划为地主。

在土改期间，我父亲受到了批斗。他之所以受到批斗，除地主成分外，还有其他两个因素：一个是他在抗日战争结束回到永嘉后作为地方乡绅，曾被推选为永嘉县参议会的参议员；在解放初期，这个身份被视为旧官僚。另一个前面提到过，我叔父在解放后经香港去了台湾，尽管那时候音讯全无，但依然被视为有海外关系。

在这种情况下，我父亲既是地主，又是国民党的县参议员，另外加上我叔父的因素，在土改的时候，他就被视为官僚地主。

村民把他拉回村里去批斗，在批斗开始的前一天晚上他就自杀了。

父亲是 1951 年 4 月自杀的。当时我正好转到北大，在北大学习。家里姐妹写信告诉了我具体情况。

当我知道父亲自杀的时候，应该是5月份左右。那时候，我思想上还是很震惊，既没有思想准备，也不懂党的政策。作为共青团员，我认为这种情况属于家庭的重大事件，具有政治性质，应该向组织交代。所以父亲自杀后过了一段时间，我就主动把家里的情况向组织作了交代，但是细节没讲，因为我也不知道。

我在广西参加土改时，组织上已经掌握了这些情况。土改结束后，有思想总结环节。我根据自己的家庭情况，作了比较深刻的思想总结。回来以后分配工作，我也向组织交代了相关情况。

家庭出身有问题

父亲在土改中自杀，随后变成我们兄弟姐妹一个很大的历史和思想包袱。包括我20世纪50年代在北大提出入党申请，党组织不批准我入党的理由就是家庭出身问题。

我家庭社会关系有什么问题呢？前面详细介绍过我的家庭背景，问题主要出在父亲和叔父身上。

一方面，父亲早年上过黄埔军校，参加过北伐和抗日战争，属于抗战有功人士。抗战胜利后，他复员回家，一边在温州的一所中学教书，一边用手头闲钱购置了一些土地用于出租。解放后划成分，父亲被划为地主。后来在土改中，他被拉到农村批斗，就自杀了。另外，父亲在新中国成立前还担任过永嘉县参议会的议员，这也是政治上的不良记录之一。

像我父亲这种情况，确实给我很大打击。我在土地改革时处理别人，会不会同情呢？应该说，我还是很注意立场问题的。我深有感触，但是组织上还是很信任我。我在土改后期分工负责一个乡，组织和领导斗地主等活动。那时候我才知道，土改斗地主是怎么一回事，也才知道我父亲被批斗、要自杀是怎么回事。因为广西那些所谓的大地主，实际上还不如我父亲；有些被斗的地主，地位比我父亲低很多。像我父亲这种情况，按照我在广西的经验，不是乡里就能处理的，如何对待像他这个级别的，应该属于县里要掌握的情况。

另一方面，我叔父作为国民党高级将领，在抗战期间曾担任第九十七军军长，军衔至中将。抗战后期，他遭遇日军，不幸被日军打败。国民党方面遂撤去他的军职。开始还要惩罚，后来因为他资格比较老，没有处分。内战期间，他没有实际参战，主要在军校系统培养学员。中华人民共和国成立后他在香港过渡了一段，就跑到台湾去了挂个虚职。当时叔父同我们已经中断联络了。但不管是不是虚职、是不是有联络，只要人在台湾，中华人民共和国成立后都被视为有重大海外关系。

对我当时来说，这属于重大、复杂的社会关系。组织认为我家庭出身有问题，没有批准我的入党申请，我也很有压力。

整风反右前，我的家庭社会关系复杂；整风反右中，我犯了严重右倾错误。我始终背着沉重的思想包袱。一直到改革开放以前，我觉得有个大学教书的工作就不错了，也不敢有更多的想法。

当然，在改革开放初期，在我父亲平反前，我也入党了。改革开放后，组织上认为家庭出身问题，搞清楚怎么回事就行，不再追究。入党问题解决后，我心理上也解脱了。所以现在我的简历上写我父亲身份，就写开明士绅。改革开放以后，大家都看开了。

父亲平反记

改革开放后，叶芳获得平反，担任民革浙江省委副主委。

1983年前后，他主动找到我妹妹。他说："你父亲参加和平解放的事情，有些秘密活动，只有我能说清楚，别人说不清。我有责任把这事情说清楚，为你父亲恢复名誉。"随后，关于我父亲的情况，他写了一份很长的材料，提交给当地统战部门，也给了我妹妹一份。

那时候，我已经在中国政法大学担任研究生院副院长。我妹妹把这个情况告诉了我，我就从北京跑到杭州，拜谒叶芳，然后以我们兄妹三人名义，给浙江省委统战部和温州市委统战部写了一份报告，要求给我父亲落实政策。我们不仅写报告，也找了统战部负责人。他们也很重视，展开很负责任的调查。

在这个过程中，叶芳再次发挥了很大作用。他不仅提交书面材料，同统战部的人讲得也很恳切。因为除了我父亲在温州和平解放座谈会上的谈话，几乎没有相关情况的旁证。绝大多数情况，都只有叶芳和我父亲两人知道。按照叶芳的说法，和平解放的决定，是他和我父亲两个人商定的。

1986年3月，叶芳在杭州逝世，享年七十六岁。我们很感谢他仗义执言，说出这段与我父亲有关且鲜为人知的历史。

最后，统战部门给我父亲平反，把我父亲视为温州和平解放的有功人士。温州市委统战部专门发了个平反的文件。后来我们几个兄弟姐妹在父亲坟前立了个碑，碑文就是按照这个文件记载的情况客观记述。我只要回家，肯定都会去扫墓。原来我们为父亲的事情都背着思想包袱，父亲平反后，我们全家也都放下了包袱。

第四章　中学时代

考入济时中学

1942年2月，济时中学春季学期开学，招收春一新生三个班。我是新生之一。

济时中学是现在永嘉二中的前身。当时，日寇铁蹄蹂躏中华大地，温州被占领后，许多农村孩子没法上中学。为解决这个问题，1938 年 7 月，永嘉当地名士徐石麟、陈修仁等会同楠溪贤达王骏声、陈铎民、陈云扉、徐端甫、叶蕴辉、孙孟晋、郑商贤、李仲芳等组成校董会，在枫林小学的基础上，创立私立济时中学，并延聘金嵘轩担任校长、王亦文担任教导主任。

金嵘轩是瑞安人，早年毕业于日本东京高等师范学校教育系，受章太炎、陶成章等革命党人影响，立志教育救国。回国后，曾任浙江教育厅第三科科长、浙江第十中学（省立温州中学前身）校长、浙江地方自治专修学校教务长等，是当地名重一时的教育家。

在抗日战争特殊背景下，济时中学校址几经变迁。先在枫林，后在渠口，1950 年后又迁徙到岩头镇。我在济时中学求学的那三年，就是在渠口校址。对这三年，陈光复在《永嘉济时中学简史》有如下记述：

1942 年 2 月招收春一新生三个班，学生日益增多。当时学校爱国的教职员工，为了焕发学生精神，实施晚操制度。卫生组成立医务室，实行学生体格检查。在学生中成立军事训练团对高年级学生开始实行军事训练。在师生员工中成立济中剧团，积极排演宣传抗日节目。于 5 月 2 日晚上，在岩头公演抗日歌剧。11 月下旬，举行全校学生作文初赛、复赛，题目分别是《青年应有的生产技能》《国家兴亡，匹夫有责》。12 月 25 日，全校师生举行寒衣献金。1943 年 5 月 9 日，学校宣传队在珠岸宣传日寇暴行及世界大战战况，激发人民群众的爱国主义精神，奋起抗日。这样，将教育与抗战结合起来，使学校在群众中扎了根。

上述记述基本准确。"济时"二字，有"共济时艰"之意。按照金嵘轩校长的解释，济时中学办学要"适应时代需要，补充时代短缺，促进乡村文化，培育战时人才"。也是基于这个办学目标，金嵘轩校长为济时中学制定并手写"整齐勤朴"四字校训："整——一起振作精神；齐——全体团结一致；勤——大家为公努力；朴——随处实事求是。"

那时候济时中学的校歌，由金嵘轩作词、陈乐书作曲，旋律至今犹在耳边：

大时代，大时代，我校创于民族抗战开始后一年。枫林起基，渠口建新舍地。跨两溪，汇通大小源。命名济时，适应时代需要，补充时代短缺，通过时代动荡，赶上时代趋势。大家努力，努力共同建设新济中。

大时代，大时代，我校创于民族抗战开始后一年。枫林起基，渠口建新舍地。跨两溪，汇通大小源。命名济时，推行地方自治，促进乡村文化，提倡生产教育，发挥劳作精神。大家努力，努力共同爱护新济中。

大时代，大时代，我校创于民族抗战开始后一年。枫林起基，渠口建新舍地。跨两溪，汇通大小源。命名济时，推行自治在整，促进文化在齐，提倡生产在勤，发挥劳作在朴。大家努力，努力共同发展新济中。

在这种特殊的时代背景下，济时中学的教育呈现出明显的特色。当时的校领导，大都是留学日本东京高等师范学校的高才生，熟悉现代教育，办校治学都十分严谨勤奋，对于教育救国、通过教育力量改造社会，有极深的认同。他们认识到农民对于农业生产的重要性，也意识到农民文化素质低下对于农业生产力的阻滞。另外，由于日寇侵华，蚕食鲸吞，也意识到国防教育和爱国主义教育的重要性。

基于上述认识，学校进一步改良制度，在新生礼貌训练、入学训练以及农业生产和教育相结合方面，做了不少探索。济时中学把劳作课改为劳动课，甚至还征集农田十五亩，开辟学校农场，试图在教育实践中培养学生的如下品格：第一，刻苦耐劳，坚忍不拔；第二，专心改造，学以致用；第三，精诚团结，统一意志，服从集体纪律；第四，树立"我为人人、人人为我"的人生观，强调"立志为公"。

正是在这种校训、校歌和校风的教导、激励下，我们开始立志，努力学习，团结一致，做一个对国家和社会有用之才！在济时中学的三年里，我不仅打下了扎实的知识基础，也养成了良好的学习习惯。

校不在大，有师则兴。济时中学虽然地处乡下，交通不便，校舍简陋，但师资力量雄厚，对学生的管理也很严格。济时中学早期的部分师资，比如徐承轩、陈应如、徐济川等，都是清末时期毕业于浙江两级师范学堂的温州籍毕业生。

教我们数学课的陈修仁先生，学问渊博，讲课条理清晰，课堂妙趣横生。下课前，他会饶有风趣地教我们唱郑板桥的《道情》："老渔翁，一钓竿。靠山崖，傍水湾。扁舟来往无牵绊，沙鸥点点轻波远，荻港潇潇白昼寒。高歌一曲斜阳晚，一霎时波摇金影，蓦抬头月上东山。"此歌此景，至今记忆犹新！

教国文课的是陈应如先生，他是我的堂伯父，前面已提过他。他是清朝生员，对古文古诗倒背如流，深受学生爱戴。我当时岁数小，个子也不高，坐在第一排，听课自然不敢不认真。

我们还有晚自习课。当时既没有电灯，也没有煤油灯，靠点着菜油灯学习。记得有一次，我提前回宿舍睡觉，被老师发现，批评了我一通。可见当时济时中学学习纪律之严格。

由于温州城区沦陷，我们处于日寇侵略的高压之下，因而全校师生更加同仇敌忾，洋溢着抗战爱国的气氛。为激发学生的精神，学校时常举行抗战时局报告会、出征军人家属招待会等，并在学生中成立军事训练团，对高年级学生实行军训。

初中三年，印象比较深的就是抗战氛围。当时正处于抗日战争期间，日军在温州来了又撤走，反复好几次。温州几次沦陷，人心惶惶。济时中学在农村，日军兵力不够，不敢到农村去，但有时候飞机也来，在头顶转来转去。当时，大多数中学都处于停办状态，但济时中学坚持办学，为抗战期间培养人才、共济时艰作出了贡献。

为了躲避日军空袭，我们有时还疏散到溪边树荫下上课。夏天天气炎热，同学们便到清澈的溪水中游泳。我记得有一次，学校突然通知我们说，城里的日本鬼子要到乡下扫荡，让我们立即回家躲避。日本鬼子虽然不敢深入偏远山村，但激起了我们少年学生对日本更深的仇恨。

还有一次，一位年纪大的同学参军抗日，全校师生列队欢送，高呼"打倒日本帝国主义"等口号。音乐课上，老师还教我们唱抗日歌曲，如《义勇军进行曲》《松花江上》等，激发同学们的抗日热情。

我同级同学金可棉，对于我们的校园生活回忆如下：

1942年春，我考入济时中学读书，一进校门就看见一副金光耀目的对联："发展溪山文化，振作劳动精神。"……我深深记得在母校学习时，老师管教热心，纪律严明。我们的学习生活是军事式的，每天作息信号不是打钟摇铃，而是吹号。一天有三操，即早操、课间操和晚操。一日三餐总是先在操场上排队唱歌，然后再行用膳。天晴日，必在早、晚餐前举行升、降国旗仪式。一听号声便快速集合，时间不得超过三分钟，并要求做到"快、齐、静"。每次集会，教导主任或值日导师往往给我们一番训话。然后排队入饭厅按席就餐，时间只限10分钟。早晚自修雷打不动，学科成绩要求很严格。学校纪律在当时是闻名全省的，我们的学习生活紧张而活泼。

初中期间，我还是比较调皮好动，也不是最守纪律的学生。我从来没当过班干部，但我是班上学习成绩最优秀的几个学生之一。有一次我父亲曾经去学校拜访陈修仁、郑虔等老师，他曾问郑虔："陈光中在学校怎么样？"郑虔老师回答说："学习不用功，但是成绩很好，将来是国家的栋梁之材。"

1944年，我们这一级学生作为第七届毕业生，人数恰好七十二人。当

时堂伯父陈应如担任我们这一级毕业班的班主任，他常以孔门弟子三千、贤人七十二来自慰，曾赋诗云："七十二贤六艺通，者番毕业数相同。"

1945 年春，我完成济时中学的学业，毕业时以第一名的成绩考入永嘉县立中学（今温州市第二中学）。

济时中学桃李遍天下，一直视我为优秀校友的代表之一。饮水思源，我现在之所以能取得的一点点成就，要感谢曾教过我的老师，更感恩母校济时中学。2002 年 10 月 12 日，我再次回到永嘉，应邀重访母校。这次访问期间，学校翻出 1942 年的学生花名册，我很高兴地找到了自己的名字，也看到昔日同学的名册，往事历历在心头，十分激动。我以第七届校友身份，欣然为母校题词"济时育才，功在千秋"。2005 年 11 月 2 日，我曾写下《回忆母校济时中学》一文。2018 年 12 月 30 日，永嘉二中迎来建校八十周年，当时我已八十八岁，未能回去，但还是应邀为母校题写了校名，写了一篇文章《在新征程中勇往直前，再创辉煌》，并录制了一段视频庆祝母校八十华诞。

从永嘉县立中学到浙江省立温州中学

我的高中阶段也是三年，但分为两个阶段。

1945 年春，我先是从济时中学考入永嘉县立中学（今温州市第二中学）。当时因为永嘉县城沦陷，永嘉县立中学被迫搬迁到岩头镇。1945 年 8 月 15 日，日寇投降，永嘉县立中学也搬回永嘉县城了。我也随永嘉县立中学从乡下来到县城。

在永嘉县立中学读完高一后，1946 年春，我又转学到浙江省立温州中学（今温州市第一中学），继续读高二和高三。当时浙江有几所省立高中，省立杭州中学、省立宁波中学、省立温州中学等，这些中学教学质量还是相当高的。

我求学时代，更换了多所学校，主要的原因就是我上学时追求卓越。哪个地方最好，我就往哪儿走。尤其是到永嘉县立中学后，听说温州中学更好，我就有心想去温州中学。正好有机会转学，我就坚决去考。最后，我是在浙江省立温州中学念了两年毕业。

浙江省立温州中学创办于 1902 年，当时叫温州府学堂，国学大师孙诒让出力甚多。这所高中，现在叫浙江省温州中学，简称"温中"，至今仍然是浙江中等教育的重镇。

温州中学以"英奇匡国、作圣启蒙"作为校训。校歌由著名作家朱自清作词、阮湘咸作曲：

雁山云影，瓯海潮淙。

看钟灵毓秀，桃李葱茏。

怀籀亭边勤讲诵，中山精舍坐春风。

英奇匡国，作圣启蒙。

上下古今一冶，东西学艺攸同。

我在温州中学上学时，校长是曾任济时中学校长的金嵘轩先生。他曾三度担任温州中学校长：1924 年 8 月，金嵘轩首度担任温州中学校长，其间呕心沥血，毁家纾难，为温州中学作出很大贡献；1946 年 10 月，他二度执掌温州中学；1949 年 5 月温州解放后，金嵘轩受人民政府委托继续担任温州中学校长，其中有很长一段时间，他是以温州市副市长身份兼任温

1997 年陈光中（一排左 4）回访温州中学。黄瑞庚 提供

《陈光中口述自传》节选

州中学校长。我进入温州中学时，正逢金嵘轩校长第二次执掌校务。

和温州中学有关的教职员工和知名校友就很多了，比如朱自清、郑振铎、苏步青、夏承焘、夏鼐等，都是各个领域的翘楚。据温州中学20世纪90年代编辑的校史资料，1949年以前温州中学毕业生2373人，其中大学教授以上职称的校友就有两百多人，副教授更是数不胜数。温州中学的优秀校友遍及各个领域，而在数学领域尤其多。

法学界的温州中学校友，比如已经过世的北京大学法学院李由义教授，还有大家很熟悉的中国人民大学高铭暄教授。其中，高铭暄是温州中学1947届秋季班校友，我是1948届春季班毕业的校友，他是比我高半级的高中学长。

2017年时，温州中学迎来建校一百一十五周年。学校曾组织编写了一本《钟灵毓秀英奇学思：浙江省温州中学五十位校友的成长故事》，汇集了20世纪90年代中后期年轻一代温中校友的精彩人生和故事。

高中立志当教授

追求进步、追求最优，这是我从小养成的一种习惯。小时候因为老考第一，就形成自己学习上的一种优越感，或者说上进心。每次考试，不管考什么，我都想要考最好，培养了这么一种心态。我的应考能力还是可以的，凡是考试，几乎没有不成功的。

这种自信的心态，后来就转化成要"立言"，要做一个著名的教授。高中毕业前后，我就有了这样的人生志向，并往这个方向去努力。我一直认为，一个人不应当庸庸碌碌虚度一生，应当有所建树。

为什么会有这样的志向呢？我上高中时，也看了一些杂七杂八的书。我的家庭背景，可能比较容易倾向于让后代当官从政。但我恰恰相反。我不羡慕大官，就羡慕那些名教授。我高中时代就立下一个志愿，未来绝不当官、绝不从政。

这个想法，解放前就很明确。本来学法律，从政很容易。但我学法律，是想着出国、做学问、做学者，不打算从政。如果想去从政，也不是没有机会，比如大学毕业填报志愿，可以选择去实务部门。

后来成为小有名气的学者时，也有实务部门希望我去。比如群众出版社，就要我全脱产，调到他们那去担任副总编辑，给我副司局级待遇。但我不假思索地拒绝了。我说，我要在学校里专心教书、搞科研，不到实务部门去工作。在群众出版社做副总编辑，尽管也是搞业务，但也属于公务员编制。当时不是没有机会，也有人去了。我坚决不去，就留在学校。

正因为有志向"立言"，我在中学时代学习一直很好。从初中到高中，有六年时间，我从来没担任过班干部，唯一亮点就是学习好。

中学阶段，我对什么政治活动都不积极参加。后来我才知道，在我们上中学时，国民党在学校里就有发展，三青团有很大的势力。但这些，当时我完全不知道，三青团也从来没找过我。从后来的校史资料来看，中共地下党及其外围组织在中学里也开展过活动，当然也从来没找过我。国民党发动反共产党的游行，共产党也发动反国民党的游行，活动不少，但我都没参加过，整个中学阶段我没有参加过一次有政治色彩的活动。解放后，组织让我交代历史，我的历史不光清楚，而且清白，什么样的党团组织和政治活动，我都没有参加过，也不需要交代。

解放前的大学教授，大部分都是从美国回来的。那时候，从美国留学回来评教授比较快。如果没有美国留学经历，只在国内读书，进入大学后想提升为教授很难。我当时就想，念好书，考上名牌大学，到美国留学，然后成为有名的大教授，基本是这个路子。但时代变幻，我出国留学的梦想，后来只能放下。

1948 年陈光中高中毕业照

课余爱好拉二胡

中学阶段，我的课余爱好有两个：一个是下象棋，另一个是拉二胡。

那时候我还学会了拉胡琴、吹笛子。在农村，天天吹吹打打，现在想来也很有意思。我看到人家拉胡琴，觉得好玩，就跟别人学。开始时，借别人的玩。后来觉得不行，就想有一把自己的胡琴。正好有亲戚帮忙，帮我搞到一条大蛇，用蛇皮做了一把胡琴。我就一直拉这把胡琴，吱扭吱扭地拉到高中毕业。这个爱好，坚持了很多年。高中毕业后，我才买到一把正规的二胡。

拉二胡的时候，曲谱都是自己手抄。我抄得非常工整。像《步步高》《良宵》，基本都会拉。当然有的曲子太难了，我拉得就不是特别好。但在业余乐手里，应该说还有一定水平。

正是因为有拉二胡的特长，1950 年我转学进入北大后，还参加了乐队并参加演出。

为什么报考法律系

高中毕业时，我选择报考法律专业。为什么选择报考法律专业呢？当时是经过一番考虑的。

高中时我是在理科班。我文理科成绩比较平衡，但是我爱好写作，高中时就喜欢写点东西。所以高中毕业考大学时，需要在文理科之间作出选择。

在高考报名时，我犹豫了好久。究竟该报考理科还是文科？我总觉得，一个人不应当庸庸碌碌、虚度一生，应该做一个对国家和社会有贡献的人。我当时很喜欢社会科学，更想在社会科学方面有所建树，最后毅然决定报考文科，走学者、教授的道路。前面说了，我对当官没兴趣，发自内心地比较钦佩知名学者，当时的志向也想走知名学者的道路。那时候学习不错，有这个可能和条件。

但是学术道路也要分专业。那时候文科中比较受青睐的是经济和法律。因为经济、法律应用性比较强，哲学比较虚，中文要靠写作……比较来比较去，还是经济、法律比较实用。

我家里没有学法律、从事法律职业的背景。我就是感觉，学法律比较能够兼顾两个方面：一方面，我自己想当学者，学法律有助于实现这个梦想；另一方面，法律行业有退路，当不成学者，还能当律师。我这个人，还是有点自由倾向，不是特别向往当法官。我当时就想，人生在世，无非立功、立德、立言，我想走立言的道路；立言如果不成，我就去当律师，饭碗比较可靠。

这个想法，跟当时身边的环境有关系。温州经济比较发达，解放前也有不少律师。早在 1916 年，温州就成立了永嘉律师公会。据统计，1942 年在永嘉地方法院登记的律师就有九十人；1947 年时仅永嘉律师公会就有会员四十人。我父亲的朋友圈里，也有几个律师。其中有一个律师，已经忘了他的名字，我还去过他的办公室。他在当时的社会地位、经济条件都不错。那时候小汽车比较少，出门坐黄包车，甚至常年包车，就是比较奢侈的生活。他出门有黄包车，经济条件很好，而且很自在，没有人管，吃得也很好，应该说是个成功的律师。我当时觉得，如果退而求其次，当个这样的律师也不错。在我设计的人生退路里，有这么一个活生生的样板。

回过头来看，一个人的小学、初中和高中都很重要。但是如果硬要找一个突出点的话，我认为是高中。小学和初中是打基础，到了高中，差不多就是人生的转折点了。十五岁到十八岁，正是走向成年人的阶段，高中最重要的是要确立人生观和价值观。一些人高中期间就懂得自己要去用功

学习、明确了人生方向，这样的人，高中毕业了就会很懂事。高中做好了选择，很可能就决定了这一生的路该如何走。如果高中没有学会读书做人，胸无志向，以后的人生道路就没有奋斗目标、缺乏前进动力。

这就是我选择报考法律专业的主要想法。既有比较现实的考虑，但最大的动力还是我喜欢文科，愿意走学者、教授的道路。

到了解放前夕，国共内战的形势已经很明朗了。中共中央发布《关于废除国民党的六法全书与确定解放区的司法原则的指示》，废除了国民党的法律体系。各大学里法律系也有不少学生退学。大家普遍觉得，《六法全书》都没有了，学法律没有啥希望，就退学或重新参加高考。解放初期有一段时间，法律系学生人数明显减少。但我还是坚持学习法律。我当时觉得，一个国家可以一时没有法律，但不可能永远没有法律，法律还是有用的。

情系桑梓

如果从 1948 年考上大学开始算，我离开温州有七十多年了。

这么多年，我依旧情系永嘉，每隔几年总会回去看看桑梓故里，也会尽自己的力量帮温州做点事。来自温州的邀请和请求，我都尽量满足。我接受过《永嘉报》的采访，也应邀担任北京永嘉商会的法律顾问。同乡求我题字题词之类的，几乎有求必应。前几年同乡在北京的聚会，我只要在京，总会想办法参加。我的儿子、女儿都出生在北京，但我也会提醒他们，我们的根在温州。

这么多年，和温州相关的行程和活动中，印象比较深的，诸如：

1997 年年底，《永嘉报》新闻大楼落成暨创刊三周年庆典在永嘉举行，我专程回去了一次。

2002 年 10 月 11 日，温州中学迎来百年庆典，我专程回去参加庆典，顺道重回大若岩镇的白泉村探访，祭扫祖父和父亲坟墓，并且专程去济时中学参观访问。

2011 年 10 月 9 日，我在八十一岁之际再次回到家乡永嘉县，访问少年时就读的母校白泉小学（现大若岩镇中心小学）。这次回乡，我捐资十万元，并动员乡亲们一起捐资设立"永嘉县陈光中教育基金会"，用于对大若岩镇中心小学的优秀学生和贫困学生的资助。2012 年农历正月初五，"永嘉县陈光中教育基金会"宣告成立，我担任理事长，胡献旁担任基金会秘书长。这之后，每年基金会年会都在正月初五召开。这个基金除我的捐赠外，更多是当地同乡的捐赠。不仅平时承诺的捐赠款会在此时到位，还有不少大若岩镇的企业家慕名到场捐款。2015 年 10 月 21 日，永嘉县民政局正式批准"永嘉县陈光中教育基金会"为该机构登记管理的慈善组织。目前，"永嘉县陈光中教育基金会"已募集资金一千万元，对永嘉当地的教育事业起到十分重要的推动作用。2017 年 8 月，"永嘉县陈光中教育基金会"获得第三届"温州慈善奖"机构捐赠奖。

2014 年 10 月，我再度回乡祭祖。11 日，我致函温州同乡，再叙乡谊。

2015 年 11 月 11 日，我受聘为温州大学法政学院名誉院长、兼职教授。

2022 年 12 月 24 日，"陈光中教授执教理念与实践研讨会暨陈光中教授执教七十周年座谈会"在线上线下同步举行。在这个会上，我郑重宣布，再向"永嘉县陈光中教育基金会"捐款三百万元。

……

故乡的山水培育了我，故乡的人民更给了我很多荣誉。

2011 年 10 月，永嘉县人民政府颁发给我首届"瓯江之子"永嘉籍十大杰出人物特别荣誉奖。我专程回去参加了这次颁奖典礼。从级别来说，县一级的奖项应该是很普通的奖项；但是，对我来说它不关乎级别，而是家乡给我的荣誉，因此弥足珍贵。对一个从十八岁出来并在外面待了七十来年的游子来说，这是家乡对我一生事业上的成就的肯定。对此，我很高兴，也很感激家乡父老对我的厚爱。

2012 年 5 月，温州市人民政府颁发给我"2011 世界温州人年度人物特别荣誉奖"。

古人说，"居庙堂之高则忧其民"，我虽非居庙堂之高，但我喝着楠溪江的水长大，家乡的一草一木、发展变化，都牵动着我的心。我毕生从事高校教学和法学研究工作，温州的高校教育和法治建设我尤其关注。

鬓发早白，乡情未改。我一直为温州的发展而欣喜，更期望有生之年能为温州的教育事业和法治建设尽微薄之力。

南戏产生于温州考论

◎ 徐顺平

根据有关文献记载，南戏于北宋末、南宋初于温州产生，温州是南戏的故乡与发源地，学界对此本有较为一致的认识。但近些年来，有学者根据自己的调查研究，提出南戏是在闽、浙两省的泉州、莆田、仙游、温州一带许多点同时出现[①]，对南戏起源于温州提出了质疑与否定，引起了学术界不同意见的争论。本文就此问题作进一步研究探讨。

一、南戏产生于温州之依据

1. 有关文献记载

我国现存最早的南戏剧本温州九山书会编演的《张协状元》，是记录与见证温州南戏的最早文献。南戏《张协状元》剧本被收入明《永乐大典》，由于《永乐大典》正本明亡时散佚，副本清末八国联军入侵北京时被烧毁或散佚，该剧本亦流亡国外未得见，1920年叶恭绰先生在英国古玩肆发现并购回。查考《永乐大典》收书目录，发现卷一三九六五至卷一三九九一收录戏文33本，叶氏从英国购回的仅为最后一卷的3个剧本：《小孙屠》《张协状元》《宦门子弟错立身》，世称《永乐大典戏文三种》，其中以《张协状元》时间为最早。学界对《张协状元》剧本的编创年代有着不同看法，但大都认为属于南宋时期的作品。剧本中引用了南宋瑞安诗人曹豳的诗句："村南村北梧桐角，山后山前白菜花。"②曹豳生于乾道、卒于淳祐。主要活动于南宋中叶，故我认为该剧本编创时间不会早于南宋中叶；其次是剧本内容已由南戏初期的抨击惩处"书生负心"，改变为勉强大团圆，当为宋光宗朝赵闳夫榜禁南戏之后的改编作。当然，话又说回来，现存的《张协状元》是《状元张叶（协）传》的改编本。剧本"副末开场"〔满庭芳〕词云："《状元张叶（协）传》，前回曾演，汝辈搬成。这番书会，要夺魁名，占断东瓯盛事，诸宫调唱出来因。"第二出〔烛影摇红〕词云："九山书会，近目（日）翻腾，别是风味。""东瓯"为温州之古称，"九山"为温州城西一地名，温州"跨九山而城"，上应九斗星，故亦称"斗城"。上述表明《张协状元》《状元张叶（协）传》以至比此更早的古本，均为温州艺人所编演的。所以，如《张协状元》为南宋中叶作品，而前此之《状元张叶（协）传》或更早之古本，其年代会更早。钱南扬先生认为《张协状元》是"戏文初期的作品"③，从考察这个剧本的演变，并从剧本中保存不少北宋与南宋前期的地名与名物制度，温州艺人开始编创《张协状元》演出的时间，上溯北宋末、南宋初也是有可能的。

宋末元初江西南丰人刘壎（1240—1319）《水云村稿·词人吴用章传》中云："至咸淳，永嘉戏曲出，泼少年化之，而后淫哇盛，正音歇。"这里的"永嘉戏曲"即"温州戏曲"，因为温州于东晋太宁元年（323）建立永嘉郡，后人亦称"温州"为"永嘉"。"永嘉戏曲"即产生于永嘉（温州）地方之戏曲，亦称"永嘉杂剧""温州杂剧"、戏文等。至元时因与北杂剧（即元杂剧）相对称、相区别而称之为"南戏"。刘埙为由宋入元之人，宋亡时他已44岁，不管他的《词人吴用章传》写于宋末或元初，但其所记述之事的时间明确为南宋咸淳间（1265—1274），这是南宋人记述温州南戏的重要文献，十分珍贵。说明温州南戏至南宋末尚不断向江西南丰等地流传，当地青少年吸收"永嘉戏曲"中曲化了的宋词新颖歌唱，冲击了当地词调歌唱的"正音"，引起了遗老们不满，目之为"淫哇"。这条南宋人记南宋事的材料中，时间、地点都很明确。"永嘉戏曲出"一语，使我们进一步了解永嘉（温州）与戏曲（南戏）产生的事实，并得知其于南宋末尚不断向外流播的情况。这就改变了"温州杂剧""永嘉杂剧"只是南戏最初出现时的称呼的说法，否定了这种以"温州""永嘉"地名称呼的南戏属于尚不成熟阶段的说法。这条记载南宋咸淳时"永嘉戏曲"之材料可以证实，以南戏发源地永嘉（温州）地名命名的戏曲称呼，一直至南宋末仍然存在。刘埙这里说的是江西南丰地区的事，当地泼少年于南宋咸淳时已将当地词调正统唱法改变了，至于永嘉戏曲流传此地的时间自然早于此时，得需要一段时间的影响酝酿才会出现这种情况。刘埙对"永嘉戏曲"这条文献记述，也是南戏产生于温州的有力证据之一。

由元入明的叶子奇《草木子》卷四云："俳优戏文，始于《王魁》，永嘉人作之。"指出这本最早的南戏《王魁》是永嘉（温州）人编创搬演的。叶子奇是元末明初与温州相毗邻地区的龙泉人，曾任巴陵县主簿，明洪武十一年（1378）因事株连系狱，《草木子》一书就是他在狱中所写。他本身是从元入明之人，对元时南戏及其渊源自然较为了解，他肯定戏文为永嘉（温州）人最早所作，是较为可信的。

明祝允明《猥谈》说："南戏出于宣和之后、南渡之际，谓之'温州杂剧'。予见旧牒，其时有赵闳夫榜禁，颇述名目，如《赵贞女蔡二郎》等亦不甚多。"赵闳夫，据《宋史·宗室世系表》为宋太祖赵匡胤弟魏王赵廷美八世孙，与宋光宗赵惇同辈。这里说的"颇述名目"，是指温州杂剧中被禁演之南戏剧目，从"颇述"两字看来，当时被禁演的温州杂剧中还有其他剧目，而祝氏只举了《赵贞女蔡二郎》一例为代表而已。祝允明（枝山），明长洲（今苏州）人，弘治举人，他亲眼见到过赵闳夫榜禁南戏的"旧牒"（档案材料），是完全可信的。在这里，他是将"温州杂剧"与"南戏"等同来说的，两者是同体异称。因此，有人硬将"温州杂剧"与"南戏"加以区别，并认为前者为尚未成熟之南戏，完全是人为的主观想象，是没有实际史料依据的。祝允明还在《怀星堂集》卷二四《重刻中原音韵序》中云："不幸又有南宋温浙戏文之调，殆禽噪耳。"这里特别值得我们注意的是他将"温（州）"置于"浙（江）"之上，说明"温调"的存在，最早的南戏产生于温州，是用"温州腔"演唱的。明朝人在论述戏曲声腔时，反而不将最早的戏曲声腔"温州腔"提起，这是数典忘祖之误。

明徐渭（1521—1593）《南词叙录》云："南戏始于宋光宗朝，永嘉人所作《赵贞女》《王魁》二种实首之。……或云宣和间已滥觞，其盛行则自南渡，号曰'永嘉杂剧'，又曰'鹘伶声嗽'。其曲，则宋人词而益以里巷歌谣，不叶宫调，故士大夫罕有留意者。"徐渭对南戏产生的时间有两种说法，但前说正是祝允明所述的南戏遭赵闳夫榜禁之时间；后说则与祝说完全相同，比较符合实际。关于南戏产生的地点问题，祝、徐两人不约而同地都说是永嘉（温州）。徐渭为浙江山阴（今绍兴）人，他撰著《南词叙录》的地点是在福建延平。他在《南词叙录序》中说："客闽多病，咄咄无可与语，遂录诸戏文名，附以鄙见。"经查考，徐渭37岁时入浙闽总督胡宗宪幕典书记，参与机要，《南词叙录》就在这一年（即明嘉靖三十五年，1556年）在福建延平府其内兄潘伯海官署时撰著。他当时看到并取用福建留存的一些南戏剧目资料是完全可能的，但特别值得我们注意与重视的是他对南戏产生的地点，非常明确肯定是温州，没有只言片语谈及福建或其他任何地方。

宋末元初周密《癸辛杂识·别集》"祖杰"条云："其（祖杰）事虽得其情，已行申省，而受其赂者尚玩事不忍行。旁观不平，惟恐其漏网也，乃撰戏文，以广其事。后众言难掩，遂毙之于狱，越五日而赦至。"故事记述了温州江心寺恶僧祖杰，无义之财极丰，勾结官府强奸民女，残杀良民俞氏一家七口，罪大恶极，逍遥法外。后来温州艺人以南戏为武器，将其故事编为时事活报剧演出，在大庭广众中加以揭露抨击，在群众中产生广泛影响，迫使统治阶级无法掩饰而处死了祖杰，可见温州南戏的人民性与战斗精神。温州艺人如此迅速熟练地将现实生活中的事编成南戏搬上舞台，从侧面也证明了温州与南戏的密切关系。

上述刘埙、叶子奇、祝允明、徐渭等宋、元、明三朝人所记述的文献材料，一致认定南戏是在温州首先产生，未见有福建或其他任何地方首先产生南戏的记录，有力地证明了温州是南戏的首先产生之地。

2. 温州编演的早期南戏剧本

现可确定为宋时的8个早期南戏剧本，其中《王焕》，据元刘一清《钱塘遗事》载："始自太学黄可道者为之"，《陈巡检梅岭失妻》《乐昌分镜》作者不明，其余《赵贞女蔡二郎》《王魁负桂英》《张协状元》《韫玉传奇》《董秀英花月东墙记》等5个剧本均为温州人所作。

《赵贞女蔡二郎》，一作《赵真（贞）女》。明祝允明《猥谈》云："南戏出于宣和之后、南渡之际，谓之'温州杂剧'。予见旧牒，其时有赵闳夫榜禁，颇述名目，如《赵贞女蔡二郎》等亦不甚多。"明徐渭《南词叙录》"宋元旧篇"著录，并注云："即旧蔡伯喈弃亲背妇，为暴雷震死，里巷妄作，实戏文之首。"又云："南戏始于宋光宗朝，永嘉人所作《赵贞女》

《王魁》二种实首之。"可见为永嘉（温州）人最早编创的南戏剧本之一。陆游《小舟游近村舍舟步行》诗云："斜阳古柳赵家庄，负鼓盲翁正作场。死后是非谁管得，满村听唱蔡中郎。"可见剧本故事内容早已在民间广为流传。温州民间艺人将其以戏曲艺术形式首次搬上舞台，也是温州人所作最早批判"书生负心"南戏之一。蔡伯喈为历史人物，故事内容纯属虚构，演出后影响甚大，后遭宋光宗朝赵闳夫榜禁。元瑞安高则诚改编成《琵琶记》，将"不忠不孝"的蔡伯喈被暴雷震死，改创为"全忠全孝"蔡伯喈的团圆结局。

《王魁》，一名《王魁负桂英》。叶子奇《草木子》云："俳优戏文始于《王魁》，永嘉人作之。"可知该剧也为永嘉（温州）艺人编创的最早南戏剧本之一。徐渭《南词叙录》云："南戏始于宋光宗朝，永嘉人所作《赵贞女》《王魁》二种实首之。"他在《南词叙录》"宋元旧篇"著录后注云："王魁名俊民，以状元及第，亦里巷妄作也。"原剧本佚，钱南扬《宋元戏文辑佚》存佚曲18支，其本事可见宋张邦基《侍儿小名录拾遗》。王魁实有其人，名俊民，字康侯，山东莱州掖县人，北宋仁宗嘉祐状元。罗烨《醉翁谈录》辛集卷二"负约类"有《王魁负约桂英死报》。周密《齐东野语》卷六有《王魁传》，所记未见有负心事。可见《王魁》亦与《蔡伯喈》同为故事虚构的民间戏曲，批判书生负心，遭到雷轰、鬼捉的可悲下场。

《张协状元》，为我国现存最早的南戏剧本，《永乐大典》卷一三九九七收入本剧。剧本第一出〔满庭芳〕云："《状元张叶（协）传》，前回曾演，汝辈搬成。这番书会，要夺魁名，占断东瓯盛事。"第二出（生唱）〔烛影摇红〕云："九山书会，近目（日）翻腾。"确证该剧为南宋温州九山书会改编搬演，剧本中还保存了许多温州方言。

《韫玉传奇》，明叶盛《箓竹堂书目》著录作"《东嘉韫玉传奇》"。

唐高祖武德五年（622）以温州地建"东嘉州"，领永宁、安固、乐成、横阳四县，故"东嘉"即为"温州"之古称，可见南戏《韫玉传奇》为南宋时温州人所编创。学界曾对"韫玉"究竟是演员或是剧本名称有不同看法与争论，主要是由于标点、版本来源不同致使语义出现差别。据宋张炎《山中白云词·满江红》小序云："赠韫玉传奇惟吴中子弟为第一。"若作如下标点：赠韫玉，传奇惟吴中子弟为第一。"认为"韫玉"为演员名，所赠必为人，即演员韫玉，不可以赠《韫玉传奇》，因为那是个剧本，此说不能说无道理。但后经考查《永乐大典》卷一四三八三寄字韵，载宋张炎《山中白云词》"序"之原文为："《韫玉传奇》，惟吴中子弟为第一流，所谓'识拍道字正，声清韵不狂'，俱得之矣。作平声〔满江红〕赠之。"经此段原文对照校正后，《韫玉传奇》为剧名无可置疑。且《菉竹堂书目》著录为"《东嘉韫玉传奇》"，为温州人所作亦甚明确。王国维在《宋元戏曲考》中云："叶盛《菉竹堂书目》有《东嘉韫玉传奇》，则宋元戏文大都出于温州。"钱南扬、董每戡、胡忌也都认为该剧为温州人所作之南戏。张庚主编《中国戏曲通史》亦引张炎《山中白云词》卷五〔满江红〕词认定《韫玉传奇》为宋人作品。

《董秀英花月东墙记》，《永乐大典》卷一三九八二"戏文"十八著录。徐渭《南词叙录》"宋元旧篇"亦著录。清初张大复《寒山堂新订九宫十三摄南曲谱》注云："九山书会捷讥史九敬仙著。"赵景深先生考证，认定"史九敬仙"为"史九敬先"之误。"九山书会"，为南宋时温州编演南戏的团体。"捷讥"，研究者有种种说法，我认为属于书会中分工的一种角色，《太和正音·词林须知》中云："'捷讥'古为之'滑稽'，院本中便捷讥谑者是也。"属于滑稽表演的净、丑类角色。早期南戏中滑稽表演分量较重，这从现存《张协状元》剧本中得以证实。钱南扬在《宋元戏文辑佚》中录有本剧佚曲22支，并说："九山书会编的戏文除《张协状元》之外，还有一种叫《董秀英花月东墙记》。"④元杂剧有白朴撰之同名剧本，不排除其为南戏改编本，或为同题材同名之创作本。

3. 温州编演南戏的书会

"书会"起源于何时尚不明，它的组织性质在不同的历史阶段是不同的。"书会"在南宋前期为"读书会讲的教育团体"，南宋中期后为"编演戏剧和其他说唱伎艺的文艺团体"，元以后为"编撰戏曲剧本和说唱伎艺脚本的创作团体"⑤。根据有关记载，宋、元、明时期皆有"书会"组织，现知有九山书会、永嘉书会、敬先书会、武林书会、古杭书会、玉京书会、元贞书会等等。其中玉京、元贞书会为元大都（今北京）文人编撰元杂剧的团体；古杭、武林书会为杭州编撰南戏、杂剧的团体；九山、永嘉、敬先书会均为温州编演或编撰南戏剧本的团体。

（1）九山书会

《张协状元》第二出〔烛影摇红〕云："九山书会，近目（日）翻腾，别是风味。"乾隆《温州府志》云："温郡城内外有九山，晋郭璞以为上应九斗。"又云："郭（璞）尝谓：九山象斗，华盖、松台、郭公、海坛四山为斗魁，积谷、巽吉、仁王三山为斗杓，黄土、灵官二山为辅弼。"温州城内外之九山上应九斗星，故亦称永嘉郡城为"斗城"。"九山"又为温州城西之一地名，那里有"九山湖""九山路"，今犹在。"九山书会"为南宋时温州编演南戏的一个文艺团体。剧本第一出（末白）〔满庭芳〕云："《状元张叶（协）传》，前回曾演，汝辈搬成。这番书会，要夺魁名，占断东瓯盛事，诸宫调唱出来因。"从这段话里我们可以知道，当时温州城内编演南戏的书会团体有很多，前回编演《状元张叶传》的是"汝辈"（你们）的书会。这次我们九山书会重新改编搬演，要与温州编演这个戏的其他兄弟书会竞赛，要"占断东瓯盛事"，争夺魁名。因为温州为西汉东瓯国都所在地，故古亦称温州为"东瓯"。这里告诉我们，温州除有"九山书会"外，还有其他许多书会，只是不见记载不知其名。《张协状元》第一出（末上白）〔水调歌头〕："但咱们，虽宦裔，总皆通。弹丝品竹，那堪咏月与嘲风。苦会插科使砌，何吝搽灰抹土，歌笑满堂中。一似长江千尺浪，别是一家风。"这段话告诉我们，九山书会中的成员是由略知文墨的宦裔子弟组成的，他们能诗词歌咏，能弹丝品竹胜任后行乐手伴奏，又能搽灰抹土化妆登台表演，还会自己编创剧本，堪称多面手。钱南扬先生说九山书会"书会与剧团是统一的"⑥，是个编演结合的文艺团体。

（2）永嘉书会

1967 年在上海嘉定县明代宣氏墓中，发现明成化刊本《说唱词话》与南戏《白兔记》剧本，剧本被通称为明成化本《白兔记》。从这个剧本内容文辞粗俗浅显与"副末开场"繁复格式体制特点来看，当属非宋即元南戏流传本。《白兔记》"副末开场"中说："搬的是《李三娘麻地捧印，刘知远衣锦还乡白兔记》……亏了永嘉书会才人在此灯帘之下，磨得墨浓，

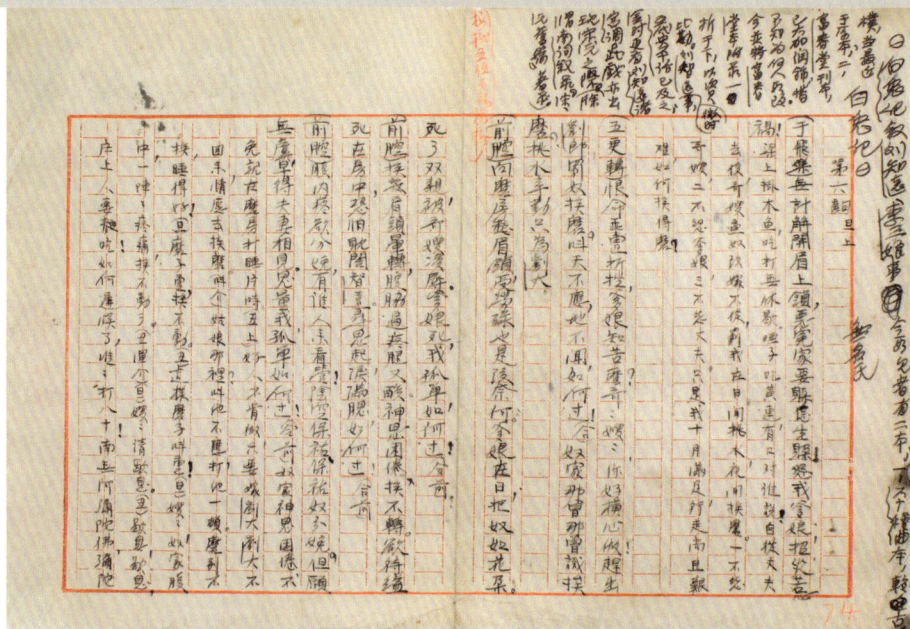

斩（蘸）得笔饱，编成此一本上等孝义故事。"剧中还保留有温州方言，确证这是永嘉（温州）书会才人编撰之南戏剧本。

（3）敬先书会

张大复《寒山堂曲谱》在《董秀英花月东墙记》下注云："九山书会捷机史九敬仙著。""仙"为"先"之误，"史九敬仙"当为"史九敬先"，"捷机"为滑稽演员。可见史九敬先为南宋温州九山书会的一个滑稽演员。他既能编剧又能登台表演，"敬先书会"就是以他的名字命名的。究竟是他以己名另外组建书会，或是他去世后后人为了纪念他，以他之名建立书会，尚属不明。如属前者时间肯定在南宋，如属后者亦有可能在元时。

从上述宋、元、明三朝文人学者对南戏首先产生于温州的文献记录，从考知温州艺人编演宋时早期南戏剧本数量之多，从温州存在编演南戏书会团体的盛况，都证明了南戏首先产生于温州这一历史事实。

二、否定论者之理由辨正

近些年来，有学者对南戏首先产生于温州提出质疑，最有代表性的意见见之于刘念兹《南戏新证》一书（中华书局1986年版）。他在本书第二章第二节中云："根据历史文献的记载及解放后古老剧种的发掘、调查，我们认为南戏是在闽、浙两省沿海一带同时出现，而相互影响。具体来说是在温州、杭州以及福建的莆田、仙游、泉州等地。"很明显，他认为南戏首先产生于温州一地的说法是错误的，他提出南戏是在闽、浙两省东南沿海一带许多点同时出现。他的主要依据如下。

1. 漳州禁戏史料记载

清道光《漳州府志》卷三八"民风录"记载，朱熹于绍熙元年（1190）知漳州，有禁止当地演戏之事。明何乔远《闽书》卷一五三"高德"引陈淳《上傅寺丞论淫戏书》云：

某窃以此邦陋俗，当秋收之后，优人互凑诸乡保作淫戏，号曰'乞冬'，群不逞少年，遂结集浮浪无赖数十辈，共相倡率，号曰'戏头'，逐家裒敛钱物，豢优人作戏，或弄傀儡，筑棚于居民丛萃之地，四通八达之郊，以广会观者，至市廛近地四门之外，亦争为不顾忌。今秋七八月以来，乡下诸村，正当其时，此风正在滋炽。其名若曰戏乐，其实所关利害甚大……谨具申闻，欲望台判按榜市曹，明示约束，并帖四县，各依指挥，散榜诸乡保甲，严禁止绝。

刘念兹根据上述两条材料记载，认为："南宋时漳州的戏剧活动已经是很盛行了，并且影响很大。"故"为朱熹、陈淳这样的大人物所禁止"，"其时间与'南戏始于宋光宗朝'的时间正是同时"[7]。

2. 刘克庄诗词中记述

刘克庄《后村大全集》卷一八八中《生查子·元夕戏陈敬叟》词云："繁灯夺霁华，戏鼓侵明发。"又卷四三《观社行和实之韵》第二首云："陌头侠少行歌呼，方演东晋谈西都。淫哇奇响荡众志，澜翻辩吻矜群愚。狙公加之章甫饰，鸠盘缪以脂粉涂。荒唐夸父走弃杖，恍忽象罔行索珠。效牵酷肖渥洼马，献宝远致昆仑奴。"又卷一〇《田舍即事》十首之一云："儿女相携看市优，纵谈楚汉割鸿沟。山河不暇为渠惜，听到虞姬直是愁。"根据所引材料，刘认为："诗中所描写的，似乎已经不是北宋杂剧的情况，而是南戏演出情形了。"而且还认为《东晋》《西都》《夸父逐日》《鸿门宴》《霸王别姬》等都为南戏演出之剧目。最后推论说："从以上材料看来，可以说在宋光宗同时，或者更早时期，在福建已经出现了南戏。"⑧

3. 周德清《中原音韵》所载

元周德清《中原音韵》云："南宋都杭，吴兴与切邻，故其戏文如《乐昌分镜》等类，唱念呼吸，皆如约韵。"又云："沈约，字休文，吴兴人……盖其地邻东南海角，闽、浙之音无疑。"刘据此推论，南戏演唱的方言是"闽、浙之音"。因此他认为："南戏产生的地区，不仅在浙江一带，而且还有福建的一些地方。"⑨

4. 刘克庄诗记述蔡中郎故事

刘念兹说："关于'死后是非谁管得，满村听唱蔡中郎'这两句诗的作者究竟是谁，从明代至今存在着两种说法，一说是刘后村（克庄），一说是陆游。"他列举明徐渭《南词叙录》、黄溥《闲中今古录》、田艺蘅《留青日札》、徐复祚《曲论》等所记述及《莆志外纪》等有关记载，认为："不能排除（陆、刘）各自成诗的可能性，如果刘克庄也写过这首诗的话，就说明莆田当时已经有《赵贞女蔡二郎》这个故事流传了。"接着他举莆仙戏、梨园戏还保留了《赵贞女》《王魁》这两个剧目，认为"很可能当时已经成戏"，"在莆田、仙游、泉州等地也应该有这两个戏的剧本"。并说："因此我怀疑《南词叙录》所说'南戏始于宋光宗朝,永嘉人所作《赵贞女》《王魁》二种实首之'的说法是不全面的。"⑩

5. 南戏古老剧目、剧本的传存

刘念兹将徐渭《南词叙录》中记载的南戏剧目与福建梨园戏、莆仙戏传存的剧目进行对照比较,发现梨园戏有16本、莆仙戏有73本相同剧目流存,而且大部分现在还能演出,有的还有剧本传存。连早已失传的南戏《朱文太平钱》现还在福建梨园戏中保存。因此他说:"梨园戏、莆仙戏应该是宋元南戏的遗音。"

根据上述五个方面,刘念兹说:"因此我认为南戏发生的情况,应该是宣和之后已经分别在闽、浙沿海许多点上同时产生,即出现在温州、莆田、仙游、泉州、漳州这一条线上。"又说:"随着两宋经济中心的南移,随着中原文化的南移,就必然给泉州一带的文化带来繁荣。所以南戏在宋杂剧的基础上结合当地的民间艺术,分别出现在泉州、莆田、仙游、温州一带不是偶然的。"

实际情况究竟如何呢?现就他引以为据的几方面材料作实事求是的分析辨正如下。

(1)朱熹于宋光宗绍熙元年(1190)知漳州,陈淳尝从朱熹就过学,宋宁宗庆元三年(1197)知漳州,他们的禁戏时间就在此时。《漳州府志》卷四六"艺文"引陈淳《朱子守漳实迹记》中云:"俗之淫荡于优戏者在悉屏戢奔遁。"朱熹到州后即发《劝谕榜》,中云:"约束城市乡村,不得以禳灾祈福为名,敛掠钱物,装弄傀儡。"在其《晓喻居丧持服遵礼律事》中规定:"若忘哀作乐徒三年,杂戏徒一年。"可见其禁令之严、态度之坚决。朱、陈禁戏与赵闳夫榜禁南戏"温州杂剧"的时间相接近。但朱熹、陈淳所禁究竟是什么戏?《上傅寺丞论淫戏书》中只说"优人互凑乡保作淫戏""或弄傀儡",是否为南戏,甚为可疑。更重要的是,禁戏与戏的产生时间属于两个不同内容概念。温州南戏从北宋末、南宋初产生至朱、陈禁戏的宋光宗、宁宗朝已有70余年，不能因漳州禁戏之事凭空上推70年前此地已产生了南戏。

（2）所引刘克庄《生查子》《观社行和实之韵》《田舍即事》等诗词中所述，其实际情况分析如下："方演东晋谈西都"属演谈，为说唱历史故事，并非《东晋》《西都》等历史剧之演出，现知宋元南戏亦无此剧目。"淫哇奇响荡众志，澜翻辩吻矜群愚"前句说淫哇奇响的歌唱，后句形容夸谈雄辩之能事。"狙公加之章甫饰，鸠盘缪以脂粉涂"前句系猴子衣冠表演，猴子戏，后句"鸠盘"即"鸠盘茶"，恶刹名，这里形容相貌丑陋，用脂粉任意涂抹化妆。"荒唐夸父走弃杖，恍忽象罔行索珠"，象罔，典出《庄子》，指似有象而实无之意。说夸父追日奔跑弃杖与扑朔迷离的魔术荒唐表演。"效牵酷肖渥洼马，献宝远致昆仑奴"，特技表演泥涂牵马，舞蹈表演昆仑奴献宝。"纵谈楚汉割鸿沟"中"纵谈"至多是说唱表演，绝非《鸿门宴》《霸王别姬》等南戏戏剧表演。综合可见，诗词中所反映的只是说唱、杂技、猴子戏、傀儡戏、魔术、舞蹈表演等等，其样式繁杂分散犹如宋杂剧，看不出南戏表演的舞台风貌。刘克庄《生查子》词作于宋理宗宝庆元年（1225），比宋光宗朝又已晚30多年。退一步来说，即使朱熹、陈淳所禁，刘克庄诗词所述已属南戏，它距离温州产生南戏的时间已晚70至100年，在无其他史料文献佐证情况下，怎可推论福建早此70年以前与温州同时产生南戏呢？

（3）元周德清《中原音韵》说戏文《乐昌分镜》等"唱念呼吸，皆如约韵"，主要是说明南戏演唱采用南方音韵，福建自然属于南方范围，但未见早期南戏有福建地方声腔的记载，这里所说的与福建某些地方是否为南戏最早产生区域根本是两回事。明祝允明在《怀星堂集》卷二四《重刻中原音韵序》中说："不幸又有南宋温浙戏文之调，殆禽噪耳。"这里所举"温浙戏文之调"的"调"，即"声调""腔调"，亦即"声腔"。"温"置"浙"前，突出了"温腔""温调"，即为南戏最早的声腔"温州腔"。温州为南戏首先产生之地，有戏曲即有声腔，中国最早的戏曲为"温州杂剧"，其声腔自然为"温州腔"。因温州地属浙江，故称之"温浙戏文之调"。所以，南戏的最早声腔"温州腔"客观存在。叶德均在《明代南戏五大腔调及其支流》一文中说："宋代产生的南戏最早只是流行温州的地方戏，它最初当是用温州地方的腔调来演唱的。""'温浙戏文之调'，却证实了有温州腔调的存在。""温州腔"当以温州方言之音歌唱通俗粗犷的歌谣与曲化了的宋词。徐渭《南词叙录》云："'永嘉杂剧'兴，即又村坊小曲而为之，本无宫调，亦罕节奏，徒取其畸农、市女顺口可歌而已。"又说："南曲固无宫调，然曲之次第，须用声相邻以为一套，其间亦自有类辈，不可乱也。"这就是"温州腔"特点，《张协状元》剧中歌唱组合情形亦与此相似。"温州腔"的俗词俚曲唱念为民间群众所深深喜爱，故以"鹘伶声嗽"赞美之。士大夫与知识分子却蔑视它，贬之为"禽噪耳"。周祁《名义考》云："南戏出于宣和之后，南渡时谓之'温州杂剧'，后转为余姚、海盐、弋阳、昆山诸腔。"即说了"温州腔"转化为其他声腔的流变过程。王国维《录曲余谈》云："至南曲，则为温州人所擅。"吴梅《曲学通论·自叙》亦说："迨温州、海盐、昆山诸腔继起，南音靡靡，几至充栋。"所以，张庚、郭汉城主编《中国戏曲通史》（上）云："作为一种声腔源流来看，南戏音乐最初起源于东南沿海一带的民间歌曲，具体地说，它最初只是温州的一种地方声腔。"[14]上述就是"温州腔"客观存在与可稽之文献。说南戏声腔无"温州腔"[15]，进而怀疑并否定南戏最早产生于温州，是没有根据的。反之，由于早期南戏"温州腔"的存在，从而便进一步证明了温州是南戏的最早发祥地。

（4）刘后村（克庄）有否写过"死后是非谁管得，满村听唱蔡中郎"

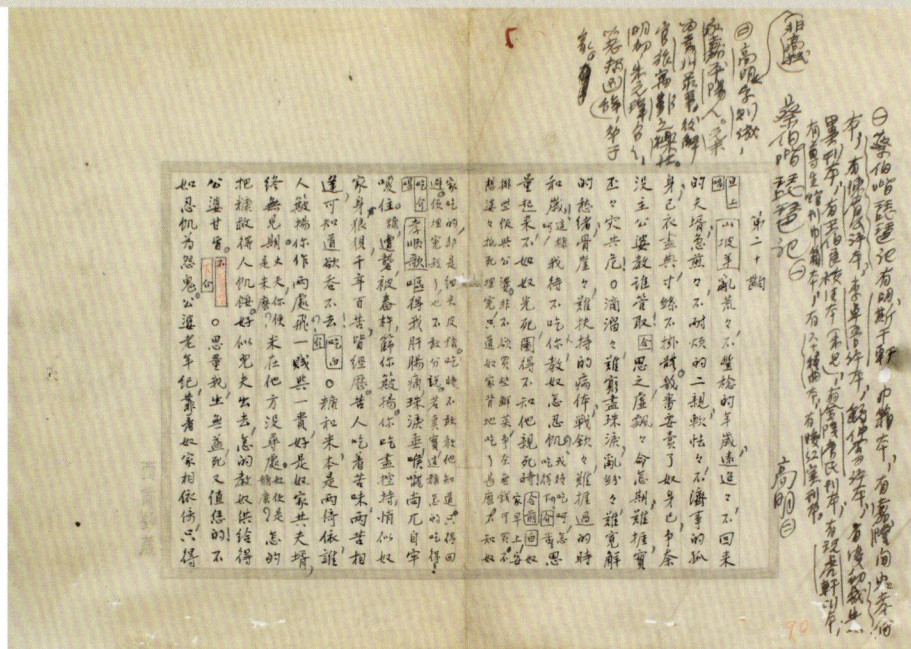

这首诗，学界看法不一。大都认为此诗为陆游所作，非后村之诗。《剑南诗稿》卷三三、《宋诗别裁》都收有陆游这首诗，题作《小舟游近村舍舟步行》，而在刘克庄《后村全集》中查无此诗。钱南扬在《琵琶记》校注本"前言"中说："其实这两句诗并非刘后村作，乃陆游《小舟游近村舍舟步行》诗中句子。"周贻白在《中国戏剧史长文编》中亦说："《南词叙录》作刘后村诗，误。"刘念兹则认为"不能排除各自成诗的可能性"，并说："如果刘克庄也写过这首诗的话，就说明莆田当时已经有《赵贞女蔡二郎》这个故事流传了……很可能于当时已经成戏。"完全属于假设与推论。我认为两位著名诗人各自写出句式内容相同的两句诗是不可能的。祝允明《猥谈》云："南戏出于宣和之后、南渡之际，谓之'温州杂剧'。"又说："予见旧牒，其时有赵闳夫榜禁，颇述名目，如《赵贞女蔡二郎》等亦不甚多。"即使按刘氏所说，此时福建莆田已有该戏故事流传，以至已有该剧演出，但在时间上已是宋光宗时赵闳夫榜禁之后，属于温州南戏向南流传的结果。

（5）福建莆仙戏、梨园戏中确实保存了许多古老南戏剧目，如《赵贞女》

《王魁》《张协状元》《刘文龙》《陈光蕊》等等，甚至有的还有剧本留存并在舞台演出。这是事实，被称为"古南戏的遗响"，但均属于南戏流传到福建后的改编本或移植本，没有一本为福建编创的早期南戏剧本，找不到文献记载的证明。福建莆仙戏、梨园戏古老南戏剧目或剧本，是温州南戏向南流传以后的遗存，是流不是源，所以不可以此论证福建为南戏最早产生地域之一。

综合上述，以《南戏新证》所举材料依据论述福建为南戏首先产生的地域，存在以下问题：第一，所举文献材料在时间上均为南宋光宗朝以后，最多只能说明南宋光宗朝及其后福建漳州、莆田、仙游一带城乡戏剧活动情况，即使此时的戏剧已是南戏并盛行，也不能说明它在宣和与南渡之际，已与"温州杂剧"同时产生。书中说"应该是宣和之后已经分别在闽浙沿海许多点上同时产生""福建在北宋已产生南戏"等，均属主观推想，没有文献材料依据，不能成立。第二，书中论述往往自我矛盾，如既说"温州杂剧最初兴起于温州……温州杂剧在浙闽沿海地区流行之后，再进一步发展成为比较完整的戏曲艺术"，肯定了温州是源，其他地方为流的关系；可在另一处却又说："南戏是在闽浙两省沿海一带同时出现。"又自我否定了源流关系。第三，作为中国完整的最早戏曲南戏，首先产生的地点只能是一个，非此即彼。绝无可能在两处或多处同时出现，必有个源、流问题。书中提出闽浙两省东南沿海许多点同时产生的说法，混淆了源、流关系，是不科学的，也是不符合客观实际的。

三、南戏产生于温州之原因

1. 经济发展和繁荣

两宋时期，温州经济迅速发展繁荣。在农业上，这时不断修筑堘塘陡门疏浚河道。永嘉永强修筑军前大埭，平阳筑阴均堤、万全塘、坡南塘、河塘陡门，乐清筑黄华大埭、黄塘八埭，瑞安筑石冈陡门，疏浚温州大南门至瑞安东门近百里河港，不断扩大耕地灌溉面积。北宋大中祥符四年（1011）推广占城稻，一年二熟，不断提高单位面积产量，上田收米三石，最高可达四五石，亩产属全国前列，开始向福建等地输出粮食。温州的柑橘唐时已被列入"土贡"，宋时更是极享盛名，温州吴桥港一带是一片柑橘林，叶适在《西山》诗中云："有林皆橘树，无水不荷花。"[16]宋韩彦直著有《永嘉橘录》三卷，这是世界上最早记述柑橘生产的专著，记录温州柑八种、橘十四种，为当时全国第一。苏轼、苏辙、梅尧臣等著名诗人都有诗对温柑进行赞美。手工业生产方面，温州的造船业非常发达，温州造船场设有官吏5人，兵级247人。《宋会要辑稿·食货》卷四六："至道末，温州岁造船百二十五。"至北宋末大有发展，同书卷五○："哲宗元祐五年（1090）正月四日，诏温州、明州岁造船，明以六百只为额……政和四年（1114）八月十九日，两浙路转运司奏明州合打额船并就温州每年合打六百只。"民间私人造船业亦很发达，《宋会要辑稿·食货》卷五○："凡滨海之民所造舟船，乃自备财力，兴贩牟利而已。"温州造船业之发达在当时属全国首位。温州盐的年产量达七万四千余石，为全国产量的七分之一。温州的造纸业亦很发达，所产蠲纸，清白坚滑，其质量称全国第一，北宋至和间被列为贡品。宋周辉《清波别志》云："（蠲纸）今出永嘉，士大夫喜其发越翰墨之功，争捐善价取之。"《三柳轩杂识》云："温州作蠲纸，清白坚滑，大略类高丽纸，东南出纸处最多，此当为第一。"温州的印刷业亦很发达，雕版印刷的书籍有《白石诗卷》《周礼井田谱》《仪礼》等等。温州白象塔出土《佛说观无量佛》佛经残页，为我国活字印刷的最早实证。宋时温州所产的漆器被称为全国第一，远销国内外。从《东京梦华录》《梦粱录》《都城纪胜》等书记载中得知，北宋首都汴京（开封）、南宋首都临安（杭州）都设有"温州漆器铺"。解放后从瑞安仙岩塔中发现的北宋漆器，其堆漆雕饰艺术水平很高，描金堆雕出飞鸟、走兽、花卉、佛像等。1978年在江苏武进前公社宋古墓出土的温州漆器，雅致秀丽、精美绝伦。温州的陶瓷，晋时生产的缥瓷闻名全国，杜毓《荈赋》云："器择陶拣，出自东瓯。"至宋朝，温州以产青瓷为主，销售国内外。温州的蚕丝、瓯绸名闻东南，并出现了手工业作坊"机户"。

温州的商业经济这时也迅速发展。宋时在温州建立了"市舶务"，温州成为我国东南沿海对外贸易的重要港口之一。《宋会要辑稿·职官》卷四四载："绍兴三年（1133）六月四日……今据两浙提举司申本司，契勘临安府、明、温州、秀州、华亭及青龙近日场务。"又云："十五年（1145）十二月十八日，诏江阴军依温州例置市舶务，以见任官一员兼管。"这时温州的海上贸易亦很发达，陈傅良《汪守三以诗来次韵酬之》中云："江城如在水晶宫，百粤三吴一苇通。"程俱《北山小集》卷二三《席益差知温州判》中说温州"其货纤靡，其人多贾。"当时温州除了出口漆器、瓷器、瓯绸、刺绣等工艺品外，温州的名酒清心堂、丰和春、蒙泉、碧露等也在外畅销。由于贸易的开展，商税的收入甚高，北宋熙宁十年（1077）永嘉县商税高达二万五千余贯，是全国各县平均商税的七倍，南宋又有更大发展，可见当时温州商业经济之活跃。

随着经济发展，温州城乡的人口也迅速增长。据《太平寰宇记》《元丰九域志》《温州府志》等记载，北宋初温州主户16812，客户24658。至南宋淳熙间主户达170035，总人口910657人，比北宋初增五倍多。温州城市人口也有十余万，徐照《题赵明叔新居》诗云："十万人家城里住，少闻人有对门山。"[18]温州城市热闹繁华，叶适《东嘉开河记》中云："（温州）市里充满，至于桥水堤岸而为屋。"[19]可见当时城市居民拥挤之况了。温州城西厢有个"众乐园"："纵横数里，中有大池塘，亭榭棋布，花木汇列，宋时每岁二月开园，设酤，尽春而罢。"⑳那时温州有这样一处娱乐场所，于春光明媚之时供人游玩娱乐，戏剧、说唱及各种文艺娱乐表演纷呈，热闹非凡。宋杨蟠《咏永嘉》诗云："一片繁华海上头，从来唤作小杭州。水如棋局分街陌，山似屏帷绕画楼。是处有花迎我笑，何时无月逐人游。西湖宴赏争标日，多少珠帘不下钩。"㉑元南戏《荆钗记》中引《古风》一首云："越中古郡夸永嘉，城池阛惯人奢华。思远楼前景无限，画船歌妓颜如花。"㉒

经济繁荣、商业发达、市民阶层不断扩大，必然出现对艺术的更高要求，必然促使文化艺术的发展与兴盛。这便是南戏之所以在温州首先形成的经济基础与有利条件。

2. 文化艺术的兴盛

中国戏曲艺术在春秋战国的歌舞中已开始萌芽，历经汉唐五代不断丰富积累，至北宋时已渐趋成熟，出现了文化繁荣、艺术纷呈的局面。对南戏产生有重要影响的文艺样式有以下几种：

民间歌谣。东瓯风俗自古以来"敬鬼乐词""尚歌舞"，至宋时温州民间歌谣丰盛，城乡流行的村坊小曲如〔东瓯令〕〔台州歌〕〔牧犊歌〕〔采桑歌〕〔山里鸡〕〔鹅鸭满渡船〕〔字字双〕〔赵皮鞋〕、〔吴小四〕〔拗芝麻〕〔豆叶黄〕等；寺庙梵歌或佛曲如〔五方神〕〔水陆堂〕〔念佛子〕〔太子游四门〕等；河边海隅的船歌〔倒拖船〕〔川拨棹〕，挽歌〔哭岐婆〕，灯词〔玩仙灯〕等，十分兴盛。徐渭《南词叙录》中云："永嘉杂剧兴，则又即村坊小曲而为之。"温州这些民间歌谣的流行兴盛，为南戏产生所需乐曲提供方便。

宋词。词至宋朝发展到极盛时期，一时词人辈出，才情横溢。这种长短句可歌唱的文学样式，为戏曲艺术的歌唱提供了乐曲与歌词。在现存最早南戏剧本《张协状元》中，取于宋词词（曲）牌的有40多支。宋词的歌唱也结合地方音乐方言进行曲化，从文人的正统唱法俗化为南戏歌唱。徐渭《南词叙录》中说南戏："其曲，则宋人词而益以里巷歌谣。"刘熙载在《艺概》中云："未有曲时，词即是曲；有曲时，曲可悟词。"王骥德《曲律》云："过曲〔八声甘州〕〔桂枝香〕类，亦止用其名而尽变其调。"说的就是这一情况。

大曲。大曲自汉、魏至唐已流行。唐诗人孟浩然游温州，在故友乐清县尉张子容宅除夕宴会上，聆听了当地卢姓歌女歌唱"梅花"大曲，写诗大加赞赏。至宋时，大曲家史浩曾于南宋初任温州教授，其所作大曲《采莲舞》《大清舞》《花舞》等至今犹存。大曲的体制，据宋王灼《碧鸡漫志》云："凡大曲有散序、靸、排遍、攧、正攧、入破、虚催、衮遍、歇拍、煞衮，始成一曲，谓之大遍。"大曲到宋时已以"摘遍"的方式用其片段，称为"曲破"，即截用大曲后边的"破"部分。它的曲舞，被戏曲吸收使用。《张协状元》十六出有〔菊花新〕〔后衮〕〔歇拍〕〔终衮〕，这就是大曲曲破在戏曲运用中的变体。

唱赚。为宋代的一种说唱艺术形式。由"缠令"和"缠达"发展而成。宋耐得翁《都城纪胜》"瓦舍众伎"条云："唱赚在京师日有缠令、缠达。"后吸收多种曲调组成套数，南宋临安瓦舍中唱赚艺人达数十人，陈元靓《事林广记》戊集《圆社市语》载有"咏蹴球"赚词联套，前有引子后有尾声。这种组曲方式亦被南戏引用，如《张协状元》第三十七出（旦提招子上唱）〔一枝花〕引子后，（白）七律一首，又唱〔金莲花〕一支，（白）七绝一首，最后唱〔满江红〕二句为尾声。这种一曲一诗相间进行，与"缠达"一诗一词的组织形式相似。

诸宫调。以唱为主，又说又唱的一种说唱艺术形式，宜于表现情节曲折的长篇故事。南宋王灼《碧鸡漫志》卷二："熙丰、元祐间……泽州孔三传者，首创诸公古传。"吴自牧《梦粱录》卷二〇"妓乐"亦云："说唱诸宫调，昨汴京有孔三传编成传奇灵怪，入曲说唱。"南宋有熊保保、高郎妇、黄淑卿等多人演唱于临安瓦舍中。"诸宫调"与南戏有着密切关系，《张协状元》"开场"（末白）〔满庭芳〕词中说："《状元张叶（协）传》，前回曾演，汝辈搬成。这番书会，要夺魁名，占断东瓯盛事，诸宫调唱出来因。"接着〔凤时春〕、〔小重山〕等5支南曲组成的"南诸宫调"介绍剧情，就是实例。另外，南戏在组曲联套形式上也受到"诸宫调"的影响，如《张协状元》第二十二出：（生上唱）南吕宫过曲〔女冠子〕，白，下。第三十一出：（生上唱）南吕宫引子〔似娘儿〕，白，下。这种以"引子"代"尾声"，或者没有尾声，显然是受"南诸宫调"影响。王国维《宋元戏曲考》中说南戏云："其配置之法，一出中不以一宫调为限，颇似'诸宫调'。"

崖词、陶真。《西湖老人繁胜录》云："唱崖词只引子弟，听陶真尽是村人。"可见"崖词"是适应城市中的那些流浪子弟的曲艺，其表演的内容或即唱说话本小说之类。"陶真"以农民或普通市民为对象唱说表演，《琵琶记·义仓》"净"唱的"陶真"，还吸收了"莲花落"调。明田汝成《西湖游览志余》卷二〇："杭州男女瞽者，多学琵琶，唱古今小说、平话，以觅衣食，谓之陶真。"或即类似后来弹词、莲花落、道情等民间说唱表演艺术。

说诨话等。宋时城乡已流行的说诨话、诨唱、打砌、打调等民间滑稽说唱表演，短小风趣，亦被戏曲表演所吸收，南戏《张协状元》《琵琶记》《白兔记》《荆钗记》等剧时见吸收穿插运用。

鼓子词。宋代流行的用鼓子伴奏的一种民间说唱表演艺术。流传下来的有北宋赵令畤《元微之崔莺莺商调蝶恋花》鼓子词（见《侯鲭录》卷五）有伴歌和声。南戏《赵贞女蔡二郎》故事先在民间流传，陆游诗中的"负鼓盲翁正作场"，究竟为"鼓子词"或"陶真"尚有不同说法。

傀儡戏。傀儡戏渊源甚古，汉唐时已流行，至宋时更发达。《都城纪胜》记云："凡傀儡敷衍烟粉、灵怪故事，铁骑、公案之类，其话本或如杂剧，或如崖词。"其表演故事与话本小说相似，是借木偶进行故事表演的说唱艺术形式。《都城纪胜》中所记这时在勾栏瓦舍演出的皮影戏，亦与"傀儡戏"有相似情形，或对戏剧的产生有某些启示。

杂剧。现知"杂剧"之名称在晚唐已经出现，任半塘在《唐戏弄》中认为其为"男女合演之真正歌舞戏"，但未见有资料实例证明，属于推想。至宋、辽、金朝，杂剧已成为散乐之一部。耐得翁《都城纪胜》"瓦舍众伎"云："散乐，教坊传学十三部，唯杂剧为正色。"说明在多项表演伎艺中杂剧占据主要地位。其体例，宋吴自牧《梦粱录》卷二"伎艺"云："末泥为长，每一场四人或五人，先做寻常熟事一段，名曰'艳段'；次做'正杂剧'，通名两段。"宋杂剧实有宋代各种滑稽、歌舞表演及各种说唱、杂技表演艺术的组合，角色由末泥、引戏、副末、副净四人组成，或添一人，名装孤。杂剧从北宋至南宋前期已成为对戏剧的总称，故南戏最初亦称之"温州杂剧"，其实"杂剧"与"南戏"有极大不同。南戏非是杂剧的继承发展，而是温州民间歌舞戏基础上的变革创新。杂剧的滑稽表演、歌舞等，也给南戏提供了艺术营养。

话本小说。宋时话本小说极为发达，瓦舍勾栏除说书外，有的被改编成"诸宫调"唱说表演。《张协状元》"开场"中云："似恁般唱说诸宫调，如何把此话文敷衍？"这"话文"，即是说话艺人说故事的文本，是话本小说的另一称呼。看来南戏《张协状元》原来也是从话本小说改编成的。从题材上看，南戏许多剧本是从话本小说改编而成的。现知与话本小说同题材的南戏有《王魁负心》《孟姜女千里送寒衣》《薛云卿鬼做媒》《卓氏女鸳鸯会》《郭华卖胭脂》《崔护觅水》《乐昌公主破镜重圆》《朱文鬼赠太平钱》《秦太师东窗事犯》等32本。话本小说不仅在题材方面给南戏提供故事情节，而且话本小说的结构有篇名、入话、正话、篇尾诗词，与南戏有剧名、开场、正戏、散场诗等相类似，话本小说在总体结构布局上亦对南戏有影响。又如南戏"开场"以第三人称介绍剧情及剧中穿插评论亦与话本小说相似等。

上述宋时众多文艺样式的兴盛发达，不论在戏剧故事情节方面，或在歌舞、滑稽表演的唱、念、做、打方面，都为综合艺术的戏剧产生准备了成熟的条件。然而，由于人们长期以来往往习惯于品类繁多的百戏艺术纷呈，完整的戏曲艺术样式姗姗来迟。到了北宋末、南宋初，温州民间艺人在本地民间歌舞戏的基础上，吸收了当时众多的说唱表演技艺，通过变革创新，创造了以第一人称的扮演来表现长篇故事，这就是"温州杂剧"，中国完整的戏曲艺术南戏终于诞生了，为中国戏剧史翻开了崭新的一页。所以，温州南戏的产生，既是戏剧艺术的各种元素长期发展积累的结果，更是温州民间艺人的革新创造与卓越贡献！

3. 民间艺人的创造

宋代的温州，随着经济繁荣、商业发达，市民阶层不断扩大，促使温州学术文化大大发展和兴盛起来。王十朋在《何提刑墓志铭》中说："永嘉自元祐以来，士风浸盛……至建炎、绍兴间异才辈出，往往甲于东南。"[23]宋楼钥《攻媿集》卷五二《温州进士题名序》云："永嘉自晋为名郡，宋兴六十余年人物未有显者，至天圣朱君士廉第进士，邦人荣之，以名其间。自天圣至今历百四十有八年，其举上第者凡三百三十有七人。"据《温州府志》记载统计，从宋天圣甲子宋郊榜至南宋咸淳甲戌王龙泽榜250年间，其考取进士达1300多名，其中南宋140余年间就占了1000多人。出现"廷对首胪，能获其五"，乐清王十朋，永嘉木待问、赵建夫，平阳周坦、徐俨夫等5人第为状元，武科状元多达18人，可谓人才士类之盛。终宋一代，温州学人的学术著作，仅从孙诒让《温州经籍志》中统计，经、史、子、集共 546 部，4070 卷，可见盛况。北宋皇祐间永嘉学者王景山（儒志）著有《儒志编》，在家乡授徒讲学，开永嘉理学研究之先。宋神宗元丰、哲宗元祐间"永嘉太学九先生"的周行己（浮沚）、许景衡（横塘）等游学京师，传伊洛之学。永嘉学派的形成，就是由周行己等元丰太学九先生传伊洛之学，薛季宣、郑景望等结合当时社会政治实践加以继承变革，陈傅良进一步发展，至叶适集大成。永嘉学派反对风靡当时的空谈心性的程朱理学，"必弥纶以通世变"，讲求功利实用，哲学上的唯物主义观点和政治上的爱国主义战斗精神，在我国学术思想上有着较高的地位和进步影响。与此同时，温州民间文化艺术极其繁荣，在当地民间艺人的努力下，创造了"温州杂剧"，标志着中国完整戏曲艺术首先在温州诞生。

温州在历史上是个较为独特的区域，《山海经·海内南经》云"瓯居海中"，这话透露出这一地域与中原相距遥远及种种神秘色彩。温州独处东南一隅，一是长期远离政治、经济中心，传统思想束缚与政治监控力相对薄弱，变革创新的自由度相对大些；二是靠江近海，水路与海上交通贸易开发较早，接受海外经济文化影响机会较多；三是长期内陆交通不便，形成温州人地域思想观念较浓。上述这些情形，在历史长河中，逐渐形成具有温州地域特色的经济文化，产生敢于变革创新的思想精神。这种思想精神，对温州的知识阶层与平民百姓都产生了深刻影响。以叶适为代表的永嘉学派重事功、求务实，反对空谈心性，力主抗敌复国，关心人民疾苦。这与温州平民阶层长期以来反对社会黑暗腐败、反抗封建传统礼教，追求男女爱情婚姻自由，批判忘恩负义等思想精神息息相通。徐宏图在《"温州杂剧"与"永嘉学派"》一文中说："南戏为下层民众的心声，属民间物；'永嘉学派'系上层知识分子的治学准则与政治主张。"两者"互相影响、紧密联系"，并例举南戏剧本所反映的内容说明："'永嘉学派'的种种主张亦无一不通过南戏舞台予以折射。"[24]我认为是符合实际情况的。新生的南戏一开始就表现了高度的人民性与战斗性,早期南戏《王魁》《赵贞女》《张协状元》等都充分体现了现实主义的批判精神。朱熹、陈淳这些理学家,站在维护封建礼教传统的立场,极力反对排斥戏剧与新奇娱乐,目之为"淫戏""淫哇",所到之处即行严禁。但永嘉学派学者的态度则与之迥然不同,他们始终站在人民的立场,重视人民的地位与作用,认为"民"为国家之本,叶适在《民事上》一文中云:"国本者,民欤,重民力欤,惜民财欤,本于民而后为国欤,昔之言国本者,盖若是矣。"[25]他在《治势下》云:"臣观今天下之士,惟其嗜利无行者。"[26]这与南戏批判士之"忘恩负义""状元负心"等思想精神相一致。永嘉学派学者很重视民情习俗,叶适在《永嘉端午行》诗中,对民间端午竞渡、节日娱乐喜庆活动表示赞颂,鼓励当地父母官与民同乐:"使君劝客亲付标,两棚争夺悬分毫。……岸腾波沸相随流,回庙长歌谢神助。"他认为对民间娱乐不能借故禁止:"祈求赛愿从其俗,禁断无益反为酷。"[27]他在《端午思远楼小集》诗中云:"土俗喜操楫,五月习骇鲸。鼓声沉沉来,起走如狂醒。"[28]他所登的"思远楼",就是南戏《荆钗记》引用当地《古风》中"思远楼前景无限,画船歌妓颜如花"之处。

所以,永嘉学派是当时温州学者群在学术政治思想上的变革创新。而南戏的产生,则是温州平民阶层、民间艺人在文化艺术上的变革创新。温州民间艺人发扬敢为天下先的艺术创造精神,以第一人称的戏剧艺术来表演长篇故事,首创中国完整的戏曲艺术"温州杂剧",表达人民的愿望与心声,具有强大的生命力,深受畸农市女欢迎喜爱。由于上述原因,温州的民间艺人终于在北宋末、南宋初,将话本小说、诸宫调改编成戏曲搬上舞台,将散乱的各种民间说唱技艺和宋杂剧中的滑稽与歌舞表演艺术的长处,吸收改造综合成戏曲艺术;将村坊小曲、里巷歌谣、宋人词、民间歌舞等组合成南戏音乐歌唱,是了不起的艺术新创造。没有温州民间艺人的变革创新，就不会有"温州杂剧"的产生。这就是南戏之所以首先在温州产生的最主要原因。

此外，温州的"敬鬼乐词""尚歌舞"等民情习俗也给南戏的产生提供诱因与有利条件。温州每年从正月即开始迎神赛社，至岁终不辍。有"二月二"的"拦街福"，街市热闹处搭建彩棚，鳌山烟火，傀儡戏、弹词、道情、花鼓，庙宇戏台斗台演戏，游人日夜熙熙攘攘。"三月三"上巳迎东岳爷忠靖王，抬神出巡，举行庙会，各里搭台演戏。这种迎巡忠靖王的风俗，宋时即盛。《浙江通志》卷二五九"永嘉忠靖王"条引《旌德观记》云："旧庙祀浙之温郡，其祀于钱塘则自宋宝庆二年始。"可见南宋宝庆二年（1226）将温州忠靖王导引至杭州。清黄汉《瓯乘补》云："今瓯俗每岁上巳忠靖王迎会……里俗以神为戏事。"温州这样年年举行的热闹排场，恐是全国独一无二的。明姜准《岐海琐谈》卷七记云："（温州）每岁元夕后，戏剧盛行，虽延过酷暑，弗为少辍。如府县有禁，则托为禳灾赛祷，率众呈举，非迁就于丛祠，则移香火于戏所，即为瞒过矣。……且戏剧之举，续必再三，附近之区，罢市废业，其延款姻戚至家看阅，动经旬日，支费不訾，又不待言矣。"[29]温州此一风俗来源甚古，《史记·封禅书》云"东瓯王敬鬼"。《万历温州府志·风俗》云："东瓯敬鬼，故瓯俗多敬鬼乐词。"唐顾况《永嘉》诗云："东瓯传旧俗，风日江边好。何处乐神声，夷歌出烟岛。"祭祀娱神与娱人相结合，温州百戏技艺很早兴盛。1985年瑞安县塘下场桥乡龙翔寺三国墓出土"青瓷百戏堆塑谷仓罐"，肩腹堆塑舞乐杂耍乐人像33尊，有倒立、叠罗汉、弄丸、拳击、舞蹈、滑稽戏、吹笙、操琴、弹琵琶，以及观赏者鼓掌的各种场面，内容丰富，形象生动，气氛热烈，可见当时温州民间杂技、歌舞的盛况。戏剧产生与宗教、民俗有着密切关系，南戏之所以在温州首先产生，这也是一个值得重视的有利因素与原因。

温州地处东南沿海，海外交通贸易发达。唐时已与日本、朝鲜及东南亚通航，宋时建"市舶务"成为我国对外贸易的一大港口。受外来文化影响较早，如与温州近在咫尺的天台国清寺，发现了梵文印度古剧《沙贡特拉》剧本片段。该剧的场次结构、歌曲说白、主要角色分配等与南戏相类似，故郑振铎据此认为温州南戏"是由印度输入"[30]。这种"外来说"观点与主张我们不能同意，因为外因必须通过内因才能起作用，而当时的温州自身产生戏剧的内在条件已经成熟，这是毫无疑问的。但是，我们也不能完全排除外来文化的某些影响与催生作用。

根据以上考论，我认为南戏首先在温州产生已完全可以肯定。温州是我国南戏的发源地和故乡。王国维说："其（南戏）与温州的关系，则不可诬也。""宋元戏文大都出于温州。"[31]钱南扬说："戏文发生的地点，当在温州，毫无疑问。"[32]南戏于温州产生后，不久即北传杭州、南传福建，温州是源，杭州、福建及以后向更广大地区流播，都是流。钱南扬认为温州南戏传到福建泉州的时间"盖在南宋中叶以前"[33]是完全可能的。

【注释】

① 刘念兹：《南戏新证》，中华书局 1986 年 11 月版，第 32 页。

② 清曾唯：《东瓯诗存》卷七《题括苍冯公岭》之二。

③ 钱南扬：《永乐大典戏文三种校注·前言》，中华书局 1979 年 10 月版，第 1 页。

④ 钱南扬：《谈本省的戏剧文献》，刊《浙江日报》1953 年 3 月 17 日。

⑤ 徐顺平：《"书会"的性质及其演变》，刊《温州师范学院学报（哲学社会科学版）》1993 年 3 月第 1 期。

⑥ 钱南扬：《永乐大典戏文三种校注》，中华书局 1979 年 10 月版，第 5 页注⑪。

⑦ 见刘念兹：《南戏新证》，中华书局 1986 年 11 月版，第 21、22、23 页。

⑧⑨⑪⑫同上，第 21、22、23、24、29、32 页。

⑩ 同上，第 24、29、32 页。

⑬ 叶德均：《戏曲小说丛考·明代南戏五大腔调及其支流》，中华书局 1979 年 5 月版，第 6、8 页。

⑭ 张庚、郭汉城主编：《中国戏曲通史》，中国戏剧出版社 1980 年 4 月版，第 405 页。

⑮ 徐朔方：《南戏的艺术特征和它的流行地区》，见《南戏论集》，中国戏剧出版社 1988 年 12 月版，第 26 页。

⑯ 《叶适集》卷七，中华书局 1961 年 12 月版，第 94 页。

⑰ 《陈傅良先生文集》，浙江大学出版社 1999 年 12 月版，第 56 页。

⑱ 《永嘉四灵诗集》，浙江古籍出版社 1985 年 3 月版，第 59 页。

⑲ 同⑯，第 181 页。

⑳ 光绪《永嘉县志》卷二一。

㉑ 光绪《永嘉县志》卷三五。

㉒ 《六十种曲》第一册《荆钗记》，中华书局 1958 年 5 月版，第 2 页。

㉓《王十朋全集》卷二五，上海古籍出版社1998年10月版，第1008页。

㉔ 徐宏图：《"温州杂剧"与永嘉学派》，见《墨池》杂志2006年第1期，第6页。

㉕㉖ 叶适：《叶适集》卷二，中华书局1961年12月版，第651、641页。

㉗㉘ 叶适：《叶适集》卷六、七，中华书局1961年12月版，第51、79页。

㉙《温州文献丛书·岐海琐谈》卷七，上海社会科学院出版社2002年12月版，第124页。

㉚ 郑振铎：《插图本中国文学史》第十四章，作家出版社1957年12月版，第567页。

㉛ 王国维：《王国维戏曲论文集·宋元戏曲考》，中国戏剧出版社1957年版，第123页。

㉜㉝ 钱南扬：《戏文概论》，上海古籍出版社1981年3月版，第21、31页。

双溪县成立前后①

◎ 胡国洲

永嘉县是全省著名的革命老根据地县。早在 1920 年就有谢文锦在上海加入社会主义青年团，1921 年胡公冕在上海加入中国共产党。1924 年建立党团组织以后，永嘉县人民在党的领导下进行了长期的、曲折的、艰苦卓绝的革命斗争，1949 年 5 月 2 日，建立了双溪县（后改名永嘉县）民主政府。双溪县民主政府的建立，标志着全县人民的解放，从此以后，永嘉县进入了历史的新纪元。

① 此文系胡国洲生前所写，时间为 1989 年。

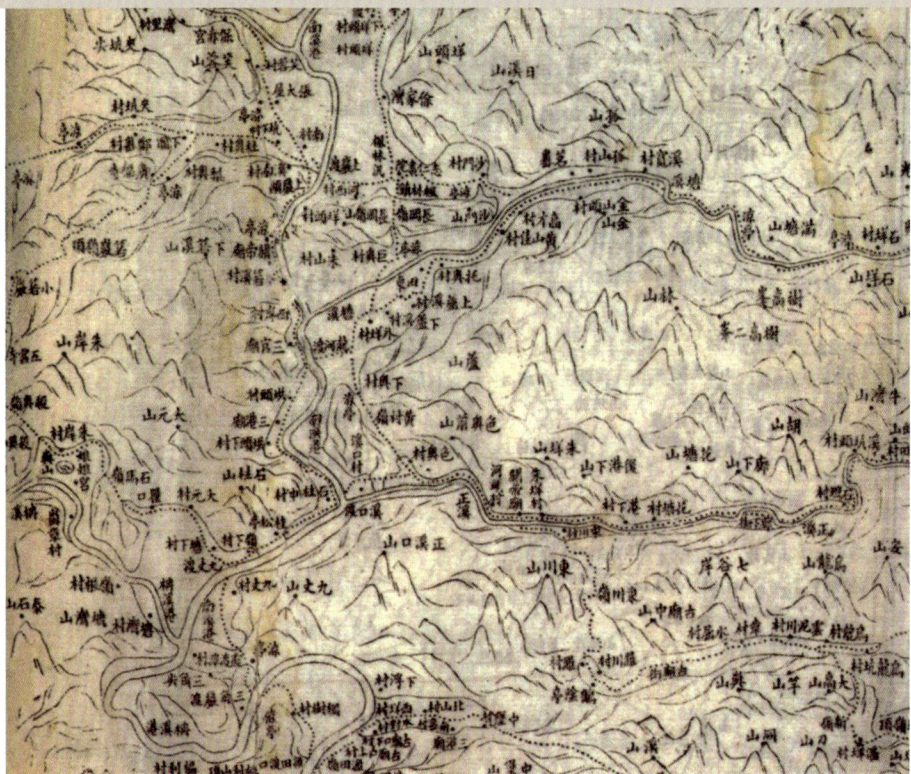

今年春节在岩坦
明年到温州过

　　1949年1月26日，我参加括苍中心县委在岭头召开的第三次扩大会议回到岩坦，在岩坦召开了楠溪中心区委扩大会议。会议之后，在岩坦大宗祠召开的群众大会上，我们宣布"今年春节在你们岩坦过，明年我们到温州过"。当时有一部分群众欢欣鼓舞，却有另一部分群众说我们是吹牛皮。

　　不久，浙南特委通知邱清华、徐寿考、仇雪清和我四人，到浙南参加特委扩大会议。邱清华布置我率武工队于2月15日左右先到五漱等候，与他们一起动身。我把楠溪中心区的工作交给汪瑞烈后，即按照这个指示到达五漱，并布置武工队向枫林、碧莲方面警戒，以防敌人的突然袭击。当时，国民党的200师的独立团与永嘉县江北办事处所辖的自卫大队，分驻枫林和碧莲等地，形势还是严峻的。2月19日，邱清华等同志由四中队护送来到五澍，他们在此住了两夜，访问了老红军和烈士家属。

我们按计划赶路，于21日晚抵达杨山，22日晨经大源下到白泉岭下，烧掉国民党田粮处的串票，警告教育了田粮处的人员。后过邵山、金山，从白上过渡抵江南，参加浙南特委第十次扩大会议。

这次特委扩大会议，主要是研究解放浙南接管城市和农村要建立哪些机构，研究干部调配问题，通过了急需的几个组织法与工作条例。当时龙跃同志同我个别交谈时，征求我县名的意见。他说1942年建的县称瓯北，1943年特委派出机关叫江北，1948年成立了楠溪县筹备委员会，现在正式建县，应称什么？我回答：上述这些名称，都不能概括实际地域，瓯北或江北，包括了乐清，若称楠溪，又漏掉永临一带。群众习惯称我们地域为西楠溪，县名叫双溪县最为确切。龙跃同志很赞成，这就是双溪县县名的由来。4月14日，扩大会议上公布为双溪县，我被任命为双溪县委委书记兼县长。

大会于4月13日结束，14日举行测验，考查各县主要干部的政治水平。15日特委领导与各县主要负责人谈话，16日动身回来。

回到自己地区之后，忙着通知各区委书记，于25日到鹤盛参加括苍中心县委第四次扩大会议。同时迅速扩充武工队，从60多人增加到100余人。

括苍中心县委扩大会议，按时在鹤盛召开，本拟开个把月的时间，不料于28日，突然接到龙跃同志电报，要邱、周两同志率领扩编的第三支队，尽快出发，开抵周岙。为此会议只开四天。4月30日，第三支队指战员，全部向江南挺进。楠溪中心区武工队为顾大局，拨调队长以下90多人给第三支队，编为第三支队七中队，戴宝亮为中队长，陈明德为政治指导员。留下的部分人改编为双溪县警卫队，由郑康平担任队长。

双溪县正式成立

5月2日，双溪县成立大会在岩头东宗祠堂召开。之所以选择这个地方，一是1932年5月，红十三军一师师长雷高升在此受骗，被敌人杀害二十多名干部，红十三军主力损失殆尽。二是同年8月，胡公冕温州兵运失败，五漈村被逮捕一百零八人，关押此祠刑审拷打十二天。在这里开会，说明今天的民主政权是几十年来先烈们用鲜血换来的。

出席这次大会的是地方党、政、群干部与我们地方部队，还有岩头、五漈、枫林、港头、下日川等附近乡镇的部分群众，此外还邀请党外三位爱国民主人士胡卜熊、李立敬、戴时旺参加。会上由我宣布中共浙南特委成立双溪县民主政府的决定。接下去讲以下四点：（一）成立双溪县民主政府的重要意义；（二）西楠溪从1921年以来至1949年的二十八年中革命斗争史略；（三）民主政府为什么在东宗祠堂成立；（四）民主政府的职权与任务，彻底摧毁国民党的残余势力，加速建立民主政府的机构。接着胡卜熊先生以自己的亲身经历，来说明只有中国共产党才能救中国，这位经历过许多次国民党威胁、关押，而从不屈服的民主人士，所说的经过，最能说明问题。红十三军干部李立敬老师介绍他留苏时亲眼看到苏联人民的革命经验。

这个改朝换代的大会，听众情绪特别高，会议中收到许多群众自动送来的慰问品，有许多青年要求参军，政府人员应接不暇。

5月3日，县委扩大会议开始，贯彻鹤盛括苍中心县委扩大会议精神，依照本县具体情况，部署以下工作：（一）设立六个区一个直辖镇并确定人选。（二）举办青训班与党训班，解决干部问题。（三）大力扩充部队，县成立警卫大队，区成立警卫中队，郑康平为第一中队长，麻金龙为政治指导员，抽调廿四垟区武工队长周国龙为第二中队长，以碧莲地区工作人员金文为政治指导员，调离戴洪法为公安局长，后提汪吉仁为副局长，扩大会议到5月9日结束。

接收、整编国民党余部

5月10日，警卫第一中队随我去碧莲，警卫第二中队保卫县机关，县政府工作由谢用佐、汪瑞烈两同志负责。这时驻枫林的敌独立团三营，于3月31日被周丕振率领挺进大队和一、四、五中队缴了一部分枪械之后，已于4月6日由团长朱清光从虹桥率部来接应脱逃了，驻碧莲的敌陈华自卫大队长也率领章厚棣中队及直属分队等逃往温州，留在碧莲的尚有陈云凌一个自卫中队与吕炼荣（江北办事处副主任兼碧莲区长）一个区队，说是同意起义，等待我们去接收。5月7日温州和平解放后，永嘉县江北办事处主任徐勉派邵焕敬、邵乃兴、麻国仁等办事处人员，要我们到碧莲去接收。我们带部队到碧莲去，就是执行这个任务。碧莲一带党的地下工作，在解放战争时期，原是五溟区委领导的，因此双溪县委派郑中卿为碧莲区委书记兼区长，我们此行是与郑中卿及其武工队同去的。

在我们未来到之前，碧莲邵园等村的民兵，平时受吕炼荣警备队的敲诈勒索和武装镇压，一听到温州已和平解放，各地民兵自动组织起来袭击区公署，要收缴警备队枪械，当邵焕敬等人到达碧莲时，他们进攻正猛烈，后经邵焕敬说明碧莲的国民党部队都已准备起义，是在等办交接手续，民兵才退了回去。吕炼荣却自认为"堂堂区长"，受辱了，说什么"士可杀不可辱"，带领警备队退驻大峃老家，当我们到达碧莲时，只有陈云凌的第八中队在等待接收。

11日，在碧莲刘宅祠堂举行起义接收仪式，会上我与郑中卿、邵乃兴、陈云凌四人发言，对陈云凌中队的官兵，信守起义承诺，等待接收整编，肯定为人民做了好事，愿留下的量才使用，一一予以安排，要去的，听其自便，由政府发给回家路费。接着庄严宣布碧莲区民主政府成立，凡国民党的机构、番号全部取消，对吕炼荣我们还是耐心等待，希望其执行承诺，如再拥兵占据老家做大王，民主政府是不容许的，邵乃兴介绍了起义经过，陈云凌表示自己的革新意志，最后由郑中卿宣布碧莲区机关的主要成员及各乡民主政府人选，会议开得很成功。

关于吕炼荣的问题，徐勉先生曾亲自到大峃，促其起义，他只交出一部分长枪，留下短枪和几支精良步枪不缴，以后国民党派遣麻寿宽匪首潜回老家佳溪活动，与吕炼荣接上关系，于7月8日袭击我警一中队三分队陈康益的一个班，全班战士在陈康益的指挥下，顽强还击，界坑、陈峃等地民兵英勇助战，终于把土匪打败，击毙两匪徒。以后几个月这股土匪不断扰乱我边沿地区，杀我民兵、干部三十多人，直到10月17日，才被我剿匪部队与解放军185、186团一道，在仙居净乐寺全部歼灭。

10月21日，奉浙江省人民政府指令，双溪县正式完成它的历史使命改称永嘉县。

楠溪江古村落和建筑的人文价值

古朴风雅　灵巧多姿

——楠溪江建筑风情

　　1985 年，去温州永嘉县实地考察省级风景名胜区大若岩，沿途见小楠溪山水之秀美，叹为观止，后又转入干流大楠溪，其秀美更让我激奋，当即提议将大若岩风景名胜区更名为大若— 楠溪江风景名胜区。后又经过多次更深入的考察，行程累计四五百公里，走了 20 多个村寨，画了数十幅速写，发现楠溪江不仅水美、岩奇、瀑多、林秀，而且村古，有极为丰富的国家级风景资源，再次提议更名为楠溪江风景名胜区，并向国务院申报为国家级风景名胜区。

　　为将楠溪江建筑风情告知世人，1987 年，笔者特撰此文，介绍楠溪江村寨风貌、村寨建筑构成和建筑造型，原载《建筑学报》1987年第5期。同时还邀请清华大学建筑系陈志华教授对楠溪江乡土建筑作更进一步考察。

楠溪江是人们所陌生的名字，它的建筑风情更鲜为人知。为开发新的风景区，我曾几次到过楠溪江，行程四五百公里，跑了二十来个村寨。笔者认为那里有可与漓江媲美的秀水，有与雁荡齐雄的石峰，有与皖南民居赛雅的建筑风情，是发展我国风景旅游事业不可多得的资源。尤其是古朴风雅的建筑风情，可以说是我国建筑遗产中之瑰宝，值得建筑园林界加以深入的发掘和研究。为使楠溪江的美貌早日见于世人，它已被浙江省评定为省重点风景名胜区，并正在申报列入国家重点风景名胜区。北京大学地理系为之编制总体规划。

楠溪江位于瓯江口，是瓯江最大的支流，出口处正对温州市区。从温州港水路进风景区仅26公里。气候属亚热带，冬无严寒，夏无酷暑。楠溪江处于雁荡山脉与括苍山脉之间，属典型的河谷地貌。上游分大楠溪、小楠溪，合流后称楠溪，呈树枝状水系，干流长145公里，流经20多个乡镇。

在楠溪江景观中渗透着极为丰富的人文景观。有五代、宋代的古窑址，有历代留存的古建筑、古桥梁、古牌楼、古墓葬、古战场。

楠溪江的自然和人文环境给此间的建筑风情以滋生茂发的沃壤。秀美的山水风光和淳朴的民风民俗是为楠溪江建筑风情润色的和弦。

（一）古朴风雅的村寨风貌

楠溪江多数村落都形成一个完整的寨子，其外貌既古朴又风雅，这是楠溪江建筑风情最引人注目的特色。村子有寨墙、寨门，有的甚至两道寨墙，数道寨门，个别的还有护寨河。寨墙、寨河一般兼有抗洪御敌的双重功能。寨墙多用大卵石垒成，与村周围卵石铺砌的道路，卵石斑斑的溪流融成一体，不露雕琢。村寨布局均依自然地形和山势，一般平地寨子轮廓多起伏，

山地寨子建筑多层次，融人工美和自然美为一体。

　　例如坦下村，地处大小楠溪江的汇合处。村寨布局于山坡地上，居高临下，风水极佳。其村寨的外貌无论远眺近观都具非凡的艺术魅力。它以建筑于高台上的凉亭和亭下作为主入口的券形门洞为视觉焦点和构图中心，与两旁伸展的寨墙以及几个寨门排列成为错落有致的前沿门景；其后的民宅和穿插其间的树丛形成多层次的中景；衬托着村寨的后山大片葱郁的树林、峻峭峥嵘的山峦作远景，组成了一个远近皆美的立体山寨风光。

　　芙蓉村，是背靠芙蓉峰布局于平地上的大型村寨，纵横约三四百米，有一至二道寨墙、七道寨门。它没有起伏的地形可以利用，它的风貌特征主要是突出显示其富贵的由重檐三楹门楼和八字墙组成的颇气派的溪门（对主入路口的俗称），以及借来村后摩天接云的芙蓉三岩远山胜景，村以景名，村景相映。芙蓉村硕大的规模、完整的规划加上气派的车门，俨然一个微型城市。

　　还有如苍坡村、东皋村、蓬溪村等，也都是特征显见，个性各异。这些都是融自然美与人工美为一体的环境艺术杰作，其中坦下村的风貌最为动人。

77

（二）独特的村寨建筑构成

楠溪江的村寨，无论是地处富庶的江边抑或贫困的山坳，除了个别或零散的民居点之外，都有丰富的建筑构成。突出地表现在村村有凉亭，村村有荷池，村村有宗祠和戏台。有的一村一亭，有的一村数亭；有的一村一池，有的一村数池；有的一村一祠一台，有的一村数祠数台。这些亭池祠台均是村寨的公共设施，并非私家享用。这种构成在浙江的其他地区，即使浙南的其他县都难遇到，在全国也属少见。

凉亭是村民们劳动之余纳凉、下棋等活动之地，是地道的多功能公共娱乐社交场所，因而也是村民们最喜爱的去处和最受爱护的公共建筑物。故此，凉亭在楠溪江村寨建筑构成中占有最显要的地位，反映在布局上也往往占据最优越的位置。由于村民的珍爱，一般保护维修较好，留存的历史也长，如苍坡宋代始建的望兄亭、送弟阁。

荷池兼有养殖、观赏和消防的功能。数量随村寨的规模不同而多寡不等，多者七八个，少者一个。大小曲直形状无定制，因地制宜。多半荷池与凉亭、宗祠、戏台、庙宇交织在一起，配植花木，造成一组完整的优雅的公共活动环境。

戏台则是村里最高级的文化设施，楠溪江几乎村村有戏台，大小格局相似，只有精巧粗野之别。

（三）灵巧多姿的建筑造型

凉亭在村寨布局中起着画龙点睛的作用，形式灵巧多姿，推敲的比例较成熟。据我考察所见，平面有正方形、长方形、凸字形、十字形，附于其他建筑物上的附建形，如附建于土地庙、附建于宗祠、附建于溪门。屋面有单檐、重檐，有飞檐翘角，平檐平角；楼层有单层、双层；空间有全敞、半敞；地坪有错落、无错落。形式繁多琳琅满目。这些凉亭造型至今仍不失现代园林建筑设计借鉴的价值。

楠溪江的民居，由于气候条件好盛产木材，故多木石结构，木构暴露，薄墙填充。由于雨水多，出檐大。院墙用卵石或毛石砌筑。由于多筑于山地，布局依山就势，平面、屋面都能随机应变，故具有轻盈、自由、开朗的风貌，体现自然美和质朴美。它们的风貌有别于浙北平原民居的那种规整、粉墙灰瓦、马头墙，有别于浙西民居较封闭的石墙土墙，也有别于皖南的连院、高墙、小窗，自成一格。

楠溪江建筑风情是我们中华民族物质文明和精神文明的一大财富。希望全国建筑园林界对这些埋没于深山里的建筑珍品给予关注。

楠溪江建筑风情作为传统建筑文化，对于社会主义新农村的建设，对建筑文化的发展，均具有启迪和借鉴的作用。

楠溪江乡村建筑人文思想的启迪

继 1987 年发表《古朴风雅　灵巧多姿》一文介绍楠溪江建筑风情之后，笔者再次撰文，进一步介绍楠溪江乡村建筑的人文思想，尤其是乡村建筑的文化观、环境观、社会观，以求正在蓬勃发展的我省乡村建设能从中得到有益的启迪。原载《建筑学报》1989 年第 1 期。

笔者在本刊 1987 年第 5 期以陋文《古朴风雅　灵巧多姿》介绍浙江永嘉楠溪江乡村建筑风情。然而，楠溪江建筑风情的建筑美不是她价值的全部，更宝贵的还有她那极为丰富的乡村建筑的人文思想，这些思想至今引人深思，启迪我们对正在蓬勃发展中的乡村建设的思考。

在叙述楠溪江乡村建筑人文思想之前，先介绍一下其地理历史背景。楠溪江是树枝状水系，分布于温州永嘉县境内。在历史上因楠溪江水路通达，交通条件得天独厚，加之土地肥沃，气候温和，那里曾是一块发达之区。

南宋时，因宋室南渡，永嘉一带经济繁荣，文化发达。当朝又鼓励"耕读"，规定工商不可入仕，士农可以，楠溪江有丰饶的沃土、幽雅的风光和通达的水路，正是图仕者耕读的理想之地，因而南宋时楠溪江文人学士辈出。楠溪江建筑的鼎盛时期也在南宋。而在更早的历史时期，东晋大书法家王羲之，南朝诗人、我国山水诗鼻祖谢灵运和同朝诗人颜延之还当过永嘉太守。如此特定的地理环境和历史条件为楠溪江流域儒学和人文思想的兴盛奠定深厚的基础。

那么楠溪江乡村建筑的人文思想是哪些呢？我认为主要体现了它的文化观、环境观和社会观。这些人文思想值得继承和发展。

（一）乡村建筑的文化观

我们剖析楠溪江建筑风情的肌理，清晰可见她的文化脉络。纵向看，楠溪江历代的建筑遗存都是各代的文化印迹，尤以宋代文化印迹最为醒目，这些印迹连成一条相互承接的贯通千百年的文化脉络。横向看，村寨规划布局、建筑、楹联碑记，甚至村名、景名，无不文情脉脉。这文脉是我国历史悠久的传统文脉，正由于它不息的跳动，使楠溪江建筑风情的肌理永葆活力。特别是楠溪江村寨宋代就有规划，且有明确的规划思想，实属国内罕见，在我国建筑史、规划史的研究上具有很高的价值。

例如芙蓉村。始建于北宋天禧年间，曾被元军所毁，元末明初复建，它有完整的规划，以溪门为起点，以始建于南宋的芙蓉池和池中的芙蓉亭为中心，展开它颇具规模的村寨布局。中心部分是该村的精华所在，被称作芙蓉花的花蕊，是该村的公共活动中心。规划设计思想是将芙蓉池、芙蓉亭和村西的芙蓉三岩（南岩、中岩、北岩，状如莲花瓣）胜景融成一体，立意创造一个"三岩倒映影，荷花映芙蓉"的艺术境界，这是一项极为成功的环境艺术作品，它除了体现自然美、人工美之外，还体现社会美，表达村民们希望自己的生活永远像芙蓉花盛开那样美好的精神寄托。在纵五横四的街路网内还规划布置"七星八斗"（多半已毁），"七星"即七个在石路上刻意拼花的石铺小平台，据传是用来节庆祭祖的祭台；"八斗"即八个池，既是美化环境的点缀，又是村寨完善的消防设施。"七星八斗"还表示此为福地，可容天上星宿，寓人才辈出如同星斗繁密，有吉祥之意。该村陈氏宗谱记载，宋代果真出了状元及以下高官学士计十八位，有"十八金带"之称，抗元名将陈虞之即是其一。芙蓉村精良的村寨规划和建筑设计，不仅是先民们高超的建筑技术、艺术水平和深厚的美学素养的体现，而且"荷花映芙蓉""七星八斗"这些规划设计立意也是中华民族传统的爱美、向善的文化心理的反映。我国历史上一直未能构成强大的宗教体系，中华民族的文化心理，眷恋现实的人生甚于向往来世的天堂，是通过对人生的哲学思考和投身大化、寄情自然求得心理上的平衡，而不是一切都向万能之神祈求，尤其是文人士大夫阶层。因此，"荷花""芙蓉""七星八斗"这些自然界的美景与乡间知识分子向往美好人生之情交融一气。

如苍坡，北宋建村，它不仅以轮廓生动的村寨风貌、优雅的扁湖环境、比例佳美的望兄亭显示其建筑艺术的光彩，还以规划建设中所包含的鲜明的规划思想、优雅的文采和美好的佳话传说令人叹服。据载南宋本村九世祖李嵩同夫人先后建了东西两池及溪门，并以"文房四宝"作为规划思想指导其布局，建了一条直街称"笔街"。笔街所指之山峦状如笔架，引进一个"笔架"。在笔街上特意插入一个石条围的台称"砚台"、砚台两旁各搁置一块4.5米×0.5米×0.3米端头打斜的大石条，状如磨过的"墨"（现在留下一支笔，一个笔架，一根墨），规划者以此"文房四宝"激励他的后人奋发读书多夺功名以光宗耀祖。出自此村的南宋国师李时日还在溪门上题曰："四壁青山藏虎豹，双池碧水储蛟龙。"以寓此村为龙腾虎跃名人辈出之地。显然，这些乡里知识分子规划的不只是一个村寨，也是遵"学而优则仕"的孔儒之教规划了一条封建仕途，这也是宋时推行耕读的社会写照。八世祖李霞溪为悼兄李锦溪抗番身亡，在扁湖旁建馆纪念，雅名之"水月堂"，以夜见水中幻月勾起对亡兄的不尽思念。村头的望兄亭与邻村霞坞桥头的送弟阁更有一曲动人的传说：相传宋末建炎年间李氏兄弟分家，七世祖兄秋山主动迁出居方巷，弟嘉木居苍坡，兄弟情深，分家以后往来探望甚密，因古时候深山密林多虎豹出没，夜晚每来必送对方至家门才返，后双方商定在各自村头建一个凉亭，隔溪相对，送者返家可在亭上悬灯以告对方归途平安，因而取名"望兄亭""送弟阁"，至今古亭尚在，遗风犹存，苍坡村仍是远近闻名的精神文明村。这一对古亭既是建筑遗存，又是中华文明的象征，实属举世难得的建筑珍品。

再如豫樟村，位于小楠溪南岸，面朝东北，西南靠笔尖山，村前挖有"砚池"，其位置大小正好将笔尖山峰倒映其中，如同毛笔蘸墨。"一门三代五进士"即出于此。

楠溪江的秀美山水吸引了许多文人雅士在此隐居耕读。给不少村寨创造了各自的风雅。如溪口村有一座戴氏"明文书塾"，芙蓉村也有两座书院（已毁）。岩头镇有所谓亭（花亭）、台（戏台）、楼（钟楼、鼓楼）、阁（文昌阁、沁园阁）等公共建筑。如廊下村，村民为其村周围的幽胜自然景观取十个景名，有"十景村"之称。溪口村也有"合溪十景"。再如枫林村，村口枫林中一座古亭以唐代诗人杜牧诗《山行》中"远上寒山石径斜，白云生处有人家。停车坐爱枫林晚，霜叶红于二月花"之句，由清御史徐定超题字名之为"爱晚亭"。该村还有沙岗五景：半月沉江、柏树凉亭、凤凰飞翔、蜈蚣探身、仙翁钓鳌。蓬溪村谢灵运后裔某谢宅有朱熹题字"近云山舍"……此类风雅不胜枚举。

上述楠溪江丰富的古村寨、古建筑遗存及其文情清晰的风情肌理，都是历代乡村建设者们丰厚的建筑文化素养和他们传统的文化观指导于建设实践的丰硕成果，是当地人民千百年来积累的宝贵文化财富，也是民族的

共同财富，我们应该从中认真研究，积极借取，剔除旧文化的糟粕，融进社会主义新文化的血液，切实把已经延续了千百年的建筑文化脉络承接下来，使其跳动不息，永葆活力。

反思当前乡村建设，多有重经济轻文化的倾向，破旧的小学与崭新的庙宇教堂便是这种不良倾向的生动写照。不少乡村建设无规划，更无规划思想，乱占乱建，新而不雅。更令人遗憾的是有许多工艺精良，造型优美，历史悠久的古建筑、古桥梁以及古树名木被滚滚而来的建设浪潮所吞没，这些都是乡村建设缺乏文化观的结果。

（二）乡村建筑的环境观

楠溪江古村寨的建设非常重视人的生活居住空间环境。选址讲究，巧妙利用自然，规划布局善于借景、透景、造景，能融人工美与自然美为一体，创造出了像坦下村那种山歌般质朴动听的富有韵律感的村寨风貌。像扁湖、丽水街、芙蓉池那样使人、建筑与自然相统一的、情景交融的综合环境艺术体，岩头镇以建造亭台楼阁来点缀自己的环"五景"境，有的乡村辟有"十景"且有景名景诗的乡间园林，有的建造了优雅的庭院环境……在楠溪江有我们新村镇建设汲之不尽的艺术养料，也有现代城市和风景园林环境艺术创作的源泉，更有值得后人继承和发展的环境意识和创造融于自然的乡村优雅环境的建筑环境观。

我国未来将有越来越多的人脱离农业，社会日益城市化。随着城市化进程的加快，人们越来越向往自然，城市的人要求"返回"大自然。而最贴近大自然的乡村应融于自然是不言而喻的，值得重视的是我们许多新村建设十分缺乏这种环境意识和融于自然的环境观，因此在乡村建设中出现不严格保护自然生态环境，滥伐树木，不重视绿化，出现干巴巴的马路，暴露无遗的庭院，新建住宅形同军营……环境美是现代文明的一项重要标志。为了引导农村切实走向现代化，在乡村规划设计中不能不考虑环境。

（三）乡村建筑的社会观

楠溪江古村寨几乎个个都是一个小社会，是由民居、宗祠、亭台、池榭、书院甚至寨门等提供物质文化生活以至军事设施较为齐全的封建的小社会。这些小社会较欧洲中世纪城堡更富于人情味，从规划到每项建筑以

及整体环境均亲切近人，充满生活气息。这些是儒学"仁"的思想的具体体现，儒学的目的是缓和阶级矛盾，维护封建统治，但由于重视人本身的礼仪仁爱，客观上又具有人民性。因而在楠溪江村寨的小小社会里，作为社会细胞的人基本的生产生活和社会活动要求得到了满足。其芙蓉村的"微型城市"、各村寨丰富的建筑构成和凉亭等公共社交建筑的突出地位是古乡村建筑社会观的鲜明反映，从中还见到了出现于数百年前"社区"的雏形。

我们的乡村建设应充分体现社会主义的人道主义精神，进一步尊重人，关心人。新乡村应更加重视公共文化、公共福利建设，把民居建得更加舒适；商店、学校、文化馆、球场、公园、托儿所、敬老院、卫生所应尽可能考虑得周全，环境要卫生优雅，还应努力创造有利于邻里交往的多种公共活动空间；并且要最大限度地满足当代人的物质和精神生活的需求，即把乡村建设成类似现代国家称之为"社区"的现代小社会。当然这个小社会比之传统的乡村要更富人情味，更充满生活气息，这个小社会不再是古老的、封闭的、宗族的、落后的，而是新型的、开放的、全民的、现代的。

此外，楠溪江古村寨运用"荷花映芙蓉""文房四宝"等种种象征手法表达了人们向善、向美的追求和激励奋进，传颂着望兄亭、送弟阁的故事佳话等，亦说明了古乡村的建设者们极重视社会美，重视传统文化意识中的精神文明。我们应该继承这些重视社会美、重视精神文明的优秀传统，也可以运用某些象征手法表达人们对社会主义共同富裕理想的追求，激励人们向现代化奋进。也可以建设纪念碑、纪念塔、纪念馆，种纪念树、设置纪念雕塑，用以记载乡村光荣文明的历史，唤起对先贤先烈的哀思和怀念。这对培育有理想、有道德、有文化、有纪律的社会主义公民，对造就爱祖国、爱人民、爱劳动、爱科学、爱社会主义的一代新道德风尚，建设社会主义精神文明将起到积极的作用。

总之，我们需要树立起建设既有丰富的物质生活，又有充实的精神生活的社会主义乡村建筑的社会观。

综上所述，楠溪江乡村建筑的人文思想是极为丰富的，它的文化观、环境观和社会观尤为鲜明。这些思想和观点与当今流行于国际的后现代主义、晚期现代主义建筑理论有惊人的相似之处。后现代主义、晚期现代主义所推崇的，诸如建筑要反映历史文化；要从大众文化、工艺制品和历史中寻找灵感；建筑应是自然和人的中介；强调人与自然的联系，人类要返回大自然；主张增辟城市和建筑的共享空间以促进人与人之间的交往；重视居住区的邻里空间；建筑和空间要注意人的尺度，多一点人情味；等等。而楠溪江的古村寨建筑文化意蕴，显然包含了丰富的人文思想，也体现了建筑的文化观、环境观和社会观。那些现时最时髦的建筑思想和观点，从楠溪江建筑风情中均可找到它们的原型，只是由于古今中外的经济社会文化背景和基础不同，级差悬殊罢了。因而我认为在积极汲取国外现代建筑思想和理论的同时，也应该重视发掘本国本民族的建筑文化遗产，从中取其精华，使其得以继承和发扬光大，并且进而将中西文化交融，经过提炼达到升华，创造出社会主义中国建筑的新文化。

回忆朱陈勋同志

◎ 张声和

　　我总想为朱陈勋同志写点文字，他是我在温州文史界中的老朋友。我重新读了他出的几本书，以及我们交往的信件，也翻到了我写给他的诗稿，其中有一首绝句，是我作毛笔字抄送给他的，还留着拍照的底稿："秋风抖落早年悲，北大山民志未衰。语寡常常惊四座，平生苦楚几人知。"我还用电话采访了一些与他一起工作过的陈荣、李文照、徐崇统、吴凤菇等同志。他们纷纷为我提供朱陈勋同志的简历和有关工作细节。

　　我与朱陈勋同志是 1995 年认识的，是温州市政协在景山召开的文史会期间认识的。那时我在平阳县政协工作，他在永嘉政协工作。开会期间我与朱陈勋同志同住在一个房间里，我们谈得来，后来通过几次信。他寄给我他写的一本题为《碰撞》的书，我为他写过书评，而后就有了共同话题，因文史之缘结下了友谊。1999 年，他退休即回永嘉山区老家，我也调温州政协做文史工作，交往一直延续着，时间长达 30 来年。今年（2024）1 月 24 日下午，我接到永嘉县政协徐崇统同志向我发来的微信，说："张主任，朱陈勋先生在今天上午不幸去世了。走得很突然，真的很为他难过。特向您告知一下。"我一时有"伤心夕照，忆旧黄昏"之痛。

回忆朱陈勋所走过的路，是对他所处的那个年代的记录。他熬过了那个"碰撞"下艰难的环境，仍保持着向上的人生态度，是值得学习的。

烈士后代，在革命家庭里成长

朱陈勋于 1939 年 2 月 16 日出生在永嘉县花坦乡科竹村，父亲朱增厅是共产党员，1946 年 8 月间被捕牺牲。解放后被认定为烈士。父亲在世时的 1945 年春天，朱陈勋虚岁七岁，到本村刚刚创办的小学读书。

朱陈勋的父亲朱增厅加入共产党与周丕振有关系。周丕振（1917—2002），浙江省乐清县人。抗战期间曾任永（嘉）乐（清）抗日自卫游击总队副总队长。新中国成立后任浙江省军区司令部副军职顾问。当时，永嘉科竹村的朱梦林娶乐清县泽基村周丕振的一位堂妹为妻，结识了周丕振，加入共产党。他回到本地，发展本村朱恒波，樟鸟村的陈时进、邵贞辉等为中共党员。朱陈勋的父亲朱增厅因不满剥削制度，思想进步，带头反对保长，于 1942 年 3 月加入共产党。科竹村于 1943 年建立党支部，朱梦林任支部书记，朱陈勋的父亲朱增厅为宣传委员。

朱陈勋童年常在避难中度过。他六岁那年，国民党"浙保四团"经常进村"清乡"，父亲不敢在家种田，就参加了永（嘉）乐（清）抗日游击队。1946 年部队精简，组织上安排朱增厅与其他几个人一起到乐清县岭底乡直桶坑烧炭，赚钱补给游击队的生活费用。父亲很少回家，他回忆父亲有这么一段话："每当父亲偶然回家，都检查我的学习成绩。他翻开书本，两手按住某个句子中的上下两个字，叫我念中间的那个字。我很容易地念出来。他以为这样认字是最难的，居然没有把我难住。接着他读某一个字，叫我默写。我也能容易地写出。他感到十分满意。可是，他从来没有当面夸奖过我。"这段回忆很平常，可在一个革命者家庭里是难得的，父亲的关爱显得珍贵。

也就在那一年，朱增厅牺牲了。朱陈勋在回忆父亲牺牲时写道：

"民国三十五年九月初四日大清早，我父亲在轩间门头修理粪桶。本村甲长朱某某把两个老百姓模样的陌生人带到我家就走了。陌生人盘问我父亲叫什么名字，什么职业……我父亲回答："我叫徐定喜，田龙村人，种田的。这里是我的亲戚……"。

我母亲见有陌生人在盘问父亲，估计会出事，有危险。拉着我躲到后屋朱景楚哥家里去了，坐在他家灶前，倾听着外面的动静。没一会儿，来了国民党军队的大部队，包围了村子。父亲被捕了。当天，国民党军队对我父亲施了刑罚"老虎坐凳""鼻子灌水"，盘问共产党地下组织的情况。我父亲始终没有说出任何机密。将近中午，父亲被带走了。反动军队在泽基村过了一夜，又把父亲带到乐清县芙蓉镇西睦村。第二天，民国三十五年九月初六日清晨，父亲被害，年仅三十六岁。

朱陈勋童年就接受革命家庭熏陶，就是在父亲朱增厅牺牲之后，组织上和革命同志也亲切地关怀着他们一家。他所陈述的故事很多，也生动，有一次他给我讲述了邱清华与张雪梅的婚礼故事。我说，这段回忆有意义，应该写下来。邱清华生前曾任浙江省政协副主席，张雪梅是张淮南之女，曾主持浙江日报社工作。这是一段珍贵的革命文史。后来我在他的《我这四十年》的回忆录里找到了这段文字：

我八岁那年初夏的一个下午，母亲带着我和姐姐从东凹头走，说要到什么地方吃酒。母亲牵着我，走了一个多钟头，到了一处陌生的地方，叫"高岳山"。这是一座大房子。人很多，我们刚到，就有人分给我一包糖果：彩色花生、爆米花、荸荠等。另外还有一个像肖梨那么大小的东西，光滑光滑的，红得可爱。我从来没见过，也没吃过这东西。我满以为这东西一定很好吃，赶紧咬了一口，有一点儿甜味又有一点儿酸味，淡淡的，觉得并不好吃，丢弃了。母亲、姐姐她们也不知道这东西叫什么。后来，有人告诉我们，这叫"番茄"。这时，我才注意到道坦很大，正屋和轩间门头所有的柱子上都贴着红对联，正屋对面是一大片竹林。靠近竹林，搭起一个临时的"戏台"，好像要做戏的样子。原来是邱清华与张雪梅今晚结婚，我们一家三人成了游击队领导人婚礼上的客人！

洞房设在正屋中间右侧的正间前半部。姐姐领着我到洞房间看看。这是一间老房子，四周的板壁乌黑乌黑的，楼板很低，大人们一伸手差不多可以摸到。床是旧的，衣橱也是旧的，窗前琴桌上点着一对红色的洞房蜡烛，才显出一点喜庆的气氛。

天快黑了，中间门楣上与"戏台"的前横梁上点着两盏煤气灯，把整个场面照得通亮。宴席开始，我们三人坐在道坦的左前方，"戏台"的右角前。在我的记忆里，除了我们三人，没有见到我们村的任何别人。

晚饭后，许多人搬走道坦里的桌子，摆好凳子，大家陆续入场自由地坐好。有个人首先上台讲话。接着，他叫邱清华上台，讲讲自己和张雪梅恋爱的经过。当他讲完要下台时，那人拦住他，不让他下来，并叫张雪梅也上台。张雪梅坐在台下第一排，迟迟不肯起来。在同志们不断的鼓掌邀请下，她终于羞涩地走到台上，与邱清华站在一排。台上那个人叫张雪梅也讲讲恋爱的经过。张雪梅红着脸，说："他已经讲了。""既然张雪梅同志不肯讲，那就请他们'亲嘴'好吗？"台上那个人建议。台下许多人响应着，高声随和："亲嘴！亲嘴！"在大家快乐、热情、同志般的呼喊声中，他们终于拥抱在一起，接了一吻。台下一片欢笑声，热烈鼓掌。许多人又喊："再来一个！再来一个！"他们又吻了一下。一个七八岁的孩子，不知道夫妻拥抱、接吻有什么意义，不知道台下为什么这么热烈、高兴。可是这个场面却让我记得十分清楚。

我相信，这在永嘉的土地上，在一个偏僻、闭塞的小山村，邱清华与张雪梅夫妇在众目睽睽之下拥抱在一起接吻，是开天辟地第一次。

朱陈勋为了证实史料的时间，特地去高岳山采访了当地八十七岁的老党员刘勋柱。刘老回忆说："邱清华与张雪梅结婚的时间是 1947 年的夏天，小麦有点儿发黄，可是还没收割的时候，摆了四十多桌酒。由于摆酒名声太大，后来游击队不敢继续在这里驻扎，搬迁到碗底坪。"这是一段革命的"三亲"史料。

考上北大，"文革"中被打成现行反革命

朱陈勋断断续续地在老家永嘉的科竹村小学念了几年书，1952 年秋季，到姐夫陈德锁的家乡包岙小学读了五年级。这里是所完全小学，同学多，学习氛围好，除包岙村本地外，还有档溪、外垟、龚埠、田东、朱山头、下岙等地的同学。1954 年 8 月，考入永嘉中学初中部读书。后来，继续考入本校高中部。

高中学习，朱陈勋很努力，读了许多课外书，他回忆说：我把母亲给我买裤子的钱买了一套《水浒》。这是我人生中买的第一套属于自己的课外书。我如饥似渴地读了几遍，书中的故事情节、人物性格、语言特点、人与人之间的关系连同他们的外号等都十分熟悉。有一年寒假，村人要我讲故事。我毫不谦让地给他们讲《水浒》，用了两个假期，讲完整部《水浒》。村人们听得有味，我讲得有味。母亲发现我没买裤子而买书，受到她的责备。中学的六年里，我陆续买了《青春之歌》《林海雪原》《红旗谱》《家》《春》《秋》《三里湾》《三国演义》《牛虻》《钢铁是怎样炼成的》《复活》《罗亭》《心理学》等。读巴金的《家》，曾为鸣凤的死而流泪；读林黛玉《葬花吟》而哭泣。曾向图书馆借读《安娜·卡列尼娜》，读了几十页，读不下去，觉得节奏太慢，太烦琐，还给了图书馆。初中一年级，

学校规定每人都要购买毛泽东的《实践论》《矛盾论》，并组织集体学习、集体讨论——为我打开另一扇新的知识的大门，也为我后来被打成"现行反革命分子"埋下了祸根！

根据永嘉政协文史委原主任徐崇统提供的简历：朱陈勋于1960年秋考入北京大学西语系法语专业，学制五年，后来休学一年。毕业那年碰上"文化大革命"。其间，曾经南下湖南、广东、广西串联，也曾去参加"四清"运动。1968年9月开始在河北唐山丰南县草泊农场接受解放军再教育。1970年10月4日，被宣布为现行反革命分子，取消毕业生资格，遣送回家，由贫下中农监督劳动。至1978年12月被平反，摘掉现行反革命帽子，补发了工资。

从上北大读书，到被摘掉现行反革命的帽子，是朱陈勋意气风发到经受磨难的18年，他的个人经历也是最能反映这段社会状况的岁月。在《我这四十年》关于高考的记录中，朱陈勋写道：

高中毕业，接着就是高考报名，体检。外语是扩大知识面最有效的工具，我毅然地决定报考外语，第一志愿填报"北京外国语学院"。班主任叶显志老师见了，建议我第一志愿填报"北京大学"。我不敢。在叶显志老师一而再、再而三地鼓励下，我才勉强地把第一志愿填上："北京大学西语系"。

填好《志愿表》，许多同学留校继续复习功课。我毕业了，学校里不再给我助学金，没钱支付伙食费，连回家的路费也是向原英语任课的施纳老师借了一元钱才能回家。后来我还给他这一元钱时，他没要。

接到大学通知书时，朱陈勋很激动，写道：

有一天，我从火烧山地里施肥完毕，挑着空粪桶回家，在东坳岭脚石板桥桥头，碰上同屋的堂弟朱丏芬。他说："你的大学录取通知书寄来了，录取北京大学。"我加快脚步回到家里，放下粪桶，连手都没洗，问："妈，大学录取通知书寄来了？""寄来了。"母亲冷冷地应了一声，从碗橱的上格取出一封信，递给我。我接着，封口已被拆开。抽出信纸，"北京大学新生录取通知书"首先映入眼帘。我很快地掠了一眼，最后戳着一颗红红的大印：北京大学。

母亲"冷冷"地对待儿子的北大录取，是因为没有路费。后来是三个舅舅每人凑出五元钱，才让穷外甥上了北大。当接过舅舅十五元钱路费时，朱陈勋说自己流泪了。

朱陈勋虽然上了值得骄傲的北大，却也经受了那个年代的考验。1965年11月，他与同学们下乡参加北京市怀柔县琉璃庙公社的"四清"运动。他接受了劳动教育、经历了农村艰苦生活考验，并与不同人生活在一起。学习、批斗、反思成了生活的重要部分。"四清"结束，文化大革命开始了。

朱陈勋在北大，"文革"经历也是最为前沿的，思想碰撞更是激烈的，所以后来他写了一本书，题目也叫《碰撞》。在他的回忆录里有他与同学们在学校现场关于江青、陈伯达、康生和校领导的讲话记录，此书不属于公开出版物，但可作为文史资料保存，因为他是北大学生一手资料，是珍贵的。

朱陈勋是在部队农场里接受再教育被定为现行反革命的。因为他在学习笔记和书信里写出了自己感想，发出了疑问，陈述了见解。此后，他被进行了无休止的批判，被逼着进行了无数次的反思。1970年10月4日上午，朱陈勋等到了宣布为现行反革命的处理决定。

朱陈勋打起背包回老家，经受了8年的劳动改造，这其中的苦楚不为人知。终于在1978年得到平反，平反文件最后一段是这么写的：

朱陈勋同志是烈士子弟，家住农村。平时热爱党，热爱毛主席。但由于思想认识水平不高，其中错误地把林彪"四人帮"所作所为和毛主席联系在一起，对朱陈勋同志历史全面地分析，认为属认识问题，不属政治问题。因此以反革命论处不妥。根据中共中央组织部关于认真清理被指控为"恶攻"的案件的精神，建议撤销对朱陈勋"取消毕业生资格，戴上反革命分子帽子，资遣回乡，由贫下中农监督劳动改造"处分。根据专业特长，由原单位分配工作。

朱陈勋是被平反了，但却被耽误了一生中最美好的时光。

值得崇敬，刚正平生且真实

朱陈勋被平反之后，在落实政策的取得文件证明过程中也几经周折，终于在1980年4月1日落实了工作，平反后的第一个单位是永嘉县检察院。1984年3月任县纪委副书记。同年6月，转任县委组织部副部长，至1985年5月，负责乡镇干部招聘工作。1985年5月，又转任县纪委副书记。至1990年4月。1990年4月，任永嘉县政协党组副书记，当选为副主席。先后兼任县政协提案工作委员会、法制工作委员会、文史工作委员会主任。1998年4月，第五届县政协任满换届，朱陈勋不再担任下届副主席。1999年2月退休，即返回了家乡花坦乡科竹村，过着安稳的晚年生活。

我从平阳政协工作时认识朱陈勋同志，2004年调到温州市政协工作时，他已经退休回到山区老家，他有几次利用到温州开会或其他事顺便来看我，也通过几次信。后几年我与朋友相约到科竹村去看望过他两次。有一次他来市政协看望我时，挑了两壶自酿的老酒过来，真是不远百里来送酒，至今让我心存感动。2024年1月24日，我接到永嘉政协文史委原主任徐崇统发来信息说，朱陈勋同志逝世了，当时我很难受，呆了半天。脑子里不断重复早年赠他的诗句："秋风抖落早年悲，北大山民志未衰。语寡常常惊四座，平生苦楚几人知。"

朱陈勋同志从天之骄子的北大生，到回乡接受监督劳动的现行反革命，这个落差是太大了。若通读他的有关资料，让人感到有深深苦楚。而他自己却淡然，就好像山里的那株老苦槠树在抖动落叶一样，自然而真实。我们且看他在接受批斗时的一段记录：

1969年4月23日晚饭后，某某找我谈话，问我有没有意识到自己问题的严重性，并问我有些什么打算和想法。我说，没有任何想法，我乐观得很，踏实得很，我高歌前进。客观存在是第一性，意识是第二性。现在

的某些人却否认这点，他们抓的"根本"是思想，也就是意识，第二性的
东西，而对客观存在，第一性的东西，却一句话都不说，或者干脆不承认
其存在。即使看到了，也说自己没看到。明明是黑的，他非说是白的。我
越来越感到我是维护辩证唯物主义。所以，即使我死去，也感到非常自豪。
一点也不后悔，反而感到非常幸福、光荣。他们所掌握的"材料"中，丝
毫找不到我个人主义的东西，丝毫找不到见不得人的东西。现在倒是他们
不敢把我的东西统统拿出来！为什么一个人说了真话、实话，却是"犯罪"？
为什么撒谎、吹牛，却是"先进"？！

　　讲真话、讲实话难，朱陈勋能在众人围攻下讲真话，没有畏惧，为真
理而辩驳。我曾问过他，在这么艰难的日子里，他是怎么过来的。他沉默了，
没有回答。而后深沉地说了一句："如果我父亲不是烈士，我是活不下来的。"
我平生听过两位学者讲述自己经历时，没有对党抱怨，一位是大学者苏渊
雷，另一位就是朱陈勋。

　　听朱陈勋讲话，就如同在接受一次充满正气的人生教育。他平淡的语
调中，让人感受到的是真情。

　　他在我面前回忆最多的是母亲，说到父亲逝世后，母亲将他们姐弟养

大的情节时，我能看到他坚毅的眼睛里闪动的泪花。我知道他动情了。他对我说，母亲疼爱他至极，喂奶时间长于别人家孩子，自己已经会下地玩了，还站着吃母亲的奶。后来我在他的回忆录里读到这么一段：

我长大了，自己可以与同龄的朋友们到邻居家玩耍。有一天，邻居景楣哥的妻子，我叫她"景楣哥嫂"，正帮助母亲在我家门头捣米。我在邻居家玩了一会儿，觉得饿了，跑回家，抱住母亲的大腿，要吃奶。景楣哥嫂放下捣杆头说："给吃！给吃！就这么个宝贝。"母亲放下捣杆，掸了掸身上的灰尘，坐在小竹椅上，解开衣襟。我就站在母亲面前吃奶。

朱陈勋回忆朴素，却富有传奇。如：邱清华和张雪梅婚礼、父亲牺牲、借路费上北大读书、接受再教育被批斗、烈士儿子成为现行反革命、平反后成为检察院和纪委干部……这一幕幕如同生动的画面，这一节节又如同历史小说，他陈述或者文字记述没有水秀桃源的渲染，总是风轻云淡，甚至被打成现行反革命，被遣返回乡这样的人生大事，他也是淡然一笔。其实这就是对历史认真的态度，是朱陈勋留下的真实的人生阅历。

朱陈勋待人是友爱的。曾任永嘉县纪委书记的李文照同志告诉我说：论资历学历和家庭出身，朱陈勋职务应该在我之上，而我在纪委里却成了他的领导。他谦逊，支持我工作，我们配合得很好。他做人正派，处理案件时既讲原则，也能根据实情将心比心。曾与朱陈勋同志一起工作多年的永嘉县政协文史委原主任徐崇统说，朱陈勋从来没有高声说话，但他每句话都有分量。他能在那个时段活了下来，就是不简单的事。而且他活得真实，做真实的人太不容易了。

最后我想以 2019 年《寄永嘉科竹村朱陈勋》一律作为本文的归结：

科竹天寒霜露浓，归休深隐翠微重。

藤围绿树无飞鹊，笋出黄泥似蛰龙。

真理持心犹洒脱，生平遇事每从容。

诚知爱恨人人有，你我同闻夜半钟。

为了夏承焘先生的嘱托①

◎ 金 辉

学者一般是没有退休下岗的，因为学术研究可以不因年龄、职业而中断，只要生命不息，就可研究不止，徐顺平先生就是如此。他从温州医学院纪委书记的行政职位下来后，仍在从事学术研究，一晃十来个春秋了。当金辉（以下简称金）去采访他时，他送了两本他任副主编的高等院校 21 世纪人文素质教育教材——《中国文化概论》《中国文学阅读与欣赏》给金辉。徐顺平说，这两本书出版，花了不少的心血，不知读者如何看待。在此之前，徐顺平先生（以下简称徐）还是《瓯越文化丛书》的副主编，并撰著《王十朋评传》，参加过国家重点科研项目《汉语大词典》及《中国曲学大辞典》《元曲鉴赏辞典》等多部辞书的编纂，获得国家新闻出版署颁发的荣誉证书。

金：温州是南戏的故乡，您是温州人，您把专业定为南戏

---

① 本文系当时《温州都市报》特约主持金辉所作徐顺平先生访谈录。原载《温州都市报》，2005 年 5 月 31 日。

研究可谓是近水楼台先得月，占了地利之便。不说原始资料的拥有与积累，就是方言对您的研究也十分有利。

徐：是啊。我1961年下半年把南戏作为自己重点学习钻研的课题。当时，我在温州师范学院中文系任教数年之后，有机会到了杭州大学中国古典文学教研室、研究室进修，指导老师为胡士莹教授。胡先生长期从事中国古代文学教学，成绩卓著。出版有《古代白话短篇小说选》《话本小说概论》等。他对我说，通俗文学是个亟待研究开发的领域，话本小说和南戏剧本都是通俗文学，温州是南戏的发源地，你是温州人，可对南戏作重点探讨。

金：学海无涯，做学问如同在大海中夜航，老师的指点仿佛是黑夜里看到的一盏明亮灯塔。

徐：还有一位老师呢。也在那时，夏承焘教授给我们讲词论、文论和辛稼轩词专题课。他是温州人，对温州地方历史文化非常关切。他知道我也是温州人后，对我特别关爱，不时约我到他家传授知识，叙谈乡情，而且鼓励我在研究南戏的同时，也要研究温州诗史和温州地方史。他还告诉我，这是带有开拓性的工作，需要下苦工夫。四十多年过去了，夏先生语重心长的教诲至今仍历历在目，难以忘怀。

金：虽然两位老师说的是两门学科，实际上是交叉互补的，研究南戏也要研究地方历史的呀。

徐：对。研究中国文学必须研究戏曲，研究戏曲必须研究南戏，研究南戏也要研究温州历史。为了完成导师的嘱托，数十年来我坚持灯下苦读，将两门学科一起研究，起到互补的作用。

金：明代的徐渭、祝允明、叶子奇等都曾肯定南戏于北宋末、南宋初首先在温州产生。我也曾想过，温州地处东南一隅，交通闭塞，远离中原文化，南戏为什么会诞生在温州，而不是在温州之外的大都市，真是不可思议。

徐：你的疑惑也正是我南戏研究起步时的重点课题。为了解开南戏产生之谜，我不忘夏先生的教诲，从了解温州地方史入手。除了阅读《温州府志》《永嘉县志》等地方志书外，还研究温州历代地方文献。杭州大学图书馆藏有《永嘉丛书》《永嘉诗人祠堂丛刻》《敬乡楼丛书》等，我将其中宋、元时期的温州学者著作大部分都读了，同时做了几十万字的卡片、笔记。历时3年，我从"温州工商业经济的发展和繁荣""温州地方风情习俗对南戏产生发展的影响""广泛地汲取唐宋以来的杂剧和各种歌舞说唱伎的成分和养料"及"温州南戏植根于民间艺术土壤，是劳动人民的智慧创造"等四个方面进行了论述，写出了《南戏为什么首先在温州产生》，受到导师的肯定，也为我今后的南戏研究打下了基础。

金：听说后来您的工作调动了，到《浙江教育》杂志任编辑，后又调到温州医学院，可是您从来没有中断学术研究，是这样吗？

徐：这倒是的。几十年来，尽管我的工作性质变了，干起了行政工作，可我铭记导师的嘱托，坚守自己的专业。记得"文革"中，我去探望胡士莹先生，当时他已中风卧床不起，也不能说话了，但神志尚清。那天，他见我来，十分高兴，用手势告诉师母，拿纸笔来。他在床沿上用颤抖的手歪歪斜斜地写下"快搞专业"四个字。当时给我的震动很大，我忍不住流出了眼泪。从此，我告诫自己，决不放弃专业，决不中止学术研究。

金：不少学者是很看重自己的专业的，甚至胜过自己的生命。我想，这也体现了一个人的追求和境界。在我们的生活中，有的学者并不自重，学术腐败不时可见，可是我们从胡士莹先生的身上看到了中国知识分子的价值取向。真正的学者不是为了平步青云，而应像胡先生那样把学术看成是人生的目标。

徐：是啊。夏承焘先生的治学精神也给了我们许多的启迪。夏先生很谦虚，说自己的治学要诀是一个"笨"字，笨从本，本就是我的治学本钱。他说自己青少年时期，一部《十三经》，除了《尔雅》以外，其余的都背下来，有一次背得太困了，从椅子上摔到地上。他说，有的人读的书很多，知识十分渊博，可终生没有自己的专业，多可惜啊！什么叫专家？就是他在某些方面比别人高明些，别人解决不了的问题他能解决，或者是他比别人解决得更好些。任何人都不可能是全才，不可能面面俱到，如一个名厨师，他只不过有一样或几样菜烧得特别好，别人烧不到他那个程度，这叫"拿手好菜"，而不是他所有的菜都烧得特别好。做学问也是同样的道理，在广袤的知识海洋中，你只能专一个或几方面的问题，成为专家。

金：夏先生的人格魅力是十分迷人的。我也去过夏先生的家。聆听过夏先生的教诲。那是十年浩劫的日子里，师母还健在。他从一个相框的背后取出沈尹默先生给他的有关读书的信札给我看，还说你还年轻要多读书，多思考问题，学有专长。多少年了，夏先生炯炯有神的目光，儒雅谦逊的形象和循循善诱的教诲仍铭记在我心中。

徐：夏先生的人品很高尚，与他交谈确实可学到许多东西。上世纪 60 年代，他曾因考证岳飞《满江红》词的真伪而招来一场风波。有人指责他给民族英雄脸上抹黑，有人说是卖国行为。我为先生担忧，特地询问他，他坦然地说，做学问第一要紧的是实事求是，《满江红》词是否岳飞所作当然可以考证讨论，是他的就是他的，不是他的就不应该说是他的。岳飞是民族英雄，这由他的生平历史事迹见证，不因为这首词是否他所作而影响他的英雄形象。在事实面前，我们不应该有这样那样的顾忌。我就是在夏先生的这种在学术上不为情势所忌的科学执著精神鼓励下，写出《温州历史概述》和《温州诗史》的。

金：我拜读过您的《温州历史概述》《温州诗史》等大作。《温州历史概述》从原始瓯人开始，对温州历史上的重大事件或过程，予以科学客观的讲述，同时纠正了过去把复杂的历史僵化为单一的阶级斗争史的偏颇，真实准确反映了温州历史的丰富多彩和地方特色，读后受益匪浅。正如浙大博士生导师、宋史专家徐规先生评价的，"是建国后科学系统概论温州地方历史文化的第一部著述"。因此，我的几位朋友都曾向我打听，要找《温州历史概述》读，可见其价值。

徐：《温州历史概述》一书写于上世纪60年代，至今已40多年，现在看来还存在许多瑕疵和不足。当时，温州确实很少有人研究地方历史文化，我的这本书算是抛砖引玉，为地方文化的研究开个头而已。

金：您谦虚了，在您的大作中就有不少颇有价值的东西。如关于温州历史上一次全民大迁徙，您的考证很有说服力。后来在比较忠实于史实的电视连续剧《汉武大帝》中也得到认同。

徐：温州历史上存在过东瓯国，从东瓯国的取消到东越的灭亡，前后经历了27年。可温州遭受了两次大迁徙，这一史实虽《史记》有记载，但不详尽。我经研究发现，第一次是东瓯王自己请求迁居，只迁走了国王族属和吏卒共4万余人，因为当时军队就有一万多了，百姓并没有被迁走。第二次就不同了，因这次是朝廷发兵讨伐之后，为防止后患而下令将所有居民迁居，所以做得比较彻底。我分清了两次迁徙的不同。

金：编写地方史难就难在阶段性的资料不足，不像编写全国的，"东方不亮西方亮"，这里没有，采用别的地方的资料。而您依靠查档案、找文献和以地下发掘出来的文物为依据，求实存真，使这本书的史实件件有依据，确有其文献价值。

徐：夏鼐先生在看了我的油印书稿后，也说"地方史有时难以一气呵成"。可在我的治学过程中，始终坚持三点原则，首先是自己拥有大量资料；第二是研究的态度是实事求是，据实论理；第三是解决别人未曾解决的课题，课题不分大小。因此，我的研究也是苦中求乐，其乐无穷。

金：您的人生也是在研究中求乐，其乐无穷啊！应该说，这样的人生也是美好的人生。

徐：回顾我的人生，我也是知足的。我是从永嘉山区出来的农家子弟，至今仍念念不忘永嘉花坦的垟下村前流淌的溪水，我是喝楠溪江水长大的，是家乡民间的戏曲故事给了我养料。记得小时候，母亲常给我讲牛郎织女、陈十四娘戏曲故事和传说。读小学时，我就参加学校组织的演出活动，常在剧中扮演女角色，如《送兄参军》中的妹妹、《坏地主下场》中的地主女儿等。不过，这些只是说明我小时候爱好戏剧，真正对戏剧有所了解并对南戏进行研究的，还是1961年到杭州大学研究生班学习的3年。

金：您在《怀乡集》中写到的您母亲是位地下党员，在您投身学术研究的过程中，她对您的影响大不大？

徐：在革命年代，虽然家里困难，可母亲对客人都热情相待，她养的鸡和鸡生的蛋，大都用来招待地下党同志和亲友，而她自己却十分省吃俭用，日子过得很艰苦。最难忘的还是母亲叮咛我心要平，对地位高的人不要吹捧攀附，对地位低、处境困难的人要同情；对人要真心实意，遇到委屈的事要想得开等做人的道理。多少年来母亲的这些教导，成了我平时为人处世的准则和学术研究中的精神动力！

金：听说您还有个研究计划，准备对南戏与永嘉学派的关系及南戏名称的科学定义等课题进行深入的研究。我想，您几十年如一日，生命不息，研究不止，定将取得更大的研究成果。谢谢您接受我的采访。

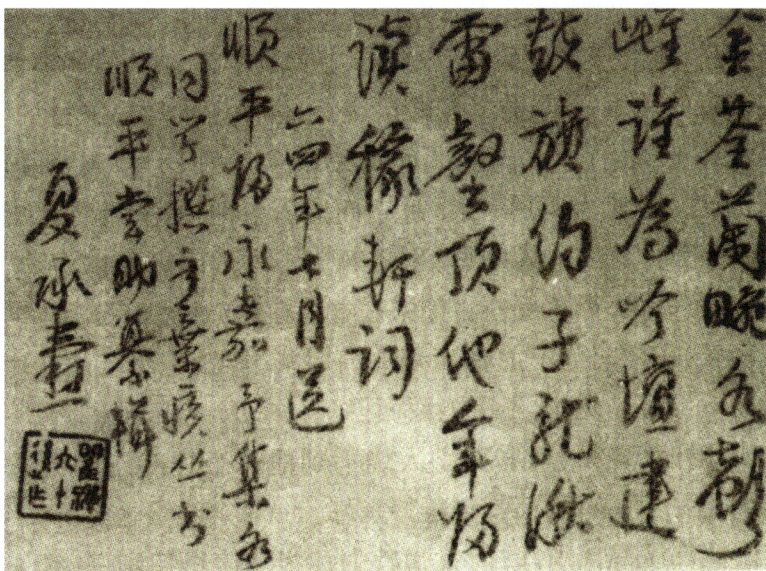

金荃兰畹总声雌，谁为吟坛建鼓旗。

约子龙湫雷窨顶，他年归读稼轩词。

　　这是"一代词宗"夏承焘先生 1964 年 7 月送我回温州时亲笔书赠的一首诗（同时赠照片）。诗中除对稼轩词的高度评价外，同时也深沉表达了他思乡怀归之情。时光匆匆，至今已

31 年了，先生逝世也已十载。每当我检阅他所赠的墨迹，回忆先生对我的谆谆教诲，都深深怀念！

1961 年 9 月，我在大学任教三年后再到杭州大学古代文学教研室、语言文学研究室学习，夏先生当时正任研究室主任，60 多岁，给我们讲授《词论》《文论》《辛稼轩词》等专题课。他目光炯炯，笑容可掬，使人感到亲切。他授课幽默风趣，深入浅出，给我留下深刻难忘的记忆。他是温州人，他知道我也是温州人，对我显得分外亲切关爱。不时约我到他家里，给我传授知识，或叙谈乡情，从做人的道理乃至读书、撰文、写字等，都对我进行开导指点。他告诉我做学问要打好基础，而打基础需要下苦工夫。他很谦虚，说自己治学要诀是一个"笨"字，说"笨字从本，本就是我的治学本钱"。他说自己青少年时期，一部《十三经》，除了《尔雅》以外，都一卷一卷地背下来，有一次背得太疲倦了，从椅子上摔到了地上。他还要我处理好博与专的关系，说"生之有涯学也无涯"，宜早些确定目标，要在"专"上下工夫。他说，有的人读的书很多，知识十分渊博，但终生没有自己的专业，多可惜啊！什么叫专家？他说，所谓专家就是指他在某些方面比别人高明些，别人解决不了的问题他能解决，或者是他比别人解决得更好些。如果在省范围内你比别人高明些，你就是省专家，在全国范围内你比别人高明些，你就是全国的专家。任何人都不可能是全才，不可能面面俱到，如一个名厨师，他只不过有一样或几样菜烧得特别好，别人烧不到他那个程度，这叫"拿手好菜"，而不是他所有的菜都烧得特别好。一个名演员也一样，不是他所有的戏都演得特别好，而只是其中几出戏演得特别好，别人演不到他那个水平，这叫作"拿手好戏"。做学问也是同样的道理，在广袤的知识海洋里，你只能专一个或几个方面的问题，成为专家。当时，我正在研究南戏，夏先生出于对故乡历史文化的热爱，勉励我研究南戏的同时研究温州历史与诗史，在他的关怀鼓励下，我经过努力，撰写了《温州历史概述》与《温州诗史》。

夏先生当年曾为考证岳飞《满江红》词的真伪问题而招来一场风波。有人说他给民族英雄脸上抹黑，有人竟说是卖国行为。当时我很为先生担心，特地询问先生，他坦然说："做学问第一要紧的是实事求是，《满江红》词是否岳飞所作当然可以考证讨论，是他的就是他的，不是他的就不应该说是他的。岳飞是个民族英雄，这由他的生平历史事迹见证，不因为这首词是否他所作而影响他的英雄形象。在事实面前，我们不应该有这样那样的顾忌。"先生这种在学术研究上不为情势所忌的科学执着精神，深深地教育了我。十年浩劫动乱时期，他身遭劫难，被打成"反动学术权威"。一次我去看他，他又惊又喜，一道游黄龙洞，叙谈别后种种，感慨系之。但他对国家与民族的前途，仍抱坚定的信心。当我问及"文革"中传统文化

和大批学者遭摧残迫害而担忧时，他泰然自若，很自信很乐观地回答说："凡是有生命力的东西，受压抑受挫折并不可怕，最终必将战胜而继续生存发展。你不看那石头压着的小草，它能倔强地从石头旁边伸出来并顽强地生长着。学术文化也一样，凡是真正有生命力的东西，是压抑摧残不了的，压抑只是暂时，过段时间就会重新繁荣发展的。如果一压抑一摧残，它就被消灭，那就证明它原来就是没有生命力的东西，毁何足惜？"先生劝我不要为此而担忧，他的话和他那自信的笑容，给了我深深的教育与启示，后来的历史事实完全证明了先生的预言。

我们边走边谈，他看见路旁农田菜花盛开，他便对我说："历代诗人咏花诗甚多，眼前菜花开得这样美，却未知曾有诗人题咏否？"我说："我只记得现存最早南戏剧本《张协状元》中，引用了南宋温州瑞安诗人曹豳《题括苍冯公岭》诗，中有'村南村北梧桐树，山后山前白菜花。莫向杜鹃啼处住，楚乡寒食客思家'的诗句。"夏先生听了感到欣然，便问我近来南戏研究情况，鼓励我不要停顿，要不断研究下去。

1998年，吴思雷编撰的《夏承焘轶闻》一书中也有提及这段往事，"1973年，夏公作有《菜花》诗一首：美人头上比华簪，传语诗人仔细看。能使苍生无菜色，漫天漫地胜黄金（见《天风阁诗集》第139页）"。

先生对故乡温州非常热爱。60年代初，每当我赴温州度假时，先生总是嘱托看望乡友，探访乡情。待我返回杭州后，他总是听我详详细细讲述故乡情形。他非常关心故乡历史文化的研究继承。他说，南宋时温州的南戏、永嘉"四灵"的诗歌、叶适为代表的永嘉学派学术思想，均有全国影响，成就贡献亦大，鼓励我好好研究。先生热爱故乡山水风光，他说江心孤屿在于"媚"，雁荡龙湫在于"奇"。他将江湜大龙湫淡墨画笺持赠与我，画上题有"欲写龙湫难着笔，不游雁荡是虚生"之语，我一直珍存着。

先生曾多次向我表示晚年回归故里温州安度，并约我同至雁荡龙湫，研读辛稼轩词。但是，先生的愿望终未能实现。先生1986年5月11日于北京逝世，至今忽已十载。此刻，我再次展示先生赠诗墨迹，回忆往事，思绪万千！为此略记旧事，以表深深怀念之意！

回忆夏承焘先生追悼会

◎ 徐崇统

　　1986 年 5 月 21 日，杭州大学在本校东一楼四楼一个大教室里召开夏承焘先生追悼会。校党委书记薛艳庄主持，校长沈善洪致悼词。参加追悼会的有杭大中文系和古籍所的全体老师、研究生，夏先生的亲属和生前好友，以及我们古典文献专业四个年级共 80 名同学。当时，我正在念大学一年级，这是我第一次参加他人的追悼会。

　　那一天，我记得徐规老师代表温州老乡致词。徐规老师是温州平阳人（现在属龙港），是杭大历史系教授，著名宋史专家，博士生导师。他讲的话土音很重，难听懂。我只听懂他说的一句：夏先生对我帮助很大。"很大"两个字，他念"夯读"。夏先生的夫人吴无闻师母代表家属致词。当时她很悲伤，是有人挽扶着她走上去的。

　　夏先生于 1975 年去了北京，此后一直在那边生活、写作。

但是，他的行政关系一直还在杭州大学，是中文系的教授。1985年9月，我去杭大中文系读书后，才知道有夏先生这个人，而且得知他是一个很有学问的人，是我们温州老乡。当时，杭大中文系的很多老师都曾是夏先生的学生，或者是同事。如蒋礼鸿、吴熊和、徐朔方、陆坚、郭在贻等等，他们说起夏先生，话语中都充满无限敬意。我们的系主任吴熊和老师，是研究唐宋词和敦煌变文的专家，是博士生导师。他在给我们班上中国古代文学课，讲到汉乐府《上邪》这首诗，就特别提到夏先生曾说："上邪"两个字，就是"皇天啊"的意思。黄金贵老师给我们上古代汉语课，也曾转述夏先生的话："细"这个字有"小"的意思。在温州，叫小孩为"细儿"，也就是"小儿"。我同班同学陈东辉，他父亲是校刊领导，他从小在杭大宿舍里长大，夏先生、姜亮夫先生都对他很关爱。我们开学后开联欢会，陈东辉同学吟唱了一首《题临安邸》，他说是跟夏先生学的。现在，陈东辉是浙江大学中文系副教授。2019年10月，我们班在杭州开毕业30周年同学会。我提起旧事，东辉同学又给我们吟唱了一遍。

夏先生的追悼会之后，我得知他的坟墓在千岛湖。当时，我有点不理解，他是温州人，为什么不回到故乡呢？我知道夏先生曾在建德的严州中学教过书，那里和千岛湖很近，可能他非常喜欢当地的山水风光，这也是一个原因吧。当然，这仅仅是我的推测。2019年7月，我和同事小刘一起去千岛湖参加工会组织的疗养。我们都很仰慕夏先生，就想去瞻仰他的墓。但是，千岛湖风景区很大，不知道他的墓在哪里。经打听，我们入住的宾馆里有一个工作人员说：夏先生的墓在羡山。具体地址不清楚。因此，我们就让单位办公室给淳安县政协发函，让他们带我俩去。那天，淳安政协的两位同志陪我俩前去，最后还是找了大半天才找到。夏先生的墓坐落在一个叫将军帽的小山峰下，坐北朝南，附近是一片柑园，前方不远处就是烟波浩淼的千岛湖。听说，三十年前，这里还不能通车，要靠船撑进来的。

夏承焘石雕半身像

绿荫丛中，墓园以青石铺地，四周有低矮的青石围栏。中间矗立着方形墓座，正面刻着"词学家夏承焘墓"七个金色篆体大字。两侧刻有一副对联："浩荡天风，宙宇神游词笔健；苍茫烟水，湖山睡稳果花香。"，系吴无闻师母亲撰并书。墓座之上安置着夏先生石雕半身像，是雕塑家汤守仁教授的作品。墓座后面嵌着白色大理石，上面刻着王蘧常教授撰的墓志铭，介绍夏先生主要生平事迹。我们在夏先生的墓前深深地鞠了三个躬，以表达对他无限的敬意。

回来时，我对小刘说：夏先生选择千岛湖作为最后的归宿地，非常好。这里有一流的湖光山色，而且远离尘嚣，最适合他老先生了。

去年，我在微信群里认识了一位叫周建勇的朋友。他说，他的曾祖母和夏承焘先生的原配游氏是姐妹，在雁荡山还有一处他们的墓。这处墓地也是夏先生生前选定的，夏先生的一半骨灰就埋在原配夫人游氏的身边。但是，好像知道的人不多。

最近，看到一篇吴思雷先生的文章，据他回忆：1988 年 5 月 12 日，淳安县政府和杭州大学联合在羡山岛举行夏承焘先生墓落成典礼。杭州大学教授徐朔方（步奎）和当地领导一起揭幕。参加人员有相关亲属及杭大部分师生共七十余人。

吴思雷先生是吴无闻师母的内侄，他记得：在仪式上，吴无闻师母亲手把夏先生的骨灰盒送入墓穴。她说：夏先生一生最爱佳山水，如今把他奉安在此，面对浩渺碧波，朝晖夕阴，气象万千，他该是称心如意了。

吴无闻师母还填词一首，表达对夏先生的深深怀念。

贺新凉·戊辰五月十二日奉安先夫子夏承焘灵骨于千岛湖羡山墓地
幽绝湖堤路，最关情，轻梳白羽，一行鸥鹭。缥缈闲云美峰顶，似有仙槎来去，拍手招，词翁同住。千岛回环拱一墓，荡晴波万顷涵丛树，春不老，

人千古。

平生兴在林泉处，记流连，西湖北雁，竹筇麻屦。唤取桐君与严叟，还有南邻神姥，共商酌，诗词隽句。我有离愁如絮乱，任天风吹梦成烟雾。鹃语咽，四山暮。

1990年，吴无闻师母去世，享年七十又三岁。她的骨灰也埋在夏先生的身边，两位老人永远的在一起了。

夏先生的追悼会已经过去38年了，我依旧保存着当初的那份悼词。我怕有一天丢了，所以写了这么几句，把它附录在后，让更多的家乡人能看到。

附：沉痛悼念夏承焘教授

我国当代著名词学家、教育家、杭州大学教授、中国韵文学会名誉会长夏承焘先生因心肌梗塞，经抢救无效，于一九八六年五月十一日清晨四时三十分在北京中日友好医院逝世，终年八十七岁。

夏承焘先生字瞿禅，晚号瞿髯，浙江永嘉（今温州市）人。一九〇〇年（清光绪二十六年）二月十日（阴历正月十一日）生。一九一八年毕业于温州师范学校。解放前历任西北大学讲师，杭州之江文理学院、无锡国学专修学校、太炎文学院及浙江大学教授。解放后曾任浙江大学、浙江师范学院教授，中国科学院文学研究所兼任研究员，中国科学院浙江分院语言文学研究室主任兼研究员；《文学研究》杂志编委，《中国大百科全书》中国文学卷编委，《词学》杂志主编，中国古代文学理论学会顾问，中国唐代文学学会顾问，南京大学全清词编纂研究室顾问，《文献》杂志顾问，政协第三届全国委员，浙江省政协常委，中国作家协会理事，中国作家协会浙江分会副主席等职。

夏承焘先生十九岁时开始从事教育工作，三十岁前后专攻词学，主持东南词学讲席数十年。夏先生研治词学，宏博精深，著作等身，对当代词学起了奠基作用。他一面继承历代词学之长，一面对传统词学作了多方面的开拓与创新，以考信求实的态度研究词体、词乐、词律和词史，大大扩展了词学研究的领域，为词学走向科学化、系统化与理论化的轨道作出突出的贡献。在建立和完善当代新词学的过程中，夏先生有着不可磨灭的历史功绩，因而被学术界推为"一代词宗"。夏先生已出版的词学专著近三十种，待整理出版的著作尚有多种，未结集论文百余篇，合约千万字。其中《唐宋词人年谱》《唐宋词论丛》《姜白石词编年笺校》等，都是自有词学以来少有的巨著，而有关"白石旁谱"的辨认和研读，则是夏先生在词学研究上的另一可贵创获。南宋词人姜夔十七首词旁缀音谱，是流传至今的唯一完整的宋词乐谱，为研究唐宋词乐珍贵的艺术文献。自唐宋词乐失坠以后，一直叹为"绝学"。夏先生二十多岁时，就以敢于攻坚的锐气，研治"白石旁谱"，著文于《燕京学报》，对"白石旁谱"的谱字谱式作出了合理的解说和论断，为宋代词乐研究开拓了新途径。夏先生上述学术成就，在国际上也受到广泛重视。

解放后，夏先生努力运用马克思主义研究词学，曾计划写出一部以历史唯物主义观点为指导的、综合历代研究成果而又自成一家之言的《唐宋词史》，收集在《月轮山词论集》中论李清照、陆游、辛弃疾、姜夔等词人的文章，就是这部词史的重要篇章。十年动乱中，夏先生年届高龄，身处逆境，仍不废学术上的执着研求。《瞿髯论词绝句》一百余首，大部分是在"四人帮"横行肆虐的艰难岁月中陆续写成的，充分体现了一位高尚学者所特有的自尊和对学术的忠诚与勇气。

夏先生从教半个多世纪，善于奖掖人才，扶植后进。桃李门墙，济济多士。然而他"但开风气不为师"，从不以师道自居。出于夏氏门下的，都深受其赐而又不为所限，在学术上得以独立发展，卓尔名家。夏先生是一位全心全意为祖国培养人才的导师，从一九五三年起即开始培养研究生，如今他的学生遍及大江南北、中国台湾、中国香港以及美国、加拿大等地。研究中国古典文学的外国学者慕名远道前来求教的，络绎不绝。

夏先生热爱祖国、热爱党、热爱社会主义。他从小就深慕南宋爱国词人陈亮抱天下志的气概，一直以献身祖国自任。"九一八"事变后，他除了参加"抗日会"的活动外，还打算放弃词学，改习政法经济拯世之学，以投身救亡图存的斗争，并创作了不少救亡诗词。抗战时期，上海沦为孤岛，他严词痛斥汪精卫集团，毅然决然退居浙东雁荡山，以民族大义与友生相砥砺，过着十分清苦的教书生活，并编选两宋爱国词为《宋词系》，以激发民族正气。抗战胜利后，他一面抨击国民党反动统治，一面参加民主运动，积极参与浙大师生营救进步教授费巩的活动。杭州解放，激奋之中，他写了《杭州解放歌》，以"老来奇事见河清"表达自己无比喜悦的心情。他并写了《贺新郎》一词，记述自己几次见到毛泽东主席的激动心情。尤其值得一提的是，夏先生与陈毅元帅有着一段难忘的交谊。陈毅元帅曾两次约见他，一起评论诗词，还定下了"年年今日为此会"的后约。党和国家领导人对夏先生的关怀、支持，使他对祖国文化教育事业的发展，更加充满信心。他创作了大量诗词，热情赞颂新社会，赞颂新生活。此后，遭遇十年动乱，夏先生身心备受摧残。但他一面对"四人帮"的倒行逆施鄙夷不屑，一面仍以乐观开朗的态度展望国家的未来。一九七五年，卧病北京，虽精力日衰，但还是时时关心着祖国的文化教育事业，关注着国家民族的命运。一九七六年间，周恩来总理、朱德委员长、毛泽东主席相继逝世，都给夏先生极大的震动，先后写了《水龙吟》（总理周公挽词）、五律《换朱德同志》，并自制《昆仑曲》挽毛泽东同志，诗词中寄寓了对国家民族的深厚感情。卧病期间，夏先生还以坚强的毅力坚持著述，刊行了《天风阁学词日记》《夏承焘词集》《天风阁诗集》，以及整理了大量札记和文稿。"四人帮"覆灭，重获光明。夏先生得知消息，就作诗与周谷城、苏步青二教授唱和，热烈赞颂我党的这一伟大功业。八十年代开始，夏先生更加不遗余力地工作，除了整理出版平生著述之外，还主编《天风阁丛书》。此外，夏先生还热心筹建中国韵文学会。中国韵文学会是一九五六年由章士钊、叶恭绰、张伯驹提议建立，并经周总理同意的，后因反右事起而告中辍。拨乱反正后，夏先生与张伯驹联名重申前议，遂告成立。夏先生被推举为名誉会长。为了促进词学研究和奖励词学人才，夏先生特捐款四万元，中国韵文学会为此设立了"夏承焘词学奖金"。夏先生为我国文化教育事业的发展，鞠躬尽瘁，奋斗终身。

夏承焘先生和我们永别了。他的逝世是我国学术界与教育界的一个巨大损失。我们将永远怀念他，并继承他的未竟之业，为促进社会主义物质文明和精神文明的建设而努力奋斗。

夏承焘教授治丧委员会

一九八六年五月二十一日

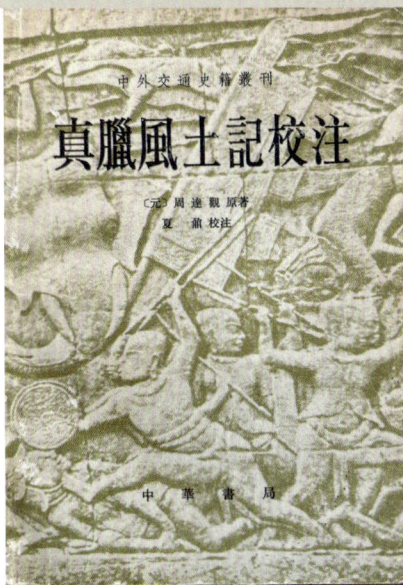

《真腊风土记》

元代航海家周达观，永嘉人，自署草庭逸民。元贞元年（1295）作为翻译随元朝使团前往真腊国，后以其所见所闻著《真腊风土记》。该书成为了中柬两国友谊的最好见证和中外文化交流史上的一座丰碑，更是温州作为"海上丝绸之路"重要节点的有力证明。可其生平并不明晰，有进一步探索的必要。

夏鼐先生据元吾邱衍《竹素山房集》卷二《周达可随奉使过真腊国作书纪风俗因赠三首》诗题中的周达可三字，认为："如果'可'字不误，则达可当为达观的别号。"此判断虽给我们提供了启发，但结论却不十分准确。因为周达观已有号为草庭，故没有必要再取别号。而古代诗题凡涉朋友之名字时，皆不呼名而称字，以示尊重，故周达可必不是笔误。而其还缺表字，从古人名与字含义相互关联，《易·序卦》有"物大然后可观"，达即大也。可证达可当为其字。

我在元刘仁本（生于 1311，卒于 1368 年，字德玄，号羽庭，天台人）《羽庭集》中发现同号草庭的永嘉周县尉。其人是谁？与周达观有何关系？周达观与刘仁本有交集吗？引起了我极大的兴趣。

据夏鼐先生《真腊风土记校注·序言》考证："《真腊风土记》于 1312 年以前便已成书。林坤《诚斋杂记》（《津逮秘书》本）有'丙戌嘉平望日永嘉周达观序'，丙戌系元顺帝至正六年（1346），这时周达观还在世，上距随使赴真腊已五十一年，当已是年逾古稀的老年人了。"

这年刘仁本正为福建海运官，据其《跋黄氏夫人贞节传》云："至正丙戌岁，余吏闽海。"在此前其有三首诗与周草庭有关。如《自东嘉别刘谷瑞照磨偕周县尉同舟上括苍》："访旧东瓯驿，维舟傍柳阴。孤城当斗口，两塔涌江心。奈负参谋醉，偶同仙尉吟。括苍何处是，西望白云深。"《自东嘉与周草庭县尉同舟至括苍诗以送之》："挐舟上括苍，同载得良友。秋日净宇宙，凉飚在林薮。地势行渐高，溪流缘下走。潭影日月寒，滩声风雨骤。篙师拽短缆，伛偻状如狗。险恶勿相角，前呵后挥手。来舟欲挽前，去者那肯后。复有叩舷人，得鱼时贯柳。青山为主宾，挂石还沽酒。白鹤下青田，啄以芝千亩。仙班傥可寻，宦路亦何有。君今去作尉，小邑仅如斗。况乃山水佳，武夷在其右。梅福有古祠，丹台遗药臼。须君一问讯，肯寄刀圭否。"据《瓯宁县志》卷二："梅仙山在坡南二里。《旧志》：汉南昌尉梅福炼丹于此。"而从诗中得知东嘉周草庭时赴任瓯宁县尉，刘仁本与其一同舟过括州，在温州辞别的有刘谷瑞照磨。据弘治《温州府志》：刘世隆列府提控案牍兼照磨承发架阁题名之末。而《府志》元温州路总管府僚佐及首领官题名皆止于至顺，故定刘世隆为至顺年间（1330—1332）前后任此职。从时间和名字相关联来判定：谷瑞即刘世隆字。由此得知此二首诗亦当作于此时。该年周达观当未至花甲，故又可以得出原来周草庭县尉就是周达观的结论！

同时我又在《羽庭集》中发现其《送周译史进表赴京》一诗，诗云："驿头官柳拂征衫，重译南来进宝函。绛蜡小书封玉篆，锦衣中使启华缄。山呼万岁龙颜喜，仗立千官凤尾衔。奉职小臣思恋阙，征帆早晚发黄岩。"这与周达观的翻译身份正合，更进一步证实周草庭、周译史、周达观为同一人。从诗中得知《真腊风土记》这时呈献于朝廷。

其实有关周达观的史料还可从元马臻《霞外诗集》中寻找到。其《挽周草庭母氏》："几生种德寿期颐，早适儒门备母仪。追远不求黄面老，送终喜见白头儿。堂萱杳杳承颜日，风木萧萧陟屺时。莫挽灵辆重惆怅，已传书种到孙枝。"周达观的母亲享年百岁，父亲也是个读书人，周达观也长寿，儿孙也继承了他的衣钵。

周达观是温州的骄傲，七百年后我终于找到你了！

嘉乐亭中说徐勉

◎ 柳一村

嘉乐亭在哪里？在渡头街南端。渡头街在哪里？在碧莲镇下村。

在古代，碧莲南岸的石湖村，当然还有石湖下游的邵园村，石湖后面山上的梧町，梧峇，下岭根等村落，村民想去碧莲，必须从石湖乘渡船。反之，碧莲人去溪对岸，也只能乘渡船，别无他途。一溪之隔，遂使这里成了南北往来的要津。

久而久之，这里就形成了一条商业街，既然靠近渡头，那就叫渡头街吧。为了让行人有一个躲避风霜雨雪和烈日骄阳的歇脚点，碧莲下村的徐氏先人，就于清康熙十四年（1675）在渡头建了一座亭子，因为正值康熙盛世，"嘉禾满仓，庶民安乐"，遂命名为"嘉乐亭"。而到了每年的三伏天，亭子里还免费供应伏茶，因此，人们往往就习惯叫它"茶亭"。

直到 1987 年 6 月，碧莲大桥竣工后，往返于碧莲、石湖

之间的渡船才停止了摆渡。老古董嘉乐亭也因道路拓宽的缘故而被拆毁，在靠近溪边的地方另建新亭。徐勉题了"嘉乐亭"三字，又撰写了好几副楹联，其中有一副嵌字联："嘉言懿行，峻德延绵垂百世；乐善好施，高亭久远惠千家。"

徐勉何许人也?

徐勉（1918—1995），字勖夫，碧莲下村人，出生在一个普通的农民家庭。少年时，徐勉曾在瓯北学社求学。1937年7月爆发"卢沟桥事变"后，值此民族存亡之际，徐勉毅然走出教室，参加抗日流动剧团，以文艺为武器，宣传抗日救亡，并在《温州日报》发表《怎样争取最后胜利》《动员民众的重要性与方法》等进步文章。

1938年，徐勉前往浙江省第三区（绍兴），在专员余森文的领导下开展工作。不久，余森文调任第九区（丽水）专员，徐勉就跟随姐夫苏融和（也是碧莲下村人），在余杭地区从事敌后工作。也许受影视剧的影响，许多人认为在敌后开展抗日救亡的都是地下中共党员，这就大错特错了。其实，那时候的中国，"地无分南北，年无分老幼，无论何人，皆有守土抗战之责任。"徐勉与他的姐夫苏融和都不是中共党员，他们只是不肯当亡国奴的血性男儿而已。就这样，徐勉跟在苏融和身边出生入死，直到抗战胜利前半年才回到温州。抗日战争的硝烟早已散去，我们已经无法还原徐勉当年在敌占区的活动细节，只好阙如。

1949年1月，徐勉在浙江省第五区（温州）工作。同年2月，由蔡一鸣介绍，徐勉加入了中国农工民主党。蔡一鸣（1902—1969），字香白，温州人，先后毕业于西北陆军干部学校和南京陆军炮兵学校，是中国农工民主党浙江省组织的创始人。

这时候的蒋家王朝，早已摇摇欲坠。4月，人民解放军占领南京后，一路南下，势如破竹。驻防在温州城内的是国民党200师，师长叶芳是永嘉沙头渔田村人，他知道大势已去，惶惶不可终日。就在叶芳彷徨痛苦时，徐勉主动去沟通，劝他率部起义。于是，叶芳秘密成立了由徐勉等7人组成的起义领导核心小组，在温州专署后花园焚香宣誓，患难与共。同时任命徐勉为永嘉县政府江北办事处主任，掌控瓯江北岸的武装力量，并与中共地下党取得联系。

经过周密的策划，一切水到渠成，5月7日凌晨，解放军浙南游击纵队进入温州城。叶芳发表了由徐勉起草的《起义宣言》，宣布温州和平解放。

不费一枪一弹，一夜之间鹿城易帜，免使生灵涂炭，皆赖徐勉之力。试想，叶芳将军麾下的200师是美式装备，绝对不是纸老虎，如果战端一开，温州这座千年古城变成瓦砾场自不必说，还将有多少血肉之躯化为嶙嶙白骨？所幸叶芳将军深明大义，更能在紧要关头看清形势，是所谓识时务者也。而徐勉能把丈六金身化为一茎草，这又是何等道行？

1950年4月，徐勉参加解放军第三野战军政治部直属大队培训，培训结束后就到了中国农工民主党浙江省委，此后一直工作生活在杭州，历任农工民主党浙江省委秘书长，副主委，常务副主委，中央委员及政协浙江省委员会副秘书长等职。1995 年 2 月 14 日，徐勉病逝于浙江医院，终年 78 岁，安葬在杭州南山公墓。

除了革命者这一身分外，徐勉先生还是一位诗人，曾任西湖诗社社长，浙江省诗词学会副会长，有新华出版社出版的《天意阁诗文集》行世。徐勉先生把自己的书斋命名为"天意阁"，不知道有何特别的含义？杜甫有句云："天意高难问，人情老易悲。"如今徐勉先生早已作古，不是"难问"，而是无法问了。

徐勉先生与夏承焘先生既是永嘉同乡，又是好友，过往甚密，其三子徐宗挥还曾拜在夏先生门下学词。1974 年，徐勉先生填了一首《减字木兰花》，"奉和夏承焘先生吴无闻女士"，词曰：

崔郎未老，犹记桃花依旧笑。瓜葛情联，一曲新词喜并肩。

才高马卓，艺苑朝朝同细琢。窗对黄龙，拾翠寻芳兴味浓。

当时的夏承焘已经与学生吴无闻喜结连理，故有此说。不过，我总觉得把夏吴比作司马相如和卓文君，似有不妥。作为一代词宗的夏先生，在读了这首词后，会有何感想呢？

1977 年 12 月，徐勉先生又填了一首《眼儿媚》，题作"瞿髯先生晋京三年有感"，词曰：

天低云压赴京城，裘葛已三更。当年情景，花多溅泪，鸟亦惊心。

武林此日风光好，一片读书声。西溪词话，重开绛帐，早赋归程。

早在 1975 年 7 月，夏承焘夫妇北上京城，徐勉先生送他们到杭州火车站，依依惜别，此后竟再也没有机会见面。这首词说，现在"四人帮"粉碎了，杭州形势好转了，希望夏先生回到杭州。

倚声之余，意犹未尽，徐勉先生再赋诗一首《奉劝夏承焘先生南归》：

乌云滚滚伤心别，盼到长空万里晴。

道古桥边惊梦觉，月轮山上绕书声。

西溪词话堪新续，东海文坛复旧名。

图里扶筇犹记否，南归还望早兼程。

夏先生收到这首诗后，大为感动，立即把这首诗写成条幅，回赠给徐勉先生，并题跋云："勉夫同志于'四人帮'粉碎后，来书速归，并惠七律，其情可感，书此留念。"

写于 1979 年 10 月的三首《忆江南》，是徐勉先生深情怀念故乡碧莲的词作。

其一

故乡好，碧水枕村流。中岭岩头垂钓竿，方前潭上泛轻舟。何日得重游？

其二

故乡忆，最忆是长塘。水铳争锋分壁垒，群儿拥戴我称王。自笑太荒唐。

其三

故乡忆，尤忆原塘岗。炎夏苦楮荫下躺，严冬亭畔曝阳光。真是好地方。

词中的"中岭岩头""方前潭""长塘""原塘岗"都是碧莲的小地名，如果我们熟悉这些小地方，那读起来就会感觉更亲切了。

1987 年 4 月，清明节前夕，徐勉先生回故乡扫墓祭祖，乡亲们热情地接待了这位少小离家的游子。扫墓之后乘兴重游大若岩，吟诗道：

一别名山四十秋，沧桑换尽几沉浮。

十年浩劫身犹健，千里思归愿已酬。

人杰地灵怀旧雨，岁丰物阜出嘉猷。

明时无意为支遁，欲献余晖争上游。

诗人庆幸自己躲过了十年浩劫，还能够回乡祭祖，如今在这大好岁月里，应该再为祖国建设贡献余热。字里行间，透露出的是壮志豪情，是拳拳爱国之心，并无丝毫的衰颓之气，读之令人振奋。

徐勉先生在《天意阁诗文集》的前言中，提到自己爱好诗词是由于受到姐夫苏融和的影响。苏融和的作品现在已很难找到了，且录五绝一首，《1937年冬日军侵凌大军南撤别杭州作》：

> 东海风云恶，西湖歌舞休。

> 随军南渡日，挥泪别杭州。

从碧莲到杭州，从嘉乐亭到天意阁，徐勉先生走过的是一条抗日救亡的路，是为温州和平解放作出过杰出贡献的路，是为新中国建设添砖添瓦的路，也是他孜孜矻矻探索诗词艺术的路。道路漫长，人生苦短，这不就是天意么？

斯人已矣，音容缥缈，就像嘉乐亭外的一溪流水，消失在茫茫的历史长河里，渐行渐远。到如今，只有嘉乐亭依旧矗立在碧水莲山之间，静对旧时月色，静对旧时滩声。

浙南红十三军军长胡公冕的一生充满传奇色彩，有许多难解之谜。他的原配夫人徐氏是枫林人，娘家人住在温州城里，向来鲜为人知。胡、徐夫妇的女儿胡秋华、女婿刘蜚雄相关的革命事件至今依然隐晦模糊。胡、徐夫妇的两个女儿的后人分布在中国台湾和中国大陆，共有四女一男，他们很希望联系上温州外婆的娘家人，期求解开外公、外婆生平的许多谜底。

大家闺秀徐如兰

胡公冕从一个牧童成长为浙南红十三军军长，离不开姑父徐定超的悉心栽培，而他的第一次婚姻也与徐定超有密切的关系。2004年春，笔者参与编辑《楠溪江文化丛书》工作，调阅永嘉党史人物的档案材料，看到一件由周天孝、蒋寿平等人采访记录的《李仲芳回忆胡公冕早期情况》（1987年4月），其中有言："公冕的前妻叫如兰，我在航空信看到才知的。那封信是写给朋友汉庐的，胡介绍自己的家庭情况，并说大女儿（实为次女）疯了之事。汉庐是我的堂兄弟，他是公冕招的第三期黄埔生。"

2005年1月17日，笔者到五漱采访胡公冕、胡惠民、胡卜熊、胡宏卿等人的生平事迹，并查阅各人相关的房谱，了解他们与枫林徐定超是怎样的姻亲关系。郑爱叶老人（五下村胡国元母亲）是胡王木的邻居，早年胡王木的妻子傅金英（会做裁缝，村人称为上海太）曾对她说起，公冕的原配妻子徐氏是枫林人，曾是温州城里某小学的教师。她生了两个女儿，大女儿叫秋华，第二个叫和华。金英曾看到胡公冕带着两个女儿到五漱探亲。据《胡氏宗谱》载，胡王木是胡公冕四叔衍合的儿子，出生早公冕36天，配郡城傅氏。

1927年"四一二"政变后，徐定超的外甥、中共党员金省真被逮捕押送省城。金守仁续配妻兄卓平西闻讯，知其凌晨抵达杭州，提前守候于城站。当警长胡王木（一山）等人押着金省真过境时，卓平西突然发起袭击，

胡王木

刘蜇雄

胡秋华

解救金省真脱险。此后，胡王木脱离国民党警察工作，追随胡公冕从事革命工作，照顾公冕的生活。1932年9月，胡公冕与胡王木（一山）在上海一起被捕。不久，胡王木回家务农。

2008年5月27日，笔者与胡公冕、徐如兰夫妇的次女胡和华的女儿金书贞取得联系。金书贞介绍，大姨妈胡秋华毕业于上海中国公学，于右任为董事长。胡与刘蜇雄结婚，1935年生下长女。因此推测，外公与外婆结婚时间大约在1913年，正是外公在浙江一师任教期间。外婆是大户人家的闺秀，长得漂亮，起先不愿意嫁给外公，经外婆的父亲劝说，胡公冕将来会有前途的，她才同意了。胡公冕到一师教书，是他的姑父徐定超介绍的，估计胡公冕的婚姻也是徐定超牵线促成的。

2016年5月12日，刘素方携带四个子女，还有表妹金书贞，访问永嘉枫林徐定超故居、五溇胡公冕故居、胡惠民故居，温州江心屿红十三军纪念碑、澄鲜阁徐公祠。刘素方介绍，徐如兰的长女胡秋华（1915—1976），就是她的母亲，1934年毕业于上海宝山中国公学（董事长于右任），与刘蜇雄结婚。据刘蜇雄的侄儿刘保尔介绍，刘蜇雄（1906—1959），原名刘文，原籍玉环县鲜叠。父辈迁居温州城小南门黄金剧院，后改为温州味精厂。刘蜇雄出生于永嘉。在温州省立十中毕业的暑假里，经萧山沈定一介绍，加入中国共产党。经常与林平海一起，记录沈定一的演讲内容，彼此校对后，发表于温州的《大公报》。刘蜇雄在上海大夏大学毕业，计划出国留学未成，考入黄埔军校第六期毕业。1928年10月，中共萧山县委改选后，刘蜇雄任书记。1930年3月，任浙南红军游击总指挥部参谋长。1945年8月，抗战胜利，日本投降，随同连震东、龚学明、陈仪等81人到台湾接管。有三女一男，长女刘仪方，次女刘素方出生于苏州，三女刘容方1940年出生于西安，儿子刘台安1948年出生于台湾。

永嘉文史

胡秋华智勇双全

1932 年 9 月 29 日凌晨 1 点 16 分，胡公冕在上海静安寺路 1469 号民民小学内被捕，9 时在江苏高等法院第二分院（上海）第一法庭公开审判。为此，徐如兰聘请律师宓敬身出庭辩护，安排长女胡秋华到徐州找到胡宗南营救，刘蛰雄向邵力子求救。胡识因到开明编译所求告夏丏尊和华挺生，夏向同志们募款，筹得 80 多元，转交给徐如兰母女。据枫林徐庆棋（胡公冕秘书徐寿萱长子）介绍，公开审判之后，胡公冕关押在上海提篮桥监狱。胡的长女胡秋华约枫林徐象连、徐定标（挽澜）、徐寿萱和廊下朱清柱等人营救胡公冕。大家居住虹口，谋划营救行动，被人发觉，遭到追捕。幸好提前 1 小时获知消息，立即撤离。徐象连的妻子周珠联（上日川人，周伯苍堂姐）赶紧把手枪掩藏在马口铁制作的饼干箱里，坐黄包车逃离虹口。虽然没有人员伤亡，但虹口所住的那座三层楼房被敌人烧掉。后来，胡公冕被转移到南京关押。

1935 年，徐如兰去世，六岁的儿子胡宣华到监狱里与胡公冕一起生活。

中央戰幹團畢業生（臺灣聯誼會）

連戰西安·蜚聲中外。 林先生
戰幹精英·雄揚四海。 龔賢明 連震東 劉蜚雄

胡公冕常通过胡识因去求邵力子、经亨颐帮助。1936 年 2 月，其女婿刘蜚雄到西安请求陕西省主席邵力子保释。后由胡宗南力保，胡公冕在南昌出狱，贵阳兴义人吴可夫随同出狱。胡公冕返回杭州，与儿子胡宣华相聚，共游西湖。然后和吴可夫一起到西北，准备转赴延安，到西安被胡宗南强行留下。胡公冕闲住在从前浙江一师学生龚贤明家里，龚贤明时任西京市建设委员会主任。后改名龙恭，在北京红十字总会任翻译。胡宣华随同刘蜚雄夫妇居住苏州，后来到甘肃胡公冕任所，全家团聚。

1937 年 6 月，在胡宗南军事势力范围内，胡公冕任甘肃省第二区（平凉）行政督察专员兼保安司令。7 月 4 日，到平凉履职。吴可夫任专区保安副司令兼参谋长。吴可夫的二哥吴铁夫任平凉专区警察局长。

胡公冕急电卓力文到西安，派卓力文到上海接其家属赴陕西。胡公冕又写信给上海地下党潘汉年（中共中央、八路军驻上海办事处主任），借 500 元，由卓力文领取。9 月上旬，卓力文回到西安。胡公冕已经带了一

批干部到甘肃平凉接任。卓力文等人又赶往平凉。胡公冕的主要干部都是在白区遭受严重破坏后的党组织中的老党员脱党的、原来跟随胡公冕的一

些干部、民主人士，如主任秘书华林（留苏教授）、一科科长程海寰（后
参加党的地下工作）、二科科长林希骞（原地下党员，孙孟昭丈夫）、三
科科长朱竺峰（温州军政分府军事参谋，曾任玉环县党部书记。1925 年 7 月，
由罗思危、何止铮介绍加入共产党。）、中校参谋吴可夫（原地下党员）、
警察局长吴子衡（吴可夫之兄铁夫）、会计陈叔平（芙蓉村人）、出纳胡
秋霞（华）、总务卓平西、鉴印译电胡伯辉（茗岙人）。卓力文任保安司
令副官处西兰公路汽车检查所所长，金平阳[①]、陈全善（乐清人）为警卫员，
龚埠陈浩任办事员，另外有五溇胡邦鑫、包岙陈大木（陈氏大宗祠前）为
勤杂员。很多人是永嘉斗争失败后到西北的老红军，因此胡公冕任期内掩
护延安方面派来的党内同志时有来往，如萧克同志经常到平凉。有些同志
出于保密，卓力文等不便了解。胡公冕把离开 10 年的夫人彭猗兰从南洋
接回团聚。芙蓉陈叔平《闲吟笔记》介绍，"胡公冕的大女儿胡秋华担任

① 胡公冕《关于汪瑞烈诸事回忆》："汪在红十三军具体情况，金平阳会知道。
金平阳在（1926 年 3 月 20 日）中山舰事件后，就跟我。"《永嘉县党史资料》
合订本第 38 册（1—2—596 号），又 155 页。

专署会计。平凉统计处专员（即处长）倪汉波、胡秋华和陈叔平时有吟诗酬唱。"倪陈琏，字汉波，乐清东乡单板桥人，为浙江两级师范学堂毕业生，浙江省议员。

约一年后，吴可夫和吴铁夫被调到别地工作。[①]1938 年 4 月底，胡公冕调任甘肃省第一区（临洮）行政督察专员兼保安司令。5 月中旬，胡公冕到达临洮任职。一年后，专署迁到岷县。1941 年，谷正伦继任甘肃省政府主席，扬言胡公冕任职不力。9 月，胡公冕与县长郑执中闹翻，离开岷县到兰州，并提出辞去专员的请求。10 月间，辞呈被批准，胡公冕回到西安。[②]

胡宗南的队伍在西北坐地壮大，专门对付共产党。胡公冕自甘肃省辞职，回到陕西省西安闲住。吴可夫弃政从商，在西安炭市街开设"恒义丰钱庄"，提供经济为胡公冕租妥西安市崇信路（现改名东四路）东段一〇九号的一座宽敞的院落居住。这房屋原是国民党交通部川陕公路驿运处驻西安办事处的，装有电话便于通信，商得处长徐挽澜（浙江温州人，黄埔军校三期）转让。徐挽澜以后到西安，就在吴可夫家（崇信路一〇七号）作客。胡和吴可夫家仅隔一墙，往还招呼都很方便，过从仍多。[③]

蒲鞋市陈黎臣和陈浩

2021 年 4 月 7 日，温州市领导接待客人时，要求我打听黄埔十五期毕业生龚埠陈浩后人情况。9 日，市领导转发王教成上将短信给笔者："龚埠陈炎（八公）和我岳母陈侠英都是 1949 年参加二十一军，外公陈浩的两个儿子陈杰、陈俊已过世。孙辈陈敏在温州，陈凯不知在不在。"我在

① 吴可夫《胡宗南与胡公冕》，《黄埔七分校校史》第 111 页。中国黄埔军校网。
② 黄书孟、张继昌《胡公冕传》，《杭州师范学院学报（社会科学版）》，1988 年第 4 期。
③ 吴可夫《胡宗南与胡公冕》，中国黄埔军校网。

整理卓力文回忆录看到有包峃陈浩，应是龚埠陈浩。4月10日上午，我到温州龟湖路55弄21号304室访问陈炎老人。陈炎是永嘉县清水埠农械厂退休技术人员。曾祖父陈世和，家颇富饶，购置许多良田房产，以富裕厚道受乡人称颂。祖父陈泰禄（1870—？），字昌俸，号界省。贩卖木头致富，在龚埠村西山脚前建造一座七间房屋，门台额题"一室太和"。住宅右侧建立小宗祠，办私塾。清光绪戊申（1908），成为谱局驻地。1982年，龚埠村扩建小宗祠戏台和两廊。父清品，字士格，号岩姆。广拓田地。富甲一乡。民国二十年（1931），在自家小宗祠主持龚埠修谱工作。热心公益事业，维修龚埠到包峃、龚埠到垟山头道路。居住温州蒲鞋市，收买楠溪山里木头放排到温州，从灰桥浦河道进入蒲鞋市。经营木材生意，与表山郑英彭齐名。经常帮助困难户，指点他人栽植柑橘。有六子三女。长子陈欣（1913—？）小学毕业，在龚埠三官亭题写对联："天地水不贰不测，上中下资始资生。"在瑞安、平阳教书，因病去世。娶档溪大户人家徐岩彩女，嫁妆丰富。陈欣女婿曾兴贤，青田人，曾任洞头县长。次子陈浩（1913—？），黄埔军校十五期（1938年1月1日至1940年7月21日）步兵一大队二中队毕业生，别名陈光中。在本校十七期二总队部考训室任中尉指导员（1940年5月5日至1942年11月23日）。永久通信处为浙江省永嘉县城大南门外甘露亭 18 号。妻子为五尺胡朝源，随军到过西北、四川。陈浩在抗日战争中阵亡，胡朝源携带子女从四川返乡，居住五濑娘家。1949 年后，迁居温州城区。内侄胡方世在海军服役，后在温州起重站工作。三子陈彬在延安军校读书期间，上山砍柴，流行抓甩树枝，因树枝砸过来，伤身致死。四子陈桃，在平阳南麂岛战斗中牺牲，被评为烈士。五子陈炎，1934 年出生于蒲鞋市陈宅，在龙泉巷三希小学读书。温州沦陷，逃回龚埠居住，在枫林小学读书。枫林老四房门前垟状元府徐岩松（贤周、贤阁、贤呈父）是陈炎姑父。

陈炎小学毕业，先去布厂学生意，未出师，温州就解放了（1949 年 5 月 7 日）。一个星期后，解放军二十一军南下，六十三师炮兵营驻扎蒲鞋市陈炎家中。部队急需有文化水平的人入伍。当时，陈炎 15 岁，部队人员对待陈炎很好，就参军，担任通信员。参加解放舟山战斗。后来转入华东第三野战军，留在南京学习。在南萍第七兵团群工部，为部长通信员，到过朝鲜。任五十八师政委通信员一年多。调入徐州空军部队学习文化。再进第九航空学校学习三年，1955 年分配到空军十一军二十三师轰炸部队当航空兵。1966 年转业，在湖北省财政厅拨款处工作，再到建设银行任科员、主任。1970 年，调入永嘉县农械厂（位于清水埠，1958 年创办，员工 100 多人），生产柴油机、收割机、打稻机、抽水机等机械。在技术力量方面支援枫林五金厂（1970 年创办）生产。直到 1988 年离休。

1949 年 6 月 5 日，陈浩长女陈侠英参加二十一军文工团，比陈炎早一个月。丈夫是师级干部苗勃，安徽人。次女陈超雄也参军，丈夫是扬州人军医黄良。陈炎弟陈光，留住龚埠，由祖母下日川济上周氏抚养。1956 年，迁居蒲鞋市照顾父母，种田。陈侠英女苗新苗，为王教成夫人。

陈炎大姐陈芝出嫁下日川周寿年。二姐陈德玉出嫁杨屿（枫林垟山头）周顺波，迁居罗东箬岙村，带动全村人做鞋楦头，后来搬到温州制作塑料鞋楦头。三姐陈玉燕，小学毕业，会写毛笔字，出嫁温州顾学礼。

芙蓉村陈黎臣是蒲鞋市陈炎家西北角邻居，屋前屋后有柑橘园，全家人都是教师。其长子陈明朋是美专毕业。次子陈明起比陈炎大几岁。陈炎宅东面湖边也有柑橘园，住宅靠近直大街（蒲鞋市路）桥边，有甘露亭。蒲鞋市仓坦34号是党内联络点，刘英曾在此居住半个月。据陈黎臣孙辈陈时健介绍，1994年3月16日《温州日报》第3版《大榕树》发表他的文章《陈黎臣和爱吾庐》。民国时期，建造五马街洋房的泥水业周成发、徐象品（枫林下履丰宅，蓬溪谢文波女婿），大木业谢定锦、王银洪，石铺业胡清姆、徐金标等数十人发起，用三年时间在打铁巷建成楼房五间，作为水木石公所基地。1926年，改名水木石公会。1928年，陈鸣郁、陈锡洪等人组成校董会，温州水木石小学（今建设小学）创办，聘请陈黎臣四弟、永嘉县教育局督学陈雪溪（茂扬）为校长。1935年，陈烈忱（黎臣）接任校长。陈黎臣父亲从芙蓉司马第大屋迁居屿根村，有四子，黎臣为长，雪溪为四。陈黎臣居住蒲鞋市柑橘园中，建造爱吾庐五间楼房。相隔100米处的马路对面还有三间独门小院，有小路绕进去，很隐蔽。这处出租给卓珠英居住，作为地下党交通站，掩护胡公冕、金贯真在此秘密活动。陈黎臣次子陈鸣起是1938年参加地下党的。陈黎臣从温州旧制师范毕业，从事律师工作，将小弟陈雪溪带到温州，居住鼓楼下，任永嘉县教育局督学。爱吾庐位置即今飞霞南路亚金大酒店前后地方。

2021年4月10日下午，陈浩孙女婿王教成上将到枫林龚埠探亲，介绍陈浩到西北投靠胡公冕的往事。

胡公冕眷恋徐如兰后人

胡公冕对原配夫人徐如兰充满深深的怀念之情。胡公冕曾对自家的保姆何生莲说起往事，彭猗兰生下胡宣华不久，就出国到南洋新加坡教书，直到胡公冕出狱后才回来。当年胡公冕将儿子宣华交给住在杭州的原配夫人（李仲芳回忆作徐如兰，卓力文回忆作徐美如）抚养时，他单膝下跪，态度诚恳，而原配夫人也视宣华如同己出。原配夫人去世后，胡公冕将儿子胡宣华托付给胡识因护养一段时间。金书贞听三伯母说，大约在1935年，外婆死在杭州，外公还在监狱里。至于外婆叫什么名字？是哪里人？她的遗体怎么运到温州来？一概不知道。

次女胡和华在胡公冕被捕后，受惊吓得了忧郁症。1939年冬，胡和华（1918—1947）在甘肃读完高中后，由胡宗南、戴笠（雨农）等人牵线，出嫁衢州江山县峡口镇广渡村人毛松钦（1910—1998）为妻。胡公冕派秘书徐寿萱护送，从甘肃坐飞机到衢州机场，再坐专车到江山县峡口镇，举行隆重的婚礼。江山县长丁琮（诸暨人）为证婚人。

毛松钦毕业于北平朝阳大学法律系，获得法学学士学位，在甘肃胡公冕辖区的法院做过三个月的法官，曾在胡家客厅看到胡和华走过时见一

胡和华（左）
毛松钦（右）

胡公冕亲友寻踪

135

面。后来辞职回乡，参加毛森组织的江山抗日别动队（忠义救国军），任政治指导员。其父是衢州煤油总代理商，其长兄的生母与戴笠的母亲为金兰姐妹。戴笠因省亲之便，找到毛松钦长兄说明情况，促成胡和华的婚事。1942 年，毛松钦曾到江山县广渡小学教书一年多之后，到上海从事教育工作。胡和华孤身出嫁江山乡下，因不满这里的家庭环境，思念父亲心切却无法通信联系，郁郁寡欢，曾经把戴笠大骂一通。

金书贞就是胡和华与毛松钦的女儿，后来被江山廿八都的姑父金维章收为养女，带到江西上饶生活，1960 年参加工作。1964 年，胡公冕知道次女胡和华还有后人。此后，经常委托老部下、在福州工作的周伯苍，在他进京开会途经江西上饶时，去看看外孙女金书贞。借周伯苍之口告诉外孙女金书贞：你的亲外婆已经去世了。1965 年，金书贞首次到北京看望外公胡公冕。

徐如兰娘家人关注胡家

2011 年 5 月 20 日，红十三军军长胡公冕的外孙女金书贞，从上海到永嘉探望外祖父战友的后代，期望寻到外婆的娘家人。后来，金书贞到台湾访问刘蜇雄的子女，到大连访问大舅胡宣华，询问有关外婆徐如兰的点滴记忆，搜集母亲两姐妹和大舅、外公等人的早期照片、档案资料。金书贞给大舅胡宣华说起往事，1985 年 4 月 5 日，清明节，外公胡公冕的骨灰送到温州，在江心屿烈士陵园举行安葬仪式。胡家亲属居住永嘉招待所（今永嘉宾馆）期间，有一位在温州某制药厂工作年龄大约 50 来岁的妇女，自称是胡公冕前妻的内侄女，找到胡宣华的妻子杨竞说明来意，杨竞带她与金书贞相认。那位亲人说，外婆的坟墓在温州，希望金书贞过去扫墓祭奠一番。金书贞匆忙中留下一个通信地址，就回到上饶上班了。那位亲人曾经写来一封书信，在金书贞搬家时丢失，忘记联系地址和对方的名字。此后 26 年来，不能取得联系。胡宣华接过话头说，1945 年 8 月，日本投降不久，全家人搬到上海居住。大妈徐如兰娘家人曾到上海胡家看望胡公冕、胡宣华父子，恰好两人外出，没有会面。《夏承焘日记》：1947 年 8 月 26 日，"戴萱庭（宝椿）来谈胡（公冕）、何（止铮）二君事，二君昔年皆极力主张共党，今但营营为家计矣。因叹青年意气须操持，不可一时发泄净尽"。

据枫林徐凤臻老人介绍，胡公冕居住上海期间，枫林浦亭街水门底吴朝东妻子胡氏为胡公冕家的保姆。晚清民国时期，枫林有许多人迁居温州城区经商或求学定居下来，然后和乡下邻居亲戚失去联系。如 2014 年 8 月 14 日《温州日报》刊发黄培量《吴闻香家族仁义经商》文章介绍，吴闻香（1878—1931）自枫林迁往温州朔门七枫巷口开设吴长源油店，进而开设吴长源钱庄（今为解放街 558 号鹿城地税分局所在）。据吴氏后人介绍，吴闻香就是从枫林浦亭街迁出的，在温州城里和胡公冕也有交往的。

陡门赤岩硐背红军茅棚遗址

2019 年 11 月，我整理卓力文《卓平西兄妹与红十三军》（1988），其中有言："1927 年'四·一二'事变前，蒋介石曾分别电告胡公冕和福建戴立夫，暗示他们逃避，因此胡公冕部下共产党员和非党同志未遭屠杀，故得纷纷逃离。胡公冕避居上海租界，金守仁携带家属避往杭州，与胡公冕前妻徐美如（李仲芳回忆作如兰）及女秋霞、和霞贴邻而居。金守仁又邀请卓平西客居杭州。" 11 月 9 日，金鸿南（1925 年生）在儿子金性纯陪同下到杭州莫干山路之江饭店告诉笔者，他小时候跟随父母居住杭州，和胡公冕一家人是邻居，两家人曾有合影，后来失落。1932 年夏初，卓平西、刘蜚雄、徐挽澜在陡门赤岩硐背开辟红军根据地，搭厂棚居住，金鸿南和刘蜚雄睡一张床，跟随刘蜚雄唱京戏、练拳术。

2015 年 1 月 29 日初稿

2016 年 5 月 12 日刘素方补充

2024 年 1 月 16 日修订

温独支和私立温州中学

◎ 陈钧贤

今年是中共温州独立支部（以下简称"温独支"）诞生100周年。随着党史研究的深入和互联网时代的到来，一些鲜为人知的革命历史档案和其他文献资料被发掘，使我们有机会更全面了解到温独支创建初期的相关真实情况，同时也使党史研究取得的现有成果更为充实，使真实的历史更加清晰地展现在我们面前。

历史上，曾经在1924年9月至1927年12月短暂出现过的温州中学与现今的温州中学没有丝毫关系，却与1924年12月诞生，消失在1927年"四一二"事变之后的温独支有着非常紧密的联系。

一、胡公冕与温独支的诞生

　　温独支的创建，在我们平常所见的资料和流行的说法是，谢文锦在1924年8月奉党中央指示到温州开展党团创建活动。陪同一起来的是为黄埔军校招收第一期学生的胡公冕（1888—1979）。其真实历史是为温独支的组织建设而进行的思想建设早在1922年就已经开始。一年后的1923年春天，胡公冕从苏联回国，利用清明祭祖的机会，与房族堂妹胡识因（1893—1974）相聚在老家浙江省温州永嘉县楠溪江流域的五㙟村，也就在这个时候秘密发展了她，使胡识因成为温独支创立前的第一个共产党员。

　　而胡识因在上个世纪六十年代写的回忆录却只字未提这一事实。究其原因不外乎抗战期间胡公冕到甘肃平凉专区当专员，她也随着去那边工作的一段经历，还有就是1957年反右派后的特殊社会环境影响。

胡识因

　　据《浙江革命历史档案选编》（第一、二次国内革命战争时期）第49页载："《上海地方同志名册表》（1925年）温州支部"仅有5名共产党员，分别是："胡识因（1893—1974），女，教员，正式；郑恻尘（1888—1927），男，商，候补；林平海（1905—1928），男，学生，候补；庄琴秋（1887—1979），女，教员，候补；胡惠民（1887—1967），男，教员，候补。"结合学习党史知识，就会得到比较明确的答案：为什么温独支刚建立时只有一名正式共产党员，而且还是女性同志。

温独支的历史迄今100年，历次纪念温独支的活动往往忽视一个非常重要，且曾叱咤风云的党史人物——胡公冕！平常都是把他与红十三军武装斗争联系在一起。1932年9月29日，他在上海与其堂弟胡一山被捕，

当时《申报》等国民党大报都冠以醒目标题："与朱毛齐名之两共党首领"，内文认为"其头衔固与共党首领朱德、毛泽东、林彪、孔荷宠，相伯仲也"。此后，他为浙南地区党团组织创建作出的历史性贡献，却鲜有人提及。

胡公冕出生于永嘉楠溪五㴐村一个贫苦农家，原名世周。仅在9岁时进蒙馆读了两年书，小小年纪就非常努力，曾为富户放过牛，当过长工。16岁母亲在贫病中去世，19岁便离开穷乡僻壤，到杭州当学兵。1909年21岁回乡在永嘉溪山广化高等小学任体操教员，与郑恻尘（1888—1927）成为同事，谢文锦（1894—1927）成了他俩的学生，以后都一起走上革命道路。1927年"四一二"事变发生，郑恻尘和谢文锦相继光荣牺牲，之前他们一直保持师生、同志、战友的关系。胡公冕先后参加辛亥革命、五四运动、北伐战争、抗日战争、解放战争，在不同历史时期，即使在失去党组织关系后，仍然作出卓越的特殊贡献。

特别值得一提的是，他在浙江省立第一师范学校（以下简称"浙一师"）任体育教员期间的1921年10月，由陈望道、沈定一介绍，加入了中国共

产党，是中国共产党建党初期百名党员之一，更是温州第一位共产党员。1922年1月，作为中国代表团成员，参加第三国际在莫斯科召开的远东各国共产党及民族革命团体第一次代表大会，受到革命导师列宁的接见，成为我国极少数亲聆列宁教诲的党员之一，也是温州地区唯一受到过列宁接见的人。1923年9月，在国共合作期间奉上级指示加入国民党。1924年1月下旬，有幸被推举为浙江省三代表之一，赴广州参加中国国民党第一次代表大会。

回国后他仍在浙一师以教书为掩护，进行革命活动。1922年6月，被推选为中国社会主义青年团地方执行委员会杭州支部（简称"团杭州地委"）的特别团员和执行委员。7月，与其他成员一起组织浙江文化书局和发起马克思学说研究会，特别重视《先驱》刊物的发行工作。在参与杭州党、团创建活动的同时，他也非常关心温州的党、团创建活动。

《先驱》（半月刊，4版8开），1922年1月15日，由北京社会主义青年团创办，竟然捷足先登，出现在共产国际1月21日至2月2日于莫斯科召开的远东劳动人民代表大会。出到第3期，影响越来越大，遭到北洋政府查禁。从3月15日的第4期起转移到上海出版，并改为青年团临时中央局机关刊物。从此变地方团刊为团中央的机关刊物。特别是5月份团一大在广州召开后，伴随着中国社会主义青年团的成立，《先驱》作为团中央机关刊物的地位正式确立。1923年8月15日，《先驱》出完第25期，团中央决定将其停刊，另办一份机关刊。两个月后，《中国青年》出世，接过了引导青年斗争的使命。

1922年9月13日，《向导》周报在上海创刊，16开4版，陈独秀题写刊名，蔡和森撰写发刊词，明确提出中国共产党的奋斗目标是"反抗国际帝国主义""推倒军阀"，建立"统一、和平、自由、独立"的中国。该报受陈独秀直接领导，首任主编蔡和森，彭述之、瞿秋白也先后担任过主编。到 1927 年 7 月 18 日停办时，该报共出 201 期，是大革命时期影响最大的一份党中央机关刊物。

胡公冕从 1922 年开始就陆续不断地给胡识因、郑恻尘夫妇寄送《先驱》《向导》《新青年》等宣传革命思想的刊物。至今温州革命烈士纪念馆仍然珍藏着胡识因生前捐献的革命文物《先驱》《向导》《新青年》。胡识因也曾回忆："1921 年中国共产党建立的时候，恻尘同志几个平日相与密切的好友谢文锦、胡公冕参加了共产党，不久，党派他们去苏联学习。在苏联期间，不断地和恻尘同志书信往来，互通苏联十月革命后的新气象与中国封建军阀统治、民不聊生的情形。郑恻尘同志对社会主义的苏联即心向往之。"

胡公冕在 1923 年清明节前后，介绍胡识因加入中国共产党，完全是严格按照 1922 年 7 月，中共"二大"通过的延续"一大"纲领中"经党员一人介绍"的规定。即"1921 年 7 月，中共一大制定了党的第一个纲领。纲领第四条规定：'凡承认本党纲领和政策，并愿成为忠实党员的人，经党员一人介绍，……均可接收为党员，成为我们的同志。'"。

1923 年 6 月，在中共"三大"通过的《中国共产党第一次修正章程》中，首次将入党介绍人由一人增加到两人。此外，《章程》还对介绍人的党龄作出明确要求，"党员入党时，须有正式入党半年以上之党员二人之介绍"。还首次规定了候补党员的候补期制度，并根据候补党员的身份不同，规定了不同的候补期："候补期劳动者三个月，非劳动者六个月，但地方委员会得酌量情形伸缩之。"

根据温独支在 1925 年《上海地方同志名册表》所列 5 名共产党员，除胡识因外，其他四位候补党员的入党时间：郑恻尘和林平海、胡惠民都是 1924 年 10 月，唯有庄琴秋是 1925 年 2 月。说明温独支在 1924 年 12 月创建时，实际人数只有四人。其中郑恻尘是温州商人中第一位共产党员！

林平海是温州学生中第一位共产党员！他俩先后为革命光荣牺牲，永远值得我们后人缅怀纪念。同时也说明温独支的创建完全按照中共"三大"党章标准，非常严格。

查阅《上海革命历史文件汇集》中有关温独支党员人数统计：1925年10月1日为12人；1926年9月为13人；1926年10月5日为14人；1926年12月1日为15人，此时上海区委提出扩大组织的计划："应扩充数60人；应扩充之成分：工人15人、农民25人、知识分子15人、自由职业5人。"至1927年1月党员人数为14人，没有增加，反而少了1人，这足以说明温独支的组织发展也完全按照中共"三大"党章标准，非常严格，虽然缓慢，但见证了一条真理——质量是数量的保证，星星之火，可以燎原！

二、郑恻尘与消失的温州中学

有关温独支诞生地，目前所见资料，统一表述是"在温州城区侯衙巷新民小学成立"。其实更准确的表述应该是"在温州城区侯衙巷温州中学成立"。

地点相同，发生时间前后不同。温独支诞生地，目前仅流行一种说法，说是在温州城区侯衙巷新民小学，却没人说是在温州城区侯衙巷温州中学。真实历史是新民小学创办在前，1924年春停办；温州中学创办在后，1924年9月开学。诞生地在同一地点，为什么新民小学被人们记得，温州中学却被人遗忘？究其原因在于20世纪80年代开展党史研究时，一些革命历史档案资料尚未得到充分开发和利用，依据的资料大多是温独支第一任书记胡识因，还有第三任书记陈仲雷等健在老同志提供的回忆资料。她（他）们均仅提到新民小学而只字未提温州中学，可以理解当时写这些回忆文章的时代背景正处于 1956 年 6 月开展反右派斗争之后的 60 年代。

现在随着互联网时代的到来，许多革命历史文献等档案资料的陆续整理出版，我们有机会查阅到相关的原始档案文献，并进行更深层次的探究，才明白为什么"新民小学"和"温州中学"先后都出现在同一地点——侯衙巷的曾氏宗祠。准确表述应该说"温独支"诞生地在温州城区侯衙巷"温州中学"！而且"新民小学"和"温州中学"都与胡识因和她的革命伴侣郑恻尘紧密相关。

郑恻尘（1888—1927），又名朝寮，振中，字采臣，乳名日起，温州永嘉县表山乡人。与"温独支"第一任书记胡识因是一对革命伴侣，一起走上革命道路，共同在浙南地区领导开展革命活动。1926 年偕妻一起奉命赴省城杭州，分别出任国民党浙江省党部商民部部长和妇女部部长，共同为第一次国内革命战争时期的国共合作鞠躬尽瘁。

郑恻尘为抵制日货，怀着实业救国的满腔热情，苦心钻研三年，终于在 1918 年 7 月发明了机织花席。据胡识因回忆："最初他邀了薛、黄两人合股，在温州蝉街一个祠堂内办了一家小型软席厂，有十几部打席机，30 多位工人。由于资本薄、规模小、利润少，不久，薛、黄退了股，被迫停产。于是，郑恻尘重新邀集十几个人，在温州九圣殿巷戏业公所，办起了一

郑恻尘

温独支和私立温州中学

145

家规模较大、设备较完备的软席厂，命名为中一席厂。这就是我国的第一家软席厂，它凝聚了郑恻尘整整三年的心血。"1919年正月，郑恻尘支持"胡识因为了解决中一花席厂职工子女入学问题，在九圣殿巷的北邻侯衙巷"，利用曾宅祠堂创办"私立曾氏新民女子初级小学校"简称"新民小学"，"设一年级和三年级各一个班"。胡识因回忆："该校经费非常困难，悉由郑恻尘同志设法维持，另一方面由于该校教师孙国任（孟昭，今图画研究室画家）、严智道（大革命时期宣中华烈士机要秘书）等热心负责教学，学生成绩是很不差的。1922年建校三周年纪念，曾演出《愚公移山》剧本，轰动一时。"新民小学的名声越传越远，加上长期宣传这里是温独支诞生地，产生的效应，早已深入人心，铭刻在一代又一代人的记忆中。

郑恻尘在支持胡识因办学期间，自1921年，乘抵制日货风潮激烈之时，与沈挺杰等将在九圣殿巷戏业公所首创的中一公记机制花席工厂改组为股份有限公司，自任总技师，由沈挺杰担任总经理，另设总厂于南门外虞师里，添设第一分厂、第二分厂，第三分厂于城内各处，成为当时温州第一大厂，还盛享"吾国实业界先进之模范"美誉，花席远销北京、上海、南洋群岛，夺回被日本独占的花席市场。虽然当时企业办得红红火火，他是中国花软席的发明家、总技师、小股东，却从来没有利用自己的特殊身份从股份制企业获得任何额外利益去维持办学经费，反而是拿出自己的工资和分红，甚至负债到上海购办电影机，假座温州城区东公廨永嘉公园（今人民广场），亲自放映《梅兰芳天女散花》等影片，由于这是温州有电影之首创，很受社会各界喜闻乐见，可惜当时看白戏的人太多，结果空劳心力，几至蚀本，后来将电影机和影片抵了债了事。1923年前后，国内先后发生两次直奉战争，交通梗阻，席子滞销，为弥补企业损失，作为高工资职员，每月有60元薪金的郑恻尘，在股东会上主动提出"减低高级职员的薪水来维持现状"。他以身作则，首先把自己的月薪减低为40元，然后请大家自动认定。这种自我牺牲的性格和公而忘私的精神，特令人肃然起敬，更值得我们后人学习。1923年底，郑恻尘继续支持胡识因办新民小学已经陷入非常窘迫的困境，勉强苦撑到1924年开春，因经费筹措难以为继，只好停办。

1924年1月下旬至6月16日黄埔军校正式开学前，胡公冕在广州参加中国国民党第一次代表大会后，协助筹建黄埔军校，数次往返于粤浙之间，据统计，温籍所招黄埔生共103名。谢文锦在1923年冬回国，任苏联顾问鲍罗廷翻译，到广州参与孙中山改组国民党的具体工作。1924年4月任中共上海地委委员秘书长兼组织部主任。

胡公冕和谢文锦对温独支创建前的基础工作都非常重视，相互间紧密配合，利用每次到温州的机会，与郑恻尘、胡识因夫妇交流情况，商讨"组织一青年读书会，以吸收革命青年作主义上之修养为旨"。就在此时，许文长与热心教育的姜琦、金慕音、黄大良、瞿正川、金嵘、吴江冷、陈经、李生、谷旸、汪弼、李骧、林昭音、吴国钤等十余人商议，针对温州目前教育现状："吾瓯壤地辽阔，夙为人文渊薮，年来教育颇称发达，各属学生之毕业于高级小学者，年达千余人，而现有中等学校，足供升学者，除省立十中每年收容一百六十人左右外，仅有瑞安中学与英人所办之艺文中学而已，两校合计，每年招生不过百余人。虽有志升学，若无相当学校，以供其肄业，徒叹向隅而已。观于各中学招生时应考者之拥挤，即可了然于现有中校，不敷收容升学学生之实况矣。"一致认为有添办中等学校之必要。闻悉新民小学停办，场地原是曾氏祠堂现成的，北起侯衙巷，南至九圣殿巷，西濒信河街，东邻戏业会所的中一花席厂，唯设备一切甚为简单，只要择要添置以资改进，足可利用。郑恻尘见许文长主动找上门来，便很快达成统一意见，并热情协助落实：由胡识因找曾氏祠堂管理人曾子莲女士，寻求办学支持，得到了可以无偿使用场地的满意答复；郑恻尘和许文长一起去找中一席厂大股东吕文起，由于他是温州地区著名士绅，一贯对

147

地方教育事业无私支持，第一个找到他，就得到慷慨捐助，接下去找每一位股东都没有二话，办学经费筹措非常顺利；对贫寒生采取免学费的办法，使新生招收工作非常顺利，教员的聘请和开学前的一切准备工作也都进行得非常顺利，因此当年9月正式开学也是非常顺利。没想到1926年春季招生受到阻挠。据《时事新报（上海）》（1926年4月17日，第5版）：

"杭州简报：教育厅据旧温属联合县立蚕校等呈称，温州中学兜揽学生。昨计厅长指令永嘉知事云：该校尚未呈准立案，不能擅自招生。仰该知事查复候核。"

真是"好花不常开，好景不长来"。温州中学坚持办学三年，到了1927年6月，校长许文长给第一届，也是最后一届学生签发了毕业证书，便被当时浙江省政府根据12月14日会议议决（令学字第一九六四五号）签发停办命令。给出的理由和处理意见是："案查该县私立温州中学办理

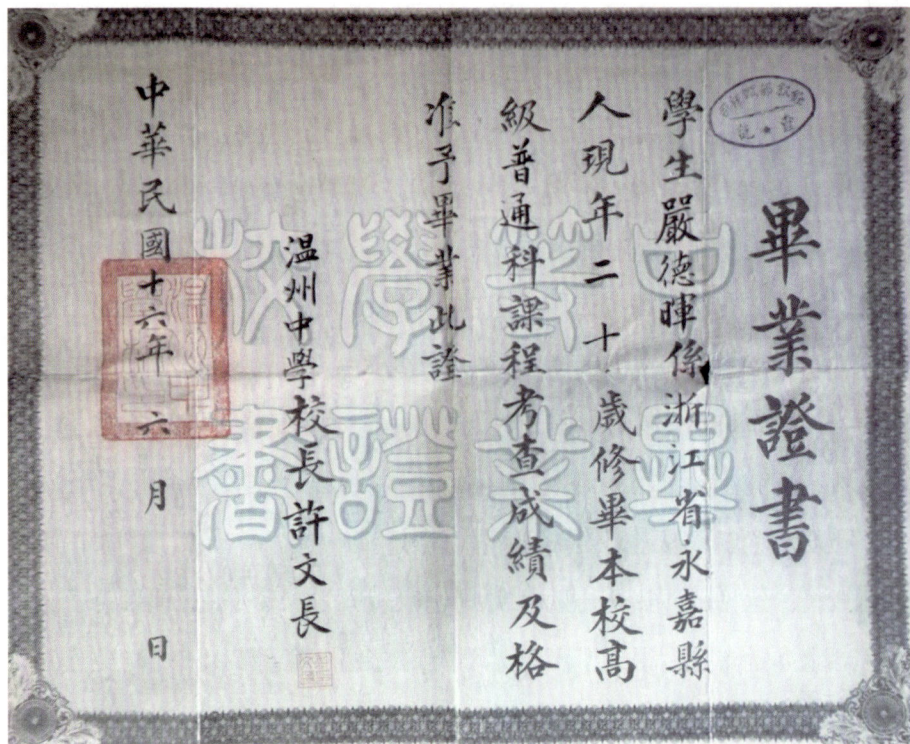

不善，遗误青年，应明令停办。至本学期终了，即行结束，所有在学学生，一律给予转学证书；其基金由永嘉县长切实清查，暂行保管。并将查明基金实数呈报候令，发还该校校董；处分校产、校具，均交县政府暂行保管；教职员关约，于学校结束时即行废止。已于本月十四日经本政府委员会第五十四次会议议决在案。合行，仰令该县县长遵照办理具报，并转令该中学遵照此令。浙江省政府委员会主席何应钦，常务委员蒋伯诚、陈屺怀，国立第三中山大学校长蒋梦麟。"（《浙江省政府公报》，1927年，第192期，第12—13页）

消失的温州中学，留下了永不消失的红色印记。温州中学停办消息，自1927年12月19日至30日，由《民国日报》、上海《新闻报》《申报》，先后报道后，便消失在历史长河，再也没人提起。

一直到了1989年4月，浙江省档案馆编辑出版《浙江革命历史档案选编·第一、二次国内革命战争时期》之后，我们才得以看到与温独支有关的真实历史。

温独支存在的时间从1924年12月至1927年4月，只有两年多四个月，非常短暂，但其影响非常深远。虽然消失的温州中学存在时间从1924年9月至1927年12月，也只不过三年多三个月，同样非常短暂，但留下的红色印记永远不会消失。

消失的温州中学与现今的温州中学没有丝毫关系，却同样有着光荣的革命传统和红色历史，只是一个广为人知，一个无人提及。

现今温州中学的历史沿革，可以追溯到1902年（清光绪二十八年），国学大师、教育家孙诒让商请温处道童兆蓉和温州知府王琛，将温州府属中山书院改为温州府学堂。1906年（光绪三十二年），温州地方当局决定以旧校士馆为址创建温州师范学堂。1908年学堂建成。师范学堂后易名温州师范学校、浙江第十师范学校。1923年（民国十二年）9月，按教育部新学制（壬戌学制）要求，将各地省立师范学校并入当地省立中学，于是十师和十中合并，校名仍是浙江省立第十中学校。至 1933 年学校改名浙江省立温州中学。1954 年 8 月，校名改为浙江省温州第一中学，简称温州一中或温一中。1985 年，学校复名"浙江省温州中学"，简称温州中学。

而消失的温州中学，虽然存在时间非常短暂，至今与其有关，仍然保存和能看到的革命历史档案非常稀少，却与温独支一样留下了不少值得深入探寻的红色印记。

（一）《浙江革命历史档案选编·第一、二次国内革命战争时期》载1926 年 6 月 6 日，浙江省党部给中共中央报告中就有一处明确提及温州中学："学校则在浙由党部主持办理无之；至为同志所办理，能完全接受党部命令，而为一地方各项运动之中心者，在宁波有启明女子中学、卢江小学，在永嘉有温州中学，在嘉兴有嘉兴公学（惟嘉兴公学现中学部已停办，只有小学部）。"

（二）温州中学的创办人之一郑恻尘是温独支第一任书记胡识因的革命伴侣，他不仅是温独支的重要负责人，还是浙江省著名革命烈士。他曾在 1925 年 11 月，带领温州中学学生冲进压制进步思想的舆论工具《温州大公报》报社，捣毁编辑部及印刷设备；1926 年 3 月，在温州中学校园内创办《新永嘉》（周刊）宣传革命主张。

（三）中共温州市委党史研究室、中共温州市鹿城区委党史研究室在1998 年编《中共温州独立支部与国民革命运动》第 325 页，对温独支第二任书记唐公宪在温州活动情况，虽然仅有简略记述："1926 年春，奉命到私立温州中学任教；6 月任温独支书记；11 月底，因病离开温州，回到遂昌，开展党的工作。"但却为我们对浙江革命史上的一位重要中共党史人物留下深入研究的空间。

温独支和消失的温州中学都已经成为历史，为尊重真实历史，建议中共温州党史部门，更准确地表述温独支的诞生地：1924年"12月 中共温州独立支部（简称'温独支'）在温州城区侯衙巷新民小学成立"，更正为：1924年"12月 中共温州独立支部（简称'温独支'）在温州城区侯衙巷温州中学成立"。

附录：

1936年3月测绘的《永嘉县第一区落霞镇坵形图》。图中标出《宅73曾宗祠》。

1925年秋月初版，黄聘珍制作的《永嘉县城区全图》可见侯衙巷下方有"新民"两字，并用表示"高级、初级小学校"的红色圆圈符号标出；侯衙巷以南和九圣殿巷东北角方向均有"中（席）"两字，并用表示"工厂"的红色圆圈花瓣状符号标出。

九圣殿巷，现并入大高桥，为其西段（自信河街起，东至壬子巷止）。自信河街侯衙巷口，向东南

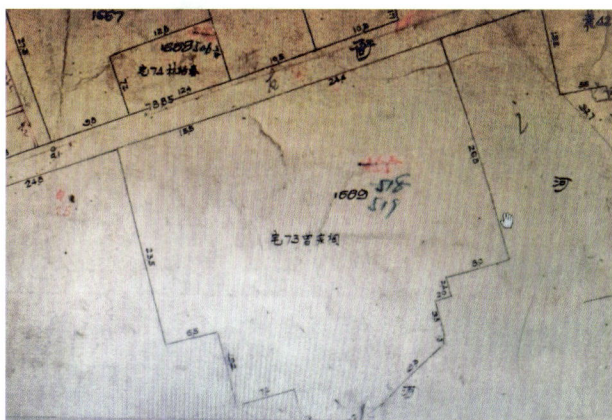

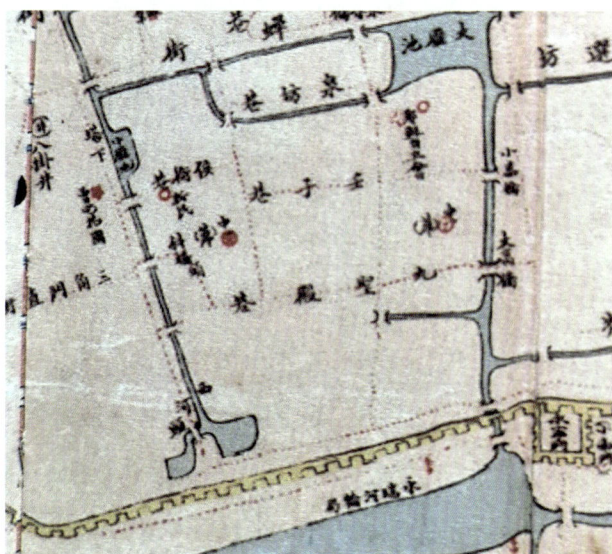

斜跨信河，连接原九圣殿巷的桥叫斜桥。其桥头一带地方叫斜桥头。

　　1928 年秋月再版，黄聘珍制作的《永嘉县城区全图》可见侯衙巷下方有"民立中学"四字，并用表示"中等学校"的红色"中"字符号标出；侯衙巷以南和九圣殿巷东北角方向均有"中一（席）"三字，没有用表示"工厂"的红色圆圈花瓣状符号标出。

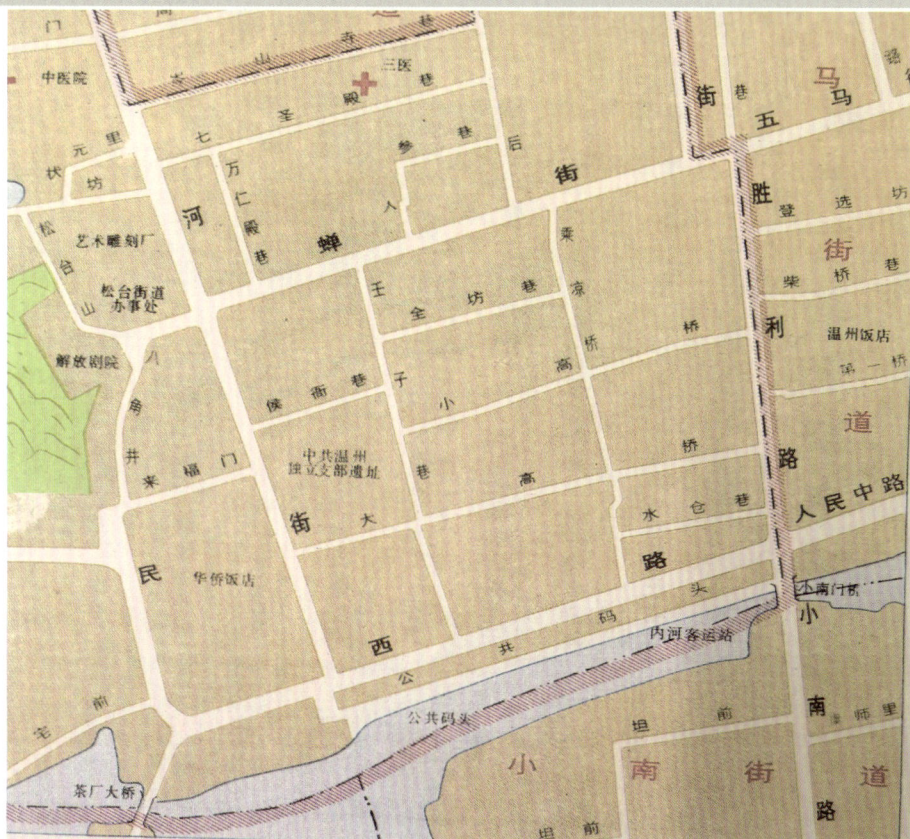

1987 年刊行的《温州市鹿城区地名志》。侯衙巷，东起壬子巷，西至信河街，长 112 米，宽 5 米，最狭处 3 米，因明嘉靖进士，江西布政使侯一元居此，故名。壬子巷，南起大高桥，北至蝉街，长 209 米，宽 4 米，最狭处 1 米。大高桥，东起胜利路，西至信河街，长 382 米，宽 6.5 米，最狭处 2.5 米。

在中国茶叶界，提起高麟溢先生，大家自然不会陌生。近日，年已九十高龄的高麟溢先生从北京回到故乡温州。一到故乡，他不顾年事已高，和老家的基层干部一起察看茶园，了解家乡乌牛早茶近年来的生产销售情况。翌日，又请老家分管茶叶生产的干部来一起吃饭。说是吃饭，其实在席间议论最多的话题还是温州的茶叶 ......

高麟溢先生，原农业部农业局副局长、高级农艺师、中国茶叶学会副理事长、茶学家。高老一辈子在农业部分管茶叶工作，对我国茶叶基地建设、良种推广、新产品开发等做了大量工作，为我国茶叶生产的恢复、发展作出重要贡献。

茶叶世家的新秀

高麟溢先生的家乡是永嘉县罗东木桥村，地处浙南的楠溪江之滨，山高雾多，土壤酸性，气候湿润，特别适宜茶叶生长。1928年7月，高麟溢先生就出生在这里。木桥村虽是个名不见经传的小山村，可高老的家庭与众不同，是个茶叶世家。爷爷高德馨、父亲高寿昌是远近闻名的茶商。

一次，高德馨先生带茶叶乘"海衡"号客轮从温州至上海。在客轮上，高先生沏茶待客，瞬间，清新的茶香飘溢船舱，众乘客称赞此茶能十里闻香。高德馨怦然心动，把自己的茶叶包装打上"十里香"的字号。有了"十里香"字号，加上高德馨先生经商讲诚信，因此生意越来越红火，原来在木桥村的小打小闹已经不适应了，于是高家把茶厂搬到温州市区，在市区李家村建了30多间房子，招来二三百工人，扩大再生产。此时，父亲高寿昌觉得"十里香"字号太俗，又将"十里香"改为"高恒丰"品牌。

自从品牌改成"高恒丰"以后，高家对茶叶的质量要求更严。从毛茶收购到包装上市，层层把关，一丝不苟。随着茶叶品质的不断提高和包装的改进，"高恒丰"品牌闻名遐迩，上海口岸海关为"高恒丰"茶叶采取特殊的免检政策，因此，"高恒丰"茶叶像展翅的雄鹰漂洋过海远销摩洛哥、阿尔及利亚、法国等国家，这可能是继"擒雕"炼乳以后最早走上"一带一路"的温州商品。新中国成立后，国家实行公私合营政策，高家的"高恒丰"茶叶公司和温州茶厂合营，高麟溢的父亲高寿昌担任温州茶厂副厂长。

在这样的家境中，高麟溢先生耳濡目染，慢慢喜欢上茶叶，喜欢这个茶香四溢的家庭，与茶叶结下了不解之缘。高老说，家乡飘散出来的早茶清香，在他的生命中深深地打上了烙印。

茶叶专业的莘莘学子

高麟溢求学时期，正值抗战时期，局势动荡，根本没有一个安定读书环境。高老的父亲虽然也是地道的山民，但他有经商的阅历，见过世面，知道文化的重要。因此，他们格外重视对儿子的培养教育，千方百计地让儿子去念书。高老的六年小学读书生涯，他跨越了瓯江两岸三个县市区，辗转读了龙头、白象、郑楼、康乐等四所小学。直至1942年后，局势稍微安定后，他才比较安心地在瓯海中学连续读完了初中高中。

高麟溢在瓯海中学求学期间，不仅学习成绩优秀，而且思想进步，积极参加学生运动，并在中共温州地下党领导下开展工作。1948年底，利用高考后短暂的休息时间，他和温州地下党的同志一起，将寄存在他父亲茶厂里的宣传印刷品和药品等物资转运至浙南游击区，为浙南的解放尽了自己绵薄之力。

凭着聪颖的天赋，还有随着父亲劳作锻炼出来的那种坚韧和倔强，他读完了高中，走出了大山，以优异的成绩考入上海复旦大学。在填写高考志愿时，经过一番考量后，他决定报考复旦大学的茶叶专业。后来，他如愿以偿，入读复旦大学农学院的茶叶专业。有人很不理解地问他："你学习成绩优异，怎么会去读茶叶专业呢？"高老笑笑说："因为我喜欢茶叶。"

茶叶产区的人民专家

1951年夏天，高麟溢上海复旦大学毕业后，先分配在上海华东地区农林部工作。在这期间，他参与了华东地区茶业政策规划、老茶园恢复和茶叶丰产情况调查，编写了《华东农业生产情况》中的茶叶部分。三年后，高麟溢调到国家农业部工作。

在农业部工作期间，虽然他身居高堂，却心忧江湖之远的茶农。1961年，高麟溢在华东地区调查时，正值三年困难时期和茶区粮食供应紧张的时期，茶农们的困难生活让他心情沉重，连夜赶写调查报告，向农业部和国务院反映。后来，中央很快落实了售茶奖粮、奖化肥等鼓励政策，使茶农很快摆脱了困境。半个世纪后的今天，回忆起此事，高老不由得露出欣慰的笑容。

高老自 1954 年调入农业部工作至 1988 年离休，在长达 30 多年的工作生涯里，他马不停蹄地奔波在福建、浙江、安徽、四川、贵州、山东、江西等十五个省的茶叶产区，凡是有出产茶叶的地方都留下了他忙碌的身影。在上个世纪五六十年代，交通极不方便，通信不像今天这样发达，高老离开北京到外地茶区调查研究或指导工作，常常要自带棉被和粮票，有时候在农民家里一住就是一两个月。白天，他在茶园里和茶农一起劳动，听取茶农的呼声；晚上，整理笔记，写调查报告，忙得不可开交，可他从不叫苦叫累。高老回忆说，他先后参加制订全国 100 个茶叶基地县茶叶发展规划工作，主持起草了《全国茶树良种审定暂行办法》，树立了一批以安徽休宁县为代表的茶叶生产先进县。改革开放后，他分别主持两届全国名优茶的评审工作。最令高老欣慰激动的是，1981 年秋天，他跟随林乎加部长一起到安徽、浙江等地调查了两个月，掌握了农村实行家庭联产承包责任制后的第一手资料，回京后他代表农业部参与了《1982 年关于做好农村工作的中央一号文件》的起草工作。这个一号文件无疑是响彻中国农村大地上的一声春雷。

"乌牛早"名茶开发的导师

高麟溢自大学毕业后，一直在外地工作，很少回家乡温州永嘉，但一直牵挂家乡，关注茶叶生产发展情况。永嘉绿茶出产于乌牛岭下，俗称"岭

下茶",虽然具有采摘早上市早的优势,但是在新中国成立后几十年里,家乡茶农的栽培管理和采摘加工还是沿用传统的方式,制作出来的茶叶还是老式的眉茶,无论是外形,还是品质,都不适应茶叶市场发展的需要,因此,茶农的收入很低。对此,高老看在眼里,急在心里,苦于找不到帮助家乡开发名茶让农民致富的机会

苍天不负苦心人,机会终于来了。1984年春天,永嘉县农业局局长曹长焕借北京出差之便去看望高麟溢,高老借机向曹局长吐露自己的心声,建议永嘉将炒青茶改制成龙井扁形茶,提升茶叶档次,让农民早日致富。经过一番长谈,曹局长终于被说动了心,回永嘉后,立即向县政府作了汇报,

县政府非常支持，立即成立了乌牛早茶开发领导班子。一年后，在温州同乡恳谈会上，高麟溢又联袂著名茶学家王镇恒教授向温州市政府提出开发乌牛早茶建议。此后，乌牛早茶的开发工作如火如荼进行，一切顺理成章。在高老的关心和支持下，乌牛早茶于1986年列入农业部名优茶开发项目，并获得中央资金补助。项目启动后，高老还多次邀请中国农业科学院茶叶专家来永嘉向茶农传授技艺，从茶叶的采摘、加工、到包装进行一系列的改革创新。

经过永嘉上下三年的共同努力，乌牛早茶叶的外形完全改观，品质显著提升。1988年，在杭州顺利通过省级新产品鉴定，并定名为"永嘉乌牛早"。在这个鉴定会上，茶叶泰斗庄晚芳品茶后有感而发，当场赋诗一首："龙井虽然好，不如乌牛早，提倡商品化，但愿名优保。"1999年，永嘉又喜获"中国乌牛早茶之乡"称号。此后，乌牛早茶叶名声日隆，发展成燎原之势。除本县乌牛早茶面积扩大外，福建、安徽、江西、贵州等省的茶区也开始大面积引种乌牛早茶叶，成为农民的主要收入之一。

2001年3月，永嘉县政府在上海召开乌牛早茶上市新闻推介会。左四为高麟溢

回报桑梓的贤达君子

高麟溢从 1988 年离休后，他不享清福，初心不改，依然不遗余力地奉献着自己的余热。首先，他开始整理自己的工作笔记，这一摞摞笔记本，虽然已经泛黄，但那上面密密麻麻的数字和文字，其实就是我们国家茶叶发展的轨迹，承载着一代茶人的时代记忆，非常珍贵，因此，高老决定细心整理，一旦条件成熟，结集出版。其次，他又联合老茶人，组建了当代茶圣吴觉农茶学思想研究会，并被推选为会长。2005 年，上海吴觉农纪念馆筹备在即，不少茶人主动捐资捐物，远在北京的高老为了汇款，以古稀之龄在银行排队等候近两个小时。第三，积极参加茶界的茶事活动。高老说，只要身体硬朗，如有茶乡需要评审、考察，他总是满怀热情地前往，悉心予以指导和评点。

假如家乡温州有什么茶事活动需要高老支持，他更是当仁不让、风尘仆仆地从北京赶来。2003 年以来，温州市政府每年举办早茶节，高老多次参加家乡茶事文化活动，介绍全国各地先进经验，传递最新科技信息，殷殷乡情溢于言表。但是，当家乡的茶农说高老是乌牛早开发的创始人时，他却推谢此誉，连连摆手说："千万别这样说，我只做了一点力所能及的工作。"

高麟溢在国家农业部工作一辈子，但他农家子弟的本色始终未变。在温州家乡人的心目中，他不求功名利禄、升官发财，不慕高堂华屋、锦衣美食，一生勤勤恳恳、埋头苦干、清廉自守、无私奉献，具有君子的操守。用自己的实际行动践行一个共产党员的崇高品德和茶人的敬业精神。

我想为家乡做点事

◎ 陈云华

　　我姓陈名云华，男，1953年出生于浙江省永嘉县桥头镇坦头村，十一岁时随母亲到新疆。1971年初中尚未毕业被分配到新疆新和县当工人，1977年调新和县委工作，1986年调阿克苏地委工作，1997年调自治区民族语言文字工作委员会工作，为编审。2004年退休，2005年被原单位返聘，为"维吾尔、哈萨克语言文字信息共享工程"（国家课题）主笔之一。2009年受聘于自治区人民政府办公厅，担任《新疆通志·政府志》常务副主编。其间参加了中国地方志指导小组召开的全国地方志主编培训班，遇见了家乡浙江省的方志同行，萌生了为家乡的方志事业做点贡献的想法，随后得到了永嘉县地方志办公室主任应海龙先生的热情邀请，担任了《永嘉县志》（1991—2010）编纂顾问和文稿总纂。在县志办三任领导和前后参与编纂工作的二十多位同志的努力下，终于按期完成了文稿总纂及打印工作，以县志征求意见稿的形式下发，广征意见。随后，我又受绍兴市柯桥区史志办主任何鸣雷先生的邀请，担任《绍兴县志》（二轮）执行主编，在绍兴开始了长达五年的执行主编工作。期间又主持编纂了《兰亭书法志》，2023年由上海书画出版社出版。从2013年至2023年，十年时间，我帮助浙江省编纂出版了两部县志和一部国家级专业志书，尽了一点微薄之力，实现我为家乡做点事的愿望，内心感到十分地愉悦！

当秋收冬藏之际，我始终忘不了那夏日的辛勤。十年时间，编纂出版三部志书，长时间的编写和众手成志的辛苦是难以用语言表达的。在永嘉县，我早上7点左右从桥头镇坐中巴，在上班时间赶到永嘉县城县志办公室，下午再坐中巴回桥头镇。每天五十多公里路程，山路的颠簸和车内的拥挤，常常产生不要干了的想法。是时我年过六旬，已步入老年，加上繁重的编纂工作，其辛苦可想而知。在绍兴柯桥，我每天早上6点出家门，晚上6点进家门，每天12个小时的时间忙于工作。在编纂《兰亭书法志》时，我花了一万多元买了数百册有关兰亭书法的书，每晚学习阅读约两个小时，充实自己对兰亭书法的认知，了解兰亭书法的历史与发展状况，使我对兰亭书法的敬畏之心在志书中得到了诠释。我很多次拜访兰亭景区副主任、兰亭博物馆馆长俞革良先生，兰亭书法研究所所长毛万宝先生，请教了众多兰亭书法学术上的问题，得到了他们的鼎力帮助和热情指导，并很多次地反复观看和学习兰亭书法博物馆的展品及说明；绍兴县原文联领导、王羲之的45代孙王云根先生应邀担任《兰亭书法志》副主编，不仅提供了大量的资料，还亲自编写了部分章节；浙江省书法家协会也给予了大力的支持。由于众人的努力，在上海书画出版社李保民先生的认真编辑和精心提炼下，使《兰亭书法志》顺利出版，得到了社会的认可和书法界的肯定。王云根先生对我的工作给予了充分的肯定，他说："陈云华老师，你就是为《兰亭书法志》而生的人。"就此，我从修县志《新和县志》、地区志《阿克苏地区志》、自治区志《新疆通志·语言文字志》，到全国志《兰亭书法志》四级志书修了个遍，出版的编纂人员中有我姓名（列入主编、副主编）的志书近二十部，其中由我主持或完全按照我制定的篇目修定的志书也有七八部之多。可以说我是全国编修志书最多的人之一，如果按四级志书编纂来算，我不知道有没有和我修志一样多的人。

修志是一项坐冷板凳的工作。1983 年始，全国开展第二轮社会主义新志编纂工作，参与修志的大多是老同志，老先生，基层志办人员基本是落实政策后安排到修志岗位的。当时我在新和县团县委工作八年后，因年龄需要重新安排工作，县委组织部部长找我谈话时，提了几个部门，我自己提出由我组建新和县史志办，人员由我来选。从此开始了长达四十多年的修志工作。从当年最年轻的县志主编之一到如今最年老的志书主编之一，在编纂完成了许多志书的同时，也完成了自己人生的蜕变。调到地委史志办后，地委组织部部长、地委宣传部部长、地区工会主席都曾找过我，要求调我去他们部门任办公室主任，我都婉言谢绝，痴心于修志事业。别人说我不识时务，说跟着组织部年年有进步，为什么不去呢？我却乐于修志。每当一部志书编纂完成，印刷出版时，新书的油墨香味常常令我陶醉，成了我的怪癖，并十分享受，完全忘记了在档案馆查阅老档案时那刺鼻的怪味和馆内不流通的沉闷空气。现在看来，我自认为，当年选择修志工作是我一生中最成功的一次决定，自己把握住了自己的人生，是对世事自我警醒的结果。修志使我增长了历史知识，修志使我了解了社会状况，修志提高了我的写作水平，修志使我看淡了种种利益，而只想为国家，为人民做点自己力所能及的有益于国家的工作。尽管因修志损害了家庭，损害了身体（患癌），虽然有时也有点后悔，也有点感叹！却始终坚持着，直至古稀之年，《兰亭书法志》出版并获得好评，成了我 70 岁时修志的封笔之作。

我从一个不知修志为何事、志书为何物的门外汉，到成为修志的行家里手，源于我对做任何事都有信心，而信心又来自对事物的学习与探索。初到绍兴，诚惶诚恐，想那绍兴古有三千进士，现有七十二院士，有王羲之、陆游、王阳明、鲁迅等一大批名人大家，我来此做文化之事，有班门弄斧之嫌。唯一的办法就是学习、学习、再学习。好在绍兴这些年重视文化建设，汇编出版了众多的历史古籍和现代书籍，我如饥似渴地认真阅读学习这些集聚了人类智慧的书籍。图书馆、博物馆、档案馆是我在绍兴初期的重要工作地点，由此对绍兴有了一个初步的认识和了解，掌握了大量的基础资料，为编纂县志与书法志夯实了基础。实际上，我的文化程度很低，小学还没有毕业，文化大革命开始，失去了上学的机会。我是经高等教育自学考试完成了大专学业，中央党校函授完成了本科学业。自1992年开始，当修志界的老先生们还在辛苦地爬格子，誊稿子时，我已经完全用电脑编纂志书了，我还曾参加了自治区区级机关五笔字形打字比赛，器利工勤成果自然多。我用过的电脑达十多台，从最初第一台二八六，到现在的小型笔记本电脑。自学成了我一生的求学方式，虽然艰难，却卓有成效，从编辑到副编审、编审，我成了一个纯粹的文化人，承担起了众多志书的编纂工作，参与编纂出版的志书有获全国优秀志书奖的，有获自治区优秀社科成果奖的。

闲来无事，我最近正在写一部关于反映永嘉县改革开放的长篇小说。我没有写过小说，不知能否成功？但基础工作做得还是不错的，我已经走访了近百人，听到了众多励志的有趣的故事。当年参与永嘉县第一批改革开放的人大多已是七八九十岁的老人了，趁他们大多还健在，能够亲耳聆听他们讲自己当年的创业事迹，诉说成与败的英雄故事，并见诸文字，与乡亲们共享，应当是一件好事。谁能说不是呢？

因此，我愿借此拙文，向当年的志士们，即为永嘉县的社会经济发展作出过贡献的企业家、商人、政工干部及其他参与者们表示敬意。

诗人太守谢灵运 永嘉政务论衡①

◎ 姜剑云
◎ 孙笑娟

摘要：官修《宋书》说：谢灵运在永嘉太守任内"肆意游遨，遍历诸县，动逾旬朔，民间听讼，不复关怀"。这铁定地属于盖棺之论。然而奇怪的是，千百年来，永嘉人民无比地崇敬、爱戴这位太守，种种纪念性场所或建筑遍布永嘉各地。这一矛盾现象必须得到解释。事实上，谢灵运"遍历诸县"的真相，恰恰说明了他是一位很有担当的官吏。虽然任职仅仅一年的时间，谢灵运巡视兼调研，规划加督导，从经济民生，到礼乐教化，完成了治理永嘉的顶层设计，铺开并实施了一系列的发展永嘉的基础工程。谢灵运永嘉时期的山水诗、玄言诗、励志诗、行田诗、劝农诗，以及"游名山志"，正是他作为太守的"工作日记"，他以诗人的才情，记录了他为官一方的感人的心路历程。他追慕良吏，劝督耕桑，规划围垦，兴办教育，引领学

---

① 原载《南开学报（哲学社会科学版）》2022 年第 6 期。

术，恪尽职守，政绩斐然。朴实而热爱永嘉的情结，治理且造福永嘉的功德，足可以还原谢灵运应受尊重与赞扬的良吏形象。

关键词：谢灵运 "工作日记" 永嘉政绩 良吏形象

引子：康乐——永嘉文化符号

康乐乃指谢灵运。东晋孝武帝太元十三年（388），谢玄去世，没过几年，谢瑍去世，谢灵运袭封康乐公。公元420年，谢灵运36岁。这一年，刘宋代晋自立，谢灵运降爵为侯，世称康乐侯，后人遂以康乐指称谢灵运。刘宋永初三年（422），宋少帝刘义符登基，曾任太子左卫率的谢灵运作为东宫旧属，自认可以出将入相，成就一番功业。然而事与愿违，性格高傲的谢康乐看不惯新帝身侧的辅政大臣，于是便被司徒徐羡之等人以"构扇异同，非毁执政"[①]之罪名，联手排挤出朝堂，贬出京城，出任永嘉太守。

永嘉为古郡名，置郡约在1700年前。东晋太宁元年（323），析临海郡（治今浙江临海市）南部诸县置永嘉郡，治永宁，筑城瓯江南岸，辖永宁、安固、横阳、松阳四县。东晋宁康二年（374），分永宁县置乐成县，属永嘉郡。永嘉郡辖境大于现今温州全境，应该还包括台州的玉环，以及温岭的部分地区，包括丽水的青田、松阳，以及缙云的一部分。

永初三年（422），谢灵运任永嘉太守时，永嘉郡所辖区域为永宁、乐成、松阳、安固、横阳五县。松阳、永宁、乐成三县自西而东，大致都在永嘉江（今瓯江）之北，安固、横阳二县自北而南，都在永嘉江之南。官修《宋书》本传记载："（谢灵运）出为永嘉太守。郡有名山水，灵运素所爱好。出守既不得志，遂肆意游遨，遍历诸县，动逾旬朔。民间听讼，不复关怀。

---

① 沈约：《宋书》卷六十七谢灵运传，北京：中华书局，1974年，第1753页。

所至辄为诗咏，以致其意。"①意思很明确，谢灵运只顾当诗人，忘了他还是太守，不只是政绩乏善可陈，压根儿就是态度不端正。一千五百多年来，这一直是对谢灵运的盖棺论定之词。

历史的另一面是什么情形呢？谢灵运于当年仲秋八月十二日到达任所，于次年晚秋九月辞任归隐，其在任时间满打满算也才十三个月，但很特别的是，他给永嘉留下了深刻而久远的历史记忆。综合文献记载和实际遗存，以"康乐"或"谢公"等命名的街坊里巷、亭台楼阁，温州竟然有20多处。不仅有康乐坊、五马街、谢池巷、谢公村、西射堂，还有池上楼、读书斋、澄鲜阁、谢客岩、白岸亭。此外，还有南亭、北亭、飞霞洞、谢公岭、谢康乐祠，以及温州大学校区的灵运路、绿嶂山附近的谢灵运主题文化园，等等。既有历史遗存，又有现代建筑。1986年，永嘉楠溪江大桥西桥头，更是矗立起一座高约4米的谢灵运塑像，栩栩如生。温州是一座"康乐城"，"康乐"已然成为永嘉的一个特别的文化符号。

很显然，我们必须重新认识谢灵运，尤其是永嘉时期太守兼诗人的谢灵运。

一、仰慕贤良，心向往之

谢灵运是作为被贬谪的对象来永嘉担任太守的，然而，他虽郁阏却不消沉，求解脱但不荒政。到任一个多月后，在南巡横阳县时，他写下了《游岭门山诗》，表明了自己的为政愿望。

西京谁修政，龚汲称良吏。君子岂定所，清尘虑不嗣。早莅建德乡，民怀虞芮意。海岸常寥寥，空馆盈清思。协以上冬月，晨游肆所喜。千圻

---

① 沈约：《宋书》卷六十七谢灵运传，北京：中华书局，1974年，第1753—1754页。

邈不同，万岭状皆异。威摧三山峭，濑汨两江驶。渔商岂安流，樵拾谢西芘。人生谁云乐，贵不屈所志。①

　　岭门山，就在今平阳县府门外，太守面对眼前奇美的山光水色，饱含诗意地向陪同的郡县官员说：西汉时的龚遂、汲黯是两位著名的太守，有"良吏"的美誉。有境界的人又何必固守京城呢？我就以他们为榜样吧。永嘉就是庄子所称赞的"建德之国"啊，这里的人民，就像周朝时乐于受教从善的虞芮国民一样，少私寡欲，纯朴可爱。所以呀，咱们这滨海乡邑，政事清闲，政通人和。秋收冬藏，现在孟冬十月，正是农闲时节，咱们就开开心心地畅游美景吧。放眼远望，千山万水，奇异多变。山陡峭，水奔腾。渔翁、商贾、樵夫、农妇，都有坎坷，都很辛苦。人生什么才叫快乐呢？不屈不挠，干咱们想干的就是了！

　　此诗题为《游岭门山》，顾名思义，这是一首山水诗，但作者盛赞永嘉政通人和、乡民纯朴，同时抒发逆境犹奋进的抱负，谁又能不说这是一首励志诗呢？诗人放松了自我，太守鼓舞了属官。

　　谢灵运以之为楷模的两位良吏，都是德才兼备的官吏。龚遂担任渤海太守的时候，措施得力，骚乱平息，百姓安居乐业，生活富足。汲黯外放为东海郡太守，为政宽简，不拘小节，郡内清明太平，百姓爱之。良吏衡量标准，不只是合格与否的问题，可不能随便夸海口。谢灵运敢于提龚遂与汲黯，意味着胸有成竹，自己有相应的才干、措施，能够治理一方。看一看谢灵运《斋中读书》描写的自己的太守风度吧。

　　昔余游京华，未尝废丘壑。矧乃归山川，心迹双寂寞。虚馆绝诤讼，空庭来鸟雀。卧疾丰暇豫，翰墨时间作。怀抱观古今，寝食展戏谑。既笑沮溺苦，又哂子云阁。执戟亦以疲，耕稼岂云乐。万事难并欢，达生幸可托。②

───────────
①　谢灵运著，李运富编注：《谢灵运集》，长沙：岳麓书社，1999年，第40页。
②　谢灵运著，李运富编注：《谢灵运集》，长沙：岳麓书社，1999年，第42页。

这风度，从容潇洒，举重若轻，其外任太守，也就小菜一碟，简直大材小用了。

汲黯更让谢灵运敬爱有加：《游岭门山》直接称赞为"良吏"[1]；《斋中读书》间接夸赞"虚馆绝诤讼，空庭来鸟雀"[2]；《命学士讲书》直接美赞"卧病同淮阳……清净谢汲生"[3]。三首诗，四次赞美汲黯。更有意思的是，谢灵运对汲黯简直是效法得出奇。汲黯好黄老，尚清静，无为而无不为，此其一；常年卧病，东海郡、淮阳郡两度担任太守，都是卧而治之，此其二；任职东海太守时，只一年多，垂拱而治，此其三。谢灵运呢，四岁的时候被寄养在杭州道教领袖杜昺的道观，直到十五岁时他的这位杜明师去世了才离开，清静处顺思想不谓不深厚，此其一；诗文中每言"抱疾"[4]"沉痾"[5]，多次辞职也是"因病"，此其二；谢灵运赴任永嘉途中经过故乡始宁时，"挥手告乡曲，三载期归旋"[6]，说好了干满三年告归，然而到任永嘉后，巡视兼调研，规划加督导，在任也就一年零一个月，离任时基于自己"海外役"[7]的实效和"建德乡"[8]的良民基础，永嘉郡风平浪静，太平无事，此其三。

比较后发现，谢灵运追慕良吏，亦步亦趋，甚至"刻意"而为，几乎成了龚遂翻版，汲黯副本。他谨慎地说"古人不可攀"[9]，谦虚地说"聿来政无成"[10]，但永嘉吏民迎接和送别这位太守诗人的历史佳话，温州城

---

[1] 谢灵运著，李运富编注：《谢灵运集》，长沙：岳麓书社，1999 年，第 40 页。
[2] 谢灵运著，李运富编注：《谢灵运集》，长沙：岳麓书社，1999 年，第 42 页。
[3] 谢灵运著，李运富编注：《谢灵运集》，长沙：岳麓书社，1999 年，第 63 页。
[4] 谢灵运著，李运富编注：《谢灵运集》，长沙：岳麓书社，1999 年，第 393 页。
[5] 谢灵运著，李运富编注：《谢灵运集》，长沙：岳麓书社，1999 年，第 65 页。
[6] 谢灵运著，李运富编注：《谢灵运集》，长沙：岳麓书社，1999 年，第 30 页。
[7] 谢灵运著，李运富编注：《谢灵运集》，长沙：岳麓书社，1999 年，第 48 页。
[8] 谢灵运著，李运富编注：《谢灵运集》，长沙：岳麓书社，1999 年，第 40 页。
[9] 谢灵运著，李运富编注：《谢灵运集》，长沙：岳麓书社，1999 年，第 63 页。
[10] 谢灵运著，李运富编注：《谢灵运集》，长沙：岳麓书社，1999 年，第 63 页。

乡无处不在的康乐符号，一再说明，谢灵运毫无疑问地是一位应该让青史垂名的良吏形象。

二、尽勤地利，劝课农桑

楷模良吏，不能只是追慕，不能只是夸夸其谈，还得落实于行动，还得真的自己有办法。谢灵运作为一郡之太守，要考量其行政能力、治理方法的话，堪称尽心尽责。诗人的一首《种桑诗》，表现了太守劝督耕桑中反映出来的真抓实干的务实精神。

诗人陈条柯，亦有美攘别。前修为谁故，后事资纺绩。常佩知方诚，愧微富教益。浮阳骛嘉月，艺桑迨闲隙。疏栏发近郊，长行达广场。旷流始毖泉，涵涂犹跬迹。俾此将长成，慰我海外役。①

"诗人"，指《诗经》中诗篇的作者。嘉月，美好的月份，这里指适宜植树的春天。郊，郊郭，即外城。场，《说文》："疆也。"②《汉书·食货志》："瓜瓠果蓏，殖于疆易。"③毖，借为"泌"，泉水涌流的样子。植树时节，谢灵运在永嘉掀起了一场声势浩大的桑树种植运动。《种桑》诗，犹如太守在种桑现场的动员讲话：

各位乡民，《诗三百》中反复描写和赞美桑蚕活动，人们认真修剪繁枝，精心护理桑条。所谓前人栽树后人乘凉，前辈辛勤种桑养蚕，正为的是让后人多缫丝多织布啊。我呢，身为一郡之太守，虽然牢记关于如何教导民众知书达礼的种种训诫，但怎样才能够让大家走上致富之路，我办法不多，很惭愧。美好的春天来到了，时光不等人哪，咱们趁着农闲的空儿，抓紧

---

① 谢灵运著，李运富编注：《谢灵运集》，长沙：岳麓书社，1999 年，第 48 页。
② 张玉书等编纂：《康熙字典》标点整理本，上海：汉语大词典出版社，2002 年，第 163 页。
③ 班固：《汉书》卷二十四食货志，北京：中华书局，1962 年，第 1120 页。

栽植桑树。大家到底是劳动能手啊，看哪，从近处城墙，到远处田野，一望无际的桑苗，纵成列，横成行，多么美好而欢快的永嘉阳春蓺桑画卷啊！就这么干吧！宽阔的河流，都发源于涓涓细流，不断迈步前行，就会到达令人遐想的远方。乡民们，我的眼前好像已经展现了来年枝繁叶茂的桑田春光美景，采桑姑娘们欢歌笑语，永嘉百姓男耕女织，安居乐业，想想我这个远来边城海乡与大家共患难同欢乐的太守，功夫不负有心人哪，真是太开心了！

《种桑》一诗，是叙事诗，记录了乡民大规模种植桑树的场面与细节，是太守劝农政务的工作日记。《种桑》同时也是抒情诗，读这首诗，仿佛看到了太守的身体力行，听到了太守的语重心长，触摸到了太守关心黎民生存状态的脉动。

永嘉地处偏远丘陵山区，农业生产条件落后，生态原始。据《浙江通志》引《图经》："温州其地自温峤山西，民多火耕。"[1]以网络 2000 年数据，浙江省有畲族人口 170993 人，占全国的 24.01%，主要分布在温州、丽水、金华地区，约当括苍山山脉。刀耕火种，正是古代畲族的耕作模式，还处在比较原始的农耕文化状态，可能还不流行种桑养蚕的耕织文化，不了解缫丝贸丝的经济效能。谢灵运注重考察调查，行田巡视，劝督耕桑，结合区域实际接地气，亲临田野发动桑蚕运动，是一位真正关心民生疾苦并努力提升百姓生存质量的良吏。

三、围海造田，规划垦殖

永嘉郡是穷乡僻壤，怎样才能使百姓安居乐业，前提就是衣食有保障。

---

[1]　李卫：《敕修浙江通志》卷八建置五，杭州：浙江书局，1899 年，第 11 页。

规模化种桑养蚕，缫丝织布，一来解决了穿衣问题，二来通过贸易还能换取更多的生活所需。但是永嘉郡的粮食危机始终是个威胁，尤其遭遇灾荒的时候。永嘉郡以丘陵山地为主，江北素有"八山一水一分田"之称，这是由其地形地貌因素所决定的。如何解决吃饭的问题，谢灵运一个极富创造性与挑战性的大胆举措就是兴修水利，围海造田，向大海要地。

且看谢灵运东巡乐成县所写的《白石岩下径行田诗》。

小邑居易贫，灾年民无生。知浅惧不周，爱深忧在情。莓蔷横海外，芜秽积颓龄。饥馑不可久，甘心务经营。千顷带远堤，万里泻长汀。州流涓浍合，连统塍埒并。虽非楚宫化，荒阙亦黎萌。虽非郑白渠，每岁望东京。天鉴傥不孤，来兹验微诚。①

莓，莓苔，即苔藓。蔷，据《尔雅·释草》"蔷"之注曰："虞蓼，蓼之生水泽者也。"②州，《汉书·食货志》："五家为邻，五邻为里，四里为族，五族为党，五党为州，五州为乡。"③连，《国语·齐语》曰："四里为连……十连为乡。"④州、连，都是古代户籍编制单位，也是地方组织结构。涓，细小水流。浍，田间水沟。塍，稻田路界。埒，场圃矮墙。谢灵运《山居赋》曰："阡陌纵横，塍埒交经。"⑤楚宫，楚丘（在今河南滑县）的宫殿。此用《诗经·鄘风·定之方中》卫文公移民复国富民之事典。黎萌，即黎氓，指黎民。郑白渠，即郑国渠、白公渠。

这首诗在中国文学史上可谓题材唯一，主题高亢，精神感人，其所表现的情景与场面令人眼界大开：

---

① 谢灵运著，李运富编注：《谢灵运集》，长沙：岳麓书社，1999年，第58页。
② 郭璞注，邢昺疏，黄侃句读：《尔雅注疏》，上海：上海古籍出版社，1990年，第136页。
③ 班固：《汉书》卷二十四食货志，北京：中华书局，1962年，第1121页。
④ 左丘明著，韦昭注，胡文波校点：《国语》，上海：上海古籍出版社，2015年，第153页。
⑤ 谢灵运著，李运富编注：《谢灵运集》，长沙：岳麓书社，1999年，第242页。

这里的乡镇平时就够贫困的了，而一旦碰上灾荒年成更是民不聊生啊。我智慧有限，很担心规划存在瑕疵，而面对灾民，又让我爱深忧切，情不能已。举目四望，浅海滩涂上，遍地莓苔泽蓼，这荒芜废败的景象竟不知经历过多少年岁了。饥饿死亡之痛不能这样持续下去了，我们一定要精心筹划，尽心安排。我已经绘就蓝图，拿定方案。动员千军万马，修筑长且坚固的海堤，围海造田，不让海水倒灌；在围垦的辽阔土地上，开挖河渠，排出盐碱，改良土壤。移民安居工程与农田基础建设相结合，路网、河网，统筹兼顾，村落、民居，科学布局。齐桓公助力卫国亡国后的卫文公移民楚丘，卫文公从此兴农富民，这等伟业真不敢攀比，但荒败瘠薄的盐碱地也能解民困、纾民忧呀。我们大兴水利工程，尽管比不上郑国渠、白公渠那样的壮举，但从今而后一定会每年丰衣足食，堪比帝京的。上天明鉴而不辜负我的话，我的美好愿景来年即当验证。

之所以如此认定为围海造田，基于以下三个方面的判断。

其一，《白石岩下径行田诗》中"楚宫化"典故，取意《诗经·鄘风·定之方中》卫文公选址移民、兴农富民之事典，展示了谢灵运规划移民富民的宏图。

其二，永嘉郡乐成县的客观地形，为谢灵运围垦移民创造了自然条件。

白石岩，即白石山，在乐成县（今乐清市）中南部，属于中雁荡山山脉。其东南柳市平原为海积平原，位于瓯江口之北，乐清湾之西。所谓白石岩之岩下径，应该就是当年白石岩东南山脚下浅海淤积而成的大面积海滩滩涂，也就是谢灵运描绘的"千顷带远堤，万里泻长汀"[①]中的"长汀"。那么，"千顷带远堤"之"远堤"，正是围海造田所必需的大型关键工程——人工海堤。唐代元和进士张又新担任温州刺史时写有《行田诗》（一作《白

---

① 谢灵运著，李运富编注：《谢灵运集》，长沙：岳麓书社，1999年，第58页。

石岩》），其云："白石岩前湖水春，湖边旧境有清尘。欲追谢守行田意，今古同忧是长人。"①即此可以推想，唐代"白石岩前湖水"，或许正是刘宋"万里长汀"中的一部分。然而，如今安在？张又新担任温州刺史时的《帆游山》说："涨海尝从此地流，千帆飞过碧山头。君看深谷为陵后，翻覆人间未肯休。"②据《光绪永嘉县志》卷二："帆游山，在（温州）城南三十里，吹台之支，南接瑞安界，东接大罗山。地昔为海，多舟楫往来之处，山以此名。谢灵运《游赤石进帆海》即此。"③谢灵运永嘉足迹，到中唐就已经沧海桑田了，这仅仅过了四百年，何况一千五百年后的清朝光绪年间呢？

谢灵运另外还有一首"行田"诗，题为《行田登海口盘屿山》，写于他东巡乐成县的第一站。"盘屿"，即今乐清市之盘石镇。屿者，岛也，说明盘屿那时候是永嘉江出海口中的一个小岛。末句云"邀游碧沙渚，游衍丹山峰"④，可见该岛既有山岭，也有沙滩，后来与陆地相连，成了柳市平原的一部分。换一个说法，谢灵运这两首"行田"诗（也是他仅存的两首"行田"诗），分别写于如今柳市平原的南极、北极。"盘屿"当时还是独立的小岛，这意味着柳市平原这样一个海积平原（乐清三大海积平原之一），在谢灵运东巡乐成县的时候还没有形成。

其三，谢灵运回归故乡始宁后大规模地凿山浚湖，又先后求决回踵湖、岖嵊湖以为田，但求湖未成还得罪当地太守，起了很大的风波。显然，谢灵运永嘉太守时期"围海造田"，始宁隐居时期"决湖为田"，其"围垦造田"之思维是相同的。

① 陈贻焮主编：《增订注释全唐诗》第3册，北京：文化艺术出版社，2007年，第832页。
② 陈贻焮主编：《增订注释全唐诗》第3册，北京：文化艺术出版社，2007年，第832页。
③ 张宝琳等：《永嘉县志》，杭州：杭州古籍书店，1963年，第16页。
④ 谢灵运著，李运富编注：《谢灵运集》，长沙：岳麓书社，1999年，第60页。

四、振兴教化，改俗迁风

谢灵运的永嘉太守政务，做得有板有眼。其特点是抓大放小，这是治理理念，也是他的治理方式。简单地说，就是重点抓基础工程。比如说围垦，解决的是吃饭问题；种桑，解决的是穿衣问题。那么接下来的工作要点是什么呢？生计问题、脱贫问题逐步解决之后，还应该注意什么问题呢？

《论语·子路》曰：

子适卫，冉有仆，子曰："庶矣哉！"冉有曰："既庶矣，又何加焉？"曰："富之。"曰："既富矣，又何加焉？"曰："教之。"①

孔子说："人口众多啊！"冉有问："人多了，下一步该做什么呢？"孔子说："让他们富裕起来。"冉有再问："富裕了之后呢？"孔子说："教化他们。"

谢灵运的"永嘉郡发展规划纲要及其实施方案"，显然严格遵循了孔子儒家的修齐治平思想。谢灵运不忘礼乐教化，《命学士讲书》一诗写的就是他兴办教育。

卧病同淮阳，宰邑旷武城。弦歌愧言子，清净谢汲生。古人不可攀，何以报恩荣。时往岁易周，聿来政无成。曾是展予心，招学讲群经。铄金既云刃，凝土亦能型。望尔志尚隆，远嗣竹箭声。敢谓荀氏训，且布兰陵情。待罪岂久期，礼乐俟贤明。②

这里有几个典故，涉及三个历史人物。

第一个，"汲生"，就是谢灵运最崇拜的"良吏"汲黯。汲黯崇尚道家思想，淮阳郡乱象丛生，他到任后一年多常常卧病不出，简政无为，淮

---

① 孔子著，何晏注，邢昺疏：《论语注疏》，北京：北京大学出版社，2000年，第197页。
② 谢灵运著，李运富编注：《谢灵运集》，长沙：岳麓书社，1999年，第63页。

阳郡反而清静太平了。

第二个，"言子"，即言偃，字子游，孔子的弟子。他担任鲁国武城行政长官时，以诗礼乐歌教化民众。武城于是政清民悦，境内到处乐歌和谐之声。言偃重视礼乐教化的程度及方式，得到了孔子的赞扬。

第三个，"荀氏"，即荀况，他曾先后三次担任齐国稷下学宫祭酒，后来到了楚国，任兰陵令。春申君政治失败后，荀子被罢职废官，他居家兰陵，亦卒葬兰陵，可见荀子对于兰陵那浓浓的家乡般的情结。今存《荀子》三十二篇，《劝学》是其中第一篇，文中有著名的训导警句曰："故木受绳则直，金就砺则利，君子博学而日参省乎己，则知明而行无过矣。"[1]

还有两个重要的用典很关键。

"铄金既云刃，凝土亦能型。"这两句取意《周礼·冬官》中"铄金以为刃，凝土以为器"[2]之句，意谓金属既然可以冶炼成锐利的刀锋，泥土也可以塑造为理想的物件。言外之意是，通过教育与培养，大众也可以成就为有德有才的良民。

"望尔志尚隆，远嗣竹箭声。"竹箭，即筱，细竹。《尔雅·释地》："东南之美者，有会稽之竹箭焉。"[3]永嘉乃"建德之国"，诗人勉励学子不负东南美誉，发扬瓯越传统，人人为君子之学，成为有学问有修养之人。

那么，谢灵运"永嘉郡教育规划纲要"之要点便十分清晰了。

其一，必修课程："招学讲群经"，招收生员讲习各种经典。荀子《劝学》明确"群经"的指定教材、学习意义："故《书》者，政事之纪也；《诗》者，中声之所止也；《礼》者，法之大分，类之纲纪也。故学至乎《礼》

---

① 荀况著，王先谦撰，沈啸寰等点校：《荀子集解》，北京：中华书局，1988年，第 2 页。

② 杨天宇：《周礼译注》，上海：上海古籍出版社，2004 年，第 600 页。

③ 郭璞注，邢昺疏，黄侃句读：《尔雅注疏》，上海：上海古籍出版社，1990 年，第 110 页。

而止矣。夫是之谓道德之极。《礼》之敬文也，《乐》之中和也，《诗》《书》之博也，《春秋》之微也，在天地之间者毕矣。"[①]

其二，教学模式："命学士讲书"，安排专业教师讲授相关课程。

其三，培养目标：莘莘学子志向崇高，发扬"建德乡"礼乐传统，不负东南"竹箭声"美誉。

其四，教化境界："弦歌""清静"的礼乐之乡，"民怀虞芮意"，"空馆盈清思"，"虚馆绝诤讼，空庭来鸟雀"。

此事于明代所撰《温州府志》中有载，不仅如此，《府志》之序文还给予了谢灵运很高的评价，其云："尝考自东晋置郡以来为之守者，如王羲之之治尚慈惠，谢灵运之招士讲书，由是人知自爱向学，民风一变。"[②]谢灵运的招学讲经之举，使永嘉学风为之一变，教育的种子于此生根发芽，绵延后世。

五、开宗立派，引领学术

作为一郡之太守，谢灵运在永嘉兼顾经济发展与文化建设，而在文化建设中，他一手抓基础教育，注重礼乐教化，一手搞理论研究，加强学术交流。

谢灵运不仅是诗人、画家、书法家，还是学者，并且是当时学贯中外的佛经翻译家与佛学理论家。出守永嘉之前，谢灵运已经在佛教、佛学方面取得了相当有影响的成就。早在杭州十一年的道馆生活期间，谢灵运学习梵语，翻译佛经。谢灵运翻译的《金刚经》成为中土佛经翻译史上最早

---

① 荀况著，王先谦撰，沈啸寰等点校：《荀子集解》，北京：中华书局，1988年，第12页。

② 梁章钜著，刘叶秋、范育新校注：《浪迹续谈》，福州：福建人民出版社，1983年，第36—37页。

的《金刚经》译本，所注释的《金刚经》，也成为后来影响深远的《金刚经》注本，明代朱棣《金刚般若波罗密经集注》中都大量吸收了他的注释成果。离开杭州之后，谢灵运曾参加庐山佛教领袖慧远法师组织的"莲社"活动，写有《净土咏》。二十九岁时，年已八十的慧远法师撰写《万佛影铭》，并派遣弟子道秉从庐山赴建康邀请谢灵运参加同题创作，谢灵运"金焉同咏"[①]，写成了《佛影铭》。三十七岁时参加建康道场寺大规模的由佛陀跋陀罗主译的《华严经》翻译活动。《华严经》的翻译，历时四年，百余人参加，谢灵运担任润文一职，并将《华严经》译本由五十卷改编为六十卷。凡此皆可见谢灵运在佛教领域地位之高。

谢灵运出守永嘉期间，组织了一个学术团队，谢灵运为首席专家，"永嘉诸道人"为核心成员。这个团队的课题内容可以用"辨宗"二字作为其"关键词"，探讨儒佛二家的根本问题，因此，我们可以将这个学术团队命名为"永嘉辨宗学派"。这个学派，应该是永嘉学术史上最早的学术团队，比南宋以叶适（1150—1223）为核心的"永嘉学派"早了整整八百年。如此一来，我们又可以将以谢灵运为首的"永嘉辨宗学派"，命名为"前永嘉学派"。团队成员包括法勖、僧维、慧骃等永嘉僧人，谢灵运称他们为"永嘉同游诸道人"。

谢灵运与永嘉诸道人多有交往，《过瞿溪山饭僧》一诗，乃其交往记录。

迎旭凌绝嶝，映泫归澉浦。钻燧断山木，掩岸墐石户。结架非丹甍，藉田资宿莽。同游息心客，暧然若可睹。清霄扬浮烟，空林响法鼓。忘怀狎鸥鲦，摄生驯兕虎。望岭眷灵鹫，延心念净土。若乘四等观，永拔三界苦。[②]

据《光绪永嘉县志》卷二："瞿溪山，在城西南五十里，上有龙潭，

---

① 释道宣：《广弘明集》，上海：商务印书馆，1936年，第202页。

② 谢灵运著，李运富编注：《谢灵运集》，长沙：岳麓书社，1999年，第61页。

瞿溪所出。"① 饭僧，施舍饭食给僧人。"宿莽"，似乎应该写作"莽宿"，可能是传抄的错误。

所谓"四等"，即慈、悲、喜、舍四无量心，亦即菩萨普渡众生的四种精神：慈曰与乐，悲曰拔苦，喜谓见众生离苦得乐而欣悦，舍谓怨亲平等。谢灵运其时虽职在永嘉太守之任，但实际是因为卷入了王室权争之旋涡而遭排挤，被流贬海隅。宦海浮沉，三界轮回。人生即苦，苦海无边。沙门乃息心之客，他们道行精妙，抛却尘俗牵挂，与鸥鲦相乐无猜，真所谓"伽蓝净土，理绝嚣尘"② 也。面对如此景象，谢灵运不能不"羡灵鹫之名山"③，从内心深处向往那洁净庄严、无有五浊垢染的弥陀佛国境界。

永嘉辨宗学派深入研讨的是佛教"顿悟"与"渐悟"这样的重大理论问题，其研讨缘起、学术主张等，谢灵运在《与永嘉诸道人辨宗论》一文中有详细记录。

同游诸道人，并业心神道，求解言外。余枕疾务寡，颇多暇日，聊申由来之意，庶定求宗之悟。释氏之论，圣道虽远，积学能至，累尽鉴生，不应渐悟。孔氏之论，圣道既妙，虽颜殆庶，体无鉴周，理归一极。有新论道士，以为寂鉴微妙，不容阶级，积学无限，何为自绝？

今去释氏之渐悟，而取其能至，去孔氏之殆庶，而取其一极。一极异渐悟，能至非殆庶。故理之所去，虽合各取，然其离孔、释远矣。余谓二谈救物之言，道家之唱，得意之说。敢以折中自许，窃谓新论为然。聊答下意，迟有所悟。④

佛者流认为，成佛之路虽然遥远，但只要不断地学习，就能踏上成佛之路。世俗牵累灭尽了，佛光也就出现了。如此之功，也正应验了"渐悟"

---

① 张宝琳等：《永嘉县志》，杭州：杭州古籍书店，1963年，第18页。
② 魏收：《魏书》卷一百一十四释老志，北京：中华书局，1974年，第3047页。
③ 谢灵运著，李运富编注：《谢灵运集》，长沙：岳麓书社，1999年，第255页。
④ 谢灵运著，李运富编注：《谢灵运集》，长沙：岳麓书社，1999年，第306页。

之法。儒者流认为，成圣之路极其微妙，虽大贤如颜渊，充其量也只能称作"亚圣"。圣人之道，实在无法透彻地解悟，依理而推，成圣乃顿然间一蹴而就，直接领悟神圣之理念而实现成圣之结果的。对于儒、释二教的思维模式与终极追求，谢灵运做了这样的分析和比较，这也正是苏州虎丘寺慧琳质疑谢灵运书信中所说的"辨划二家，斟酌儒道"[1]。此"儒道"之"道"，乃指佛教。

这里，"新论道士"指建康青园寺竺道生。"一极"，谓一步到位，即"顿悟"。竺道生认为，参透佛教真理的那种最高境界是极其微妙的，不是以循序渐进的方式达到的。如果承认积学渐进之说，那就等于说永无止境。换句话说，再如何苦修精进，那也永远不可能到达终点，永远成不了佛。谢灵运辨析和比较儒、佛两家后，各取所长，各舍其短，折中了儒佛，但也不再是原来意义上的儒佛。所以，谢灵运赞同了竺道生的"顿悟"之说，但又在此基础上做了进一步的发挥。

为了使讨论引向深入，扩大研究成果，谢灵运将"永嘉辨宗学派"的课题研究内容与永嘉埠外同行专家进行广泛交流，形成一个联合研究团队。于是江州（今江西九江）刺史王弘、建康（今江苏南京）青园寺竺道生、苏州（今属江苏）虎丘寺竺法纲和释慧琳，纷纷加入了声势浩大的"顿、渐悟"大讨论。这场大讨论历时一年，跨界永嘉、苏州、建康、江州四地，僧俗界一太守、一刺史、六法师参加，往复交流、切磋答问者，至少十七个回合。这样的学术讨论与交流，广泛，深入，持久，在中国古代学术史上极为罕见。因此可见，"前永嘉学派"在永嘉学术史上创了开宗立派的先河，"永嘉辨宗学派"在中国文化史上大放异彩，谱写了光辉灿烂的一页，而种种这些，无疑地应该特别归功于谢灵运这位永嘉太守。

---

① 释道宣：《广弘明集》，上海：商务印书馆，1936年，第253页。

六、余论

太守任内"肆意游邀，遍历诸县，动逾旬朔，民间听讼，不复关怀"，史书对谢灵运评价如斯，然而，历史的真实并非如此。谢灵运不仅是一位极富才情，享誉文坛的诗人，其实还是一位关怀民生，颇有担当的良吏。他因卷入激烈的皇权争夺旋涡而备受牵连，宦海浮沉，功业理想遭受残酷打击。出守永嘉期间，他饱受孤独抑郁兼体衰多病之痛，难能可贵的是，他并未沉溺于悲苦情绪之中，而是努力以佛老思想排解心中的忧郁，并以古之良吏——龚遂、汲黯为榜样，心系百姓，情系民生。在出任永嘉短短一年的时间内，按部就班地铺开并实施了一系列的发展永嘉的基础工程：巡视兼调研，规划加督导，从经济民生，到礼乐教化，他完成了治理永嘉的顶层设计。"天鉴傥不孤，来兹验微诚"①，"俾此将长成，慰我海外役"②，这些诗句是一位太守诗人发自肺腑的心愿。且看据确证为谢灵运永嘉太守任内（永初三年八月至景平元年九月）的诗歌创作③（如下表）。

谢灵运永嘉诗一览表

诗歌题目	所涉地域	写作时间	题材主旨
晚出西射堂	州治西南角二里净光山	永初，八月	抒情诗，初到永嘉任所的幽独恋旧心情
登永嘉绿嶂山	绿嶂山，在城北四十里	永初，九月	山水诗，玄言诗，移情山水，参悟玄理
游岭门山	在平阳县治前	永初，十月	励志诗，咏汉代良吏，赞淳朴民风

---

① 谢灵运著，李运富编注：《谢灵运集》，长沙：岳麓书社，1999年，第58页。
② 谢灵运著，李运富编注：《谢灵运集》，长沙：岳麓书社，1999年，第48页。
③ 此21首诗之篇目采用黄世中《谢灵运永嘉诗今译（二十一首）》，见黄世中编选《谢灵运在永嘉（温州）》，广西师范大学出版社，2001年版。但本文所确定的先后顺序与黄世中先生多有不同。

诗歌题目	所涉地域	写作时间	题材主旨
斋中读书	旧郡治城内西偏	永初，冬天	抒情诗，自画像，一位自信的太守形象
登池上楼	州治东南三里，积谷山西	景平，正月	抒情诗，久病逢春，仕与隐的矛盾心情
种桑	郡城郊外	景平，春天	劝农诗，动员乡民广植桑树
郡东山望溟海	东山即海坛山，郡治东四里	景平，春天	山水诗，欲观海解闷，然愁思更深
登上戍石鼓山	上戍浦、石鼓山，城西四十里外	景平，春天	山水诗，登高望远，乡关之思更浓
过白岸亭	楠溪西南，去州北十七里	景平，春天	山水诗，玄言诗，寓疏散抱朴之理
石室山	城北一百五十里，即大箬岩	景平，春天	山水诗，赞美山岭高峻，充满灵气
读书斋	旧郡治城西	景平，四月	写景诗，感叹春去夏来
游南亭	城南一里许	景平，四月	纪行诗，感叹斗转星移、体衰年老
登江中孤屿	孤屿在城北一里江心	景平，夏天	山水诗，赞叹孤屿钟灵毓秀
游赤石进帆海	赤石在城东北，今黄田千石山，地昔为海	景平，夏天	山水诗，玄言诗，寓适性保真之理
舟向仙岩寻三皇井仙迹	仙岩山，即大罗山之阳	景平，夏天	山水诗，怀古诗，纪游寻访黄帝古迹事
行田登海口盘屿山	盘屿山在乐清县磐石镇	景平，夏天	行田诗，赞叹滨海地域山水奇美，民风可嘉
白石岩下径行田	白石在乐成西三十里，山下有白石径	景平，夏天	行田诗，规划围海造田的蓝图
过瞿溪山饭僧	瞿溪山，在城西南五十里	景平，夏秋	纪游诗，玄言诗，记录永嘉僧人的清修生活
命学士讲书	永嘉郡治庠序	景平，秋天	叙事诗，记录兴办教育、教化乡民之事
北亭与吏民别	亭在州东北五里，枕永嘉江	景平，九月	赠别诗，叙写辞任话别的复杂心情
初去郡	辞别永嘉途中	景平，九月	纪行诗，抒写终于辞任归隐的原因及心境

如上表所列，谢灵运永嘉时期的诗歌作品今存二十一首，这些诗篇其实是他的"太守工作日记"，精细解读与逻辑解码后发现，谢灵运的出色政绩是有案可稽的，然而史书所载仅以"民间听讼，不复关怀"[①]的八字负面评论断定，这显然是颠倒黑白的诬蔑之词。"尽信《书》，则不如无《书》。"[②]（《孟子·尽心下》）谢灵运以诗人的才情，文人的笔触，记录了他为官一载，理民一方的心路历程。千百年后，当我们捧读他的山水诗、玄言诗、励志诗、行田诗、劝农诗以及"游名山志"之时，看到的不仅仅是一位功业不遂、放荡不羁的风流诗人，同时也看到了一位心忧民艰、带病奔波的可爱太守。他追慕良吏，心向往之；尽勤地利，劝课农桑；围海造田，规划垦殖；振兴教化，改俗迁风；开宗立派，引领学术。谢太守恪尽职守，政绩斐然，此间种种，皆在永嘉广袤的大地上留下了历史的痕迹。朴实而热爱永嘉的情结，治理且造福永嘉的功德，足以打破千百年来对谢灵运的固有认知，还原他本应受尊重与称赞的良吏形象。谢太守如此可贵且可爱的良吏形象，成为后代官吏如张又新、白居易、苏轼等的追慕标杆，成为后代诗人如李白、杜甫、孟浩然等的崇拜偶像。唐朝温州刺史张又新在他的《行田诗》中用崇拜的口气写道："白石岩前湖水春，湖边旧境有清尘。欲追谢守行田意，今古同忧是长人。""清尘"二字，正是对良吏谢灵运的极高评价。

①　沈约：《宋书》卷六十七谢灵运传，北京：中华书局，1974年，第1754页。
②　孟子著，朱熹注：《孟子集注》，上海：上海古籍出版社，1987年，第110页。

诗人太守谢灵运·永嘉政务论衡

温州九山徐宅风华

◎ 徐逸龙

温州九山兰芬厅是清代温州城区十大私宅名园之一，也是见证温州辛亥革命和平更替政权的历史古建筑，也是当今环九山湖园林的名人纪念建筑群重要组成部分。城市人口集聚和城乡文化交流的历史信息在此凝固，苏州园林建筑样式和浮梁县衙布局在此融合。徐宅收藏的景德镇高品质瓷器，为徐家后人成才提供经济后盾。徐宅建筑布局和人物踪迹是温州古城发展史上很有意义的一个研究课题。

城市化进程和工商业、教育事业的兴衰息息相关。科举时代，温州永嘉县城区名宅大多是乡下望族读书人成名后进城购置，许多房产在亲戚朋友之间流转。晚清永嘉枫林徐清来、徐定超和明清时期从白泉分迁郡城的陈氏后裔结为亲友，成为城区名宅高光时代房东代表，丰富古建筑历史内涵，留下时代烙印，呈现地域文化特色，让后人油然而生登斯堂想见其人的情

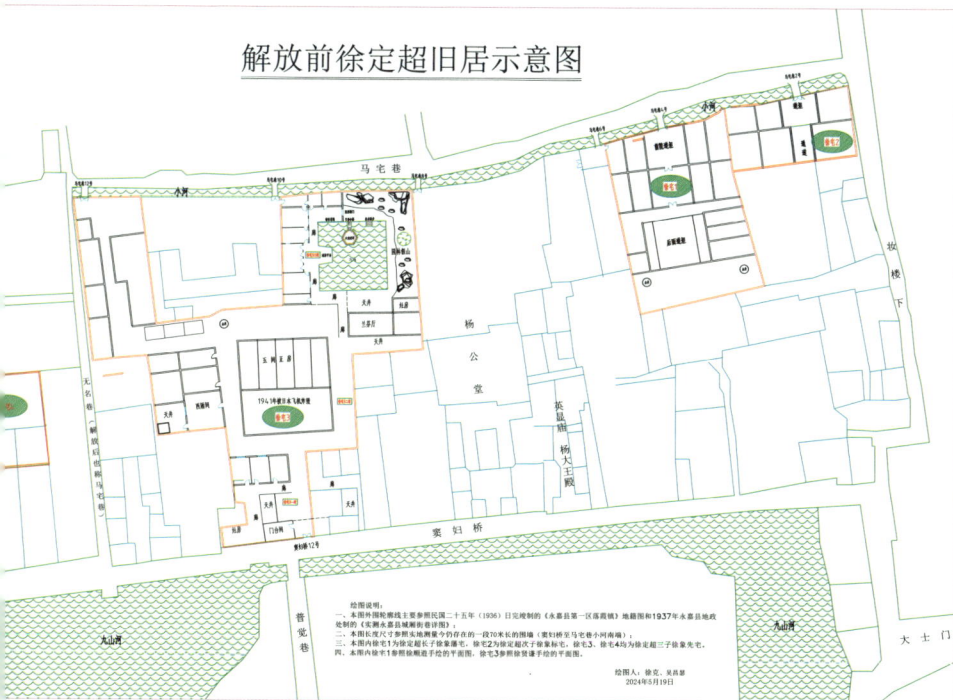

解放前徐定超旧居示意图

感。徐定超先后在温州城区多处寓居，其中九山窦妇桥为先租住后典买的房产，前后房东具有城乡同门师友渊源关系，体现晚清民国城乡之间经史书画教育相辅相成的传统。徐定超孙辈陆续外出求学工作，温州政府机关职员和教育界人士纷纷租住徐宅，形成民国温州名士文化交流场所。

一、徐定超求学进城历程

徐定超（1845—1918），字班侯，学者称永嘉先生，乡人尊称班老、班公、定超相。永嘉县枫林人。清光绪九年（1883）进士、神州医药会会长、京畿道掌印监察御史、旅京浙江公学监督和温州会馆管理人、浙江两级师范学堂监督、浙江省学务议长，光复会会员、浙江国民尚武会会长。辛亥革命后，任温州军政分府都督兼永嘉县知事、国民党温州支部长、旧温属警察局长、浙江通志局提调。[①]

徐定超家乡枫林是楠溪教育中心，清代有县立志仁书院，还有大户人家举办私塾。师生先后迁居城区，形成楠溪文人交游群体。徐思占，字孟祥，庠名骏声。徐日拔（尧阶）侄。曾经聘请李国干、王仲兰等人在家塾执教，培养枫林徐清来、徐定超等科举人才。[②]《徐定超进士硃卷履历表》："徐骏声，庠生。"《徐清来举人硃卷履历表》："徐骏声，武生。"后来，徐骏声迁居在上河乡庵下，举办多起公益事业。《永嘉上乡云程会纪事》载，清吹台乡十六都庵下运同衔徐骏声，捐英洋贰拾元。

徐定超在永嘉求学期间，先后居住永嘉县衙和府城东南张氏如园，李国干、徐清来、严笑儒、陈寿寓等人家里，先后受业师有李廷材（国干）、王仲兰（旬宣）、陈锵（銮坡），中东书院掌教孙锵鸣、府学教授戴咸弼等。徐定超儿辈进入仕途后，仍然寄居城区亲友家里，尚未在县城购置房产。

徐定超是岩头港头李宅李国干在枫林任教的学生。李国干移居城区后，在温州五马街拥有许多房产。徐定超撰《李廷材（国干）先生七旬荣庆序》称"定超年十五，始受业于霞岗廷材夫子之门，时夫子年已三十有余岁矣，犹偃蹇困于小试"。至光绪二十年（1894），"侧身尚望有仿佛四美堂前青灯相对执经问字时也"。[③]四美堂，即世美堂，在今四营堂巷。

王仲兰，名旬宣，字爱棠。居瑞安县城小沙堤。弱冠之年，赴杭州入诂经精舍肄业，中同治六年（1867）丁卯科举人。黄体芳任山东、江苏学政，聘王仲兰协助校阅试卷，选拔得宜。后主讲永嘉枫林、乐清梅溪等书院，士风丕振。手校先祖永嘉千石王致远《开禧德安守城录》，光绪四年（1878）收录在孙衣言刻印的《永嘉丛书》中。

① 徐象藩等《哀启·行述》，陈继达主编《监察御史徐定超》，学林出版社，1997年5月，第327页。
② 枫林大川房汇珍堂《徐氏家谱》，徐象严抄本，1926年。
③ 陈继达主编《监察御史徐定超》，学林出版社，1997年5月，第237页。

徐定超考取庠生后，师从乐清举人蔡保东学习，中光绪丙子科（1876）举人。光绪五年（1879），徐定超到乐清县城梅溪书院执教，学徒有徐干等人。六年（1880），徐定超被江苏学政黄体芳聘为幕僚，检阅生徒课卷。其经历与王仲兰相似。

徐定超进城后，得到少年学友徐清来及其姐夫严振皓照应较多，再延伸到严家亲戚陈寿宽家族。严琴隐《温州鼓楼街严日顺家传》："先祖母徐太夫人，楠溪枫林人，班侯表伯之姑母，外祖慕孺公（徐清来）之胞姊。先外曾祖子東（徐思耀，1811—1863）公日课子女自娱，先祖母幼承家学，善书法，于姊妹小弟行居长。慕孺公最小，先祖妣曾教以习字。公中举人后，八法名冠全郡，人皆知其得力于姊者，传为佳话。先祖考与班侯表伯，辈分虽属先后，而年龄却颇相近。两人少时相处甚欢，豪饮旷达，每对酒当歌，引以为乐。表伯中进士后，远宦京华。数十寒暑间不易，频数告假归省其母太夫人，如需进城，必憩我家，与先祖妣姑嫂甚契。"[1]

徐存湉（1838—1901），字清来，号穆如。少年随父徐思耀迁居郡城信河街吉士坊（蛟翔巷北面）。受业师先后有陈湘帆、杨晓楼（明晋）、林鹗（中东书院掌教）、戴咸弼（温州府学教授），受知师有孙锵鸣（中东书院掌教）等。精于书法，深得温州知府裕彰（昭甫）赏识，闻名温州、杭州。清光绪五年（1879），为宁波阿育王寺藏经阁后门石柱题写对联："浮图勅建于名山，佛日昑昽，慈风飔飔；舍利钦藏乎胜地，香云暧靆，法雨霡靈。"上款："光绪己卯（五年，1879）清和月毂旦，净业弟子授觉谨撰，永嘉徐清来敬书。"下款："培因弟子发化、迹端、应修、敏梁、普定、从莲、济云仝立。"后来，徐清来居住禅街大赍桥徐信记大院。子孙衰败，徐信记大屋卖给叶德昌叶蓉楼。1925年6月8日，原艺文中学全体

---

① 《永嘉文史资料》第三十七辑，中国文史出版社，2024年1月，第207、208页。

重修永嘉縣學碑記

特授浙江溫州府知府長白裕彭撰文

署永嘉學教諭何澂篆額 邑增生徐清承書丹

永嘉之建學也自宋元祐始歷元明以至 國朝修復者屢矣康熙八年颶風大作堂廡前教諭樊君遇舉貢生黃氏芝乾隆八年歲久傾圮訓導陳君錫圭躬歷各鄉勸諭得三千餘金重建規模愈壯道光二十六年殿之西上隅勢已傾頹炎炎不可以以

曾兩茂才出貲所修明倫堂等處則廩生孫自勵等合眾力而成者也迄今不及三十年殿之西土隅勢已傾頹炎炎不可以

而戰門巳官祠鄉祠及官廳上雨旁風瀆壓過半非所以昭崇敬也前此迷經請修卒未果同台辛未四月余奉

簡命來守是邦司諭許君文琳司訓金君某躬為次成殿餘工

顧戌不徨于素興實需錢參千兩經始於同治十年九月旦至十一年七月生成工既竣永嘉陳令蓋蔭校官諸紳行釋菜禮

其事而督修之責則委兩廣文以董之狀聞因徹錢令國珍詰學審視諭張某某人敬謹勘估慎重並揮邑紳有時望者司

殿折片瓦無存倉猝無以應廣文白於余曰事須次第興工良監持於內者也諸士等章生明備

吉日工作並興為嗣而城鄉揮殿由學親往敕勘都人士亦奮勉樂輸於是自殿廡及宮牆祠宇樸斲塗墍丹雘悉易舊制

後殿諸神牌更其朽者東西廡神座尤多塑造以餘貲完造祭器修土致神祠並殿庭內外堭迤堂塗築而堅之平如砥具黝而無具此皆前議所未及今數百

廠舍一律修整遂以餘貲完造祭器修土致神祠並殿庭內外垣迤堂塗築

殿成不徨于素興實需錢參中兩經始於同治十年九月旦至十一年七月生成工既竣

年皆崇祀鄉賢為後世衿式昔何以盛今何以衰振而興之一轉移間耳昔文翁常衰以儒者出為郡守咸能興學校慶士風余不

落之闔庠戌頷手相慶以為美觀余曰此獨美也與哉夫黜章彩致以水音也村美工良監持於

敬無以逢彙習然既廟貌重新觀瞻為之一肅顧與諸生爭自灌磨無沈溺於稠靡之習並身心學問而俱新之以為我

志先生爾伊洛之光厥後名賢輩出或以節義顯或以文學傳或以經濟著如所前塋于祖廟之習並身心學問而俱新之以為我

國家禎縠之儲有志者當竟成安見古今人不相及哉師資不遠致予望之是役也兩廣文同實協恭共襄善鞶紳士嚴思颶潘鎰蟠

黃書詰陳承鈐等皆與有勞諸捐戶樂善好義其名亦未可沒也宜壽諸石廣其名為記爰厚其崖曰如石敢諭何澂

監修前永嘉縣錢國珍 永嘉縣知縣陳益佑工縣丞張卓人 督修教諭許文琳 敬諭何澂 訓導金壩

同治十一年歲次壬申菊月

师生 300 余人离校，寄居本城四明银行，在玉堂里徐信记老屋设立瓯海公学筹备处，谷寅侯为主任。温州中等学校救国会拨款 1000 元作临时资金，成立董事会。陈竺同觅得九山仁济庙（即平水王庙，今温四中校址），并租陈氏宗祠为校舍，创设瓯海公学，8 月开学。

《张棡日记》介绍，清光绪二十四年（1898）十月二十九日，张棡和周仲明到新街访徐仲龙（象标，徐定超次子），不遇而返。新街，即今温州市鹿城区公安路南段，位于谯楼前鼓楼街到五马街之间。此时，徐家应该寄寓在鼓楼街严日顺瓯绸作坊，即徐清来姐夫严振皓家里。

徐定超妹夫陈寿寓家，也是徐定超及其母亲探亲时寄居地。陈寿寓为陈寿宽三弟。据《陈寿宽举人硃卷》，先祖陈元自白泉迁居郡城，后代迁居礁川（今属瓯海陈岙），至清初陈知章迁回郡城。陈寿宽父洙英，号泗亭。母严氏，国学生思忠公女，军功五品衔瑞春、监生瑞锦姊，旌表节孝。本生父体芳，号我兰，邑庠生，道光己酉（1849）科荐卷，著有《素心人诗草》《脉法求是》《医门十二种》等待梓。清光绪三十四年（1908），徐定超"妹家在郡，寡居有年。太淑人怜之，遂往而小住焉。忽患疟病，医治不效，于九月初八日舁疾回家（指枫林衙门前勉善堂），即发电告知。定超于是夜接电，初九早晨即至署请假，初十日南归"。[1] 其时"孙象藩，署江西信丰县知县；象标，以知县奏留奉天补用；象先，以知县奏调邮传部。曾孙贤学、贤业、贤齐肄业旅京全浙学堂，贤承侍母在家（指枫林勉善堂），贤位才周岁，生于江西"。[2]

① 徐定超撰《哀启》，陈继达主编《监察御史徐定超》第 248 页。
② 徐定超《先中宪大夫兄弟五人合传》，陈继达主编《监察御史徐定超》第 245 页。

二、徐定超临危主政温州

据严琴隐《温州鼓楼街严日顺家传》介绍，温州府衙南邻鼓楼街严宅成为辛亥温州光复议事中心。辛亥革命军兴，武昌起义，温州响应，而乘机争权夺利者蜂起，秩序极乱，局势垂危，人心惶惑。温州商会孤掌维艰，连电告急于徐班老，请求归来主持。奈徐老为省垣要公所羁，一时难以启程，商会众人挨饿极迟，强行散归，晚饭后再集。惟余朝绅与周仲明、严笑儒在严家书院，专待各方透露动静消息，适冒鹤亭亦来。严振皓（严琴隐祖父）睹此时局，拍案厉声："我人立即电促班侯火急即速回乡，解救桑梓倒悬燃眉之大难。"于是午夜发电。1911 年 11 月 15 日，得接徐定超先回电。11 月 19 日，徐定超抵温，始得成立军政分府。严笑儒集会公正、真热心友好多人在内幕辅佐之，共策治安。当时瓯闽、括苍、甬台各边界，翟莠匿迹，阛阓繁荣，城乡安谧。严琴隐则与徐定超亲族、诸热血青年，听从效命。[①]

《刘绍宽日记》介绍徐定超主政温州期间，调剂中小学教学用地的情况说：陈介石先生自杭回，深以为武人握全府军政为非，谋欲挤之。余与黄仲荃、刘赞文皆不敢赞成。未几，省军政府都督汤寿潜令徐班侯为温州军政分府，梅统领乃退位，仍为统领。时省局已变，中学经费不能照常发给，余请于班侯先生，设法支给，维持至甲班毕业，乃散学。八月十日，移寓师范学校。往金锁匙巷，访刘慎甫炳枢，谈标本部事。第八标本部租东山下，与两营相去太远，欲移旧二府衙署，而此署系教育会与法院争来，现改为永嘉县高等小学校址。不之许，标管带遂电省，致起交涉。余访慎甫，欲为和平了之也。十一日，为永嘉教育与军界事，谒徐班丈，即晤金

---

① 《永嘉文史资料》第三十七辑，中国文史出版社，2024 年 1 月，第 211 页。

仲荪知事兆桬。午饭于永嘉教育会。偕刘冠三、王俊卿（毓英）至团本部，接洽移寓事，刘慎甫、斯道卿（资深）、钱皋、施颂同均在。许以高等小学址与教育会原址相换以处，团本部似有允意。永人有控刘冠三于教育司及都督者，言殊无根，多可笑语。

《符璋日记》介绍辛亥光复温州前后徐定超与温州官绅交往情况说：宣统元年（1909）十一月十一日，清晨拜师范监学徐陈冕字骥卿。十二日，午后，徐骥卿来。十七日，夜，徐骥卿来。十七日，诣梅统领。廿六日，闻梅统领已由乐清回，匪已四散。廿七日，拜徐班侯侍御、梅统领，梅未见，以道台在座也。廿九日，午后，徐侍御送来致学使一函。十二月初五，诣徐班老。廿六日，清晨诣徐班老送行，略谈片刻。午后，诣陈介老（黻宸），则已赴瑞安矣。宣统二年（1910）正月初九，清晨诣署，午刻，赴徐木初（象先）部郎之招，同座为吴太尊（学庄）、吕（文起）、余（朝绅）二绅，叶、瞿二大令及木初之兄端甫（徐象严）。廿七日，清晨晤徐班侯，又晤朱广文（晓崖）。民国三年（1914）八月初二，诣徐班侯处拜寿，吕文起来，谈及秦荫涛事。民国六年（1917）正月十五，发吴伯琴（吴钫，浙江省财政厅长）信，托徐班老带杭托交。

徐定超办公地址在温州府署，邻近鼓楼街严宅。徐定超少年同学兼姻亲陈寿宸《又赠徐班侯》诗并注："当年同学客钱塘，曾乞君家肘后方。太瘦最怜如杜甫，谁知老健酒能狂。谢公池畔曾联句，西子湖头共论文。四十年来如梦昨，园开二此又逢君。（二此园在郡治内）"[1]陈寿宸《和徐班侯七十自寿》诗并注之三："苍生呼吁斯人出，无限依依桑梓情（革命事起，温州道府去官，父老电吁归保桑梓）。"[2]

二此园，在今温州人民广场东首，是明清旧府署（民国永嘉县政府所

---

① 陈寿宸《意园诗钞》卷一，1948年印本。
② 陈寿宸《意园诗钞》卷三，1948年印本。

在地）所属花园。据清永嘉县学教谕孙同元《永嘉闻见录》载，府署东偏地极空阔，向有屋数十间，为幕友安砚之所。道光十三年（1833），南丰刘煜，字养云，任温州知府时，增屋堆石，补竹栽花，饶具园林之胜，分为阅音馆、碧净琉璃舫、味无味斋、九折廊、墨池、品雪庵、笔峰亭、转玉洞等八景，惟墨池之名仍前知府李琬（乾隆二十一年、1756年到任）之旧，统名二此园。后知府那拉汀（兴阿）到任，改名养素园。二此，语见《孟子·梁惠王上》："贤者而后乐此，不贤者虽有此，不乐也。"清同治间，戴文俊《瓯江竹枝词》："中山亭子俯瓯城，二此园开有颂声。百废俱兴贤太守，具瞻楼又喜新成。府署旧有中山亭、具瞻楼，均圮。《青乌绪言》：风水攸关。今太守裕公昭甫重建，有记，并葺二此园。"裕彰，字昭甫，清同治十年（1871）任温州知府。十一年十月，裕彰撰《重修永嘉县学碑记》，请永

温州旧府署

嘉县学增生徐清来书丹。光绪二十八年（1902），王琛第二次出任温州知府，题二此园门联："若道前贤皆由此，何妨独乐亦名园。"[1]

相传温州军政分府临时驻地在九山徐宅，当指驻军营地而言。黄颂英《辛亥革命组织民团概况》："所有在城的文武官吏均连夜逃跑了，仅有防营统领梅占魁在窦妇桥司令部拥兵自卫。后经我们与他谈判，推举他为临时军政分府兼温处警备司令，我们劝他剪去发辫，在旧知府衙署宣布独立。不旬日，所有温处各县均先后独立响应。"[2]梅冷生《温州光复概述》：徐定超组织温州军政分府，"梅占魁于迫散民团得手后，大摆庆功宴席，防营地址也从窦妇桥迁入旧道署。"[3]陈寿宸《辛亥冬感时事用徐班侯韵》："海渚风清把钓竿，坐观苍狗幻云端。代周艺祖由推戴，复国晋文戒宴安。霜鬓已稀犹剪伐，月轮飞望自团圞。乱平回首兵争事，只作围棋一局看。"[4]

严琴隐《温州鼓楼街严日顺家传》："解放前后，多人及徐公亲族等，向予询问军政分府时事，曾草一纸交叶云帆去，由他另加数则。亦有因当时局势极乱，传闻各异，在所难免，但表伯风节轶事，颇多可传者，尚待记忆所及，补为录出，公之于世。八十年来，表伯诸孙辈，于当时对其祖先名节勋业竹帛千秋，亲友中身历其境者，更复有谁哉！"所谓多人及徐公亲族等，包括木鱼法师、叶云帆、黄杰甫、胡今虚和徐贤修、徐章、徐贤谦、徐贤辅等人。黄杰甫和胡今虚有挽联："古道热肠四朝遗老，高风亮节一代完人。后学黄杰甫、胡今虚同拜。"胡今虚有多篇文章介绍徐定超事迹，在台北《温州会刊》发表。其子胡中原是温州知名书法家，常给寺院题词，涉及佛经问题，就请教严琴隐。1988年10月19日，浙江省长沈祖伦聘任严琴隐为浙江文史馆馆员，颁发证书。

① 谢作拳、伍显军编《杨青集》，上海社会科学院出版社，2005年12月，第277页。
② 《温州文史资料》第七辑，1991年12月，第183页。
③ 《梅冷生集》，上海社会科学院出版社，2006年12月，第83页。
④ 陈寿宸《意园诗钞》卷一，1948年印本，温州市图书馆藏。

三、兼任温州中等医学堂监督

清宣统元年（1909）春，陈介石、吕渭英创办温州中等医学堂于永嘉利济分院中，有学生百余人，分二班上课。聘请徐定超任监督，池志澂、池源瀚为教习。[①]三月，徐定超回里为老母亲做寿，陈黻宸吩咐侄儿陈怀（孟聪）切记送上人情。六月上旬，徐定超撰《先中宪大夫兄弟五人合传》。三年（1911）十二月，池源瀚、胡浚智起草《利济医学堂章程》，利济医学堂校址：租赁三角门内小西湖曾氏宗祠。民国元年壬子（1912）正月廿二至廿五，甄别录取学额七十名。二月初一，开学。[②]池仲霖（1871—1947），初名虬，又名源瀚，号苏翁。瑞安人，徐定超门生。善书，工诗。民国初年，任福建、山东两省县知事十多年。后定居温州城区，创立国医国学社。著有《倚山阁诗文抄》《医范》等。曾撰《枫林徐氏宗谱序》："庚辰（1940）之春，源瀚蛰居山庐永嘉枫林，督修宗谱。""若源瀚所尝奉手承教者，则户部徐定超公以京畿道监察御史屡上书言事，卓著风节。"徐定超《伤寒论讲义》由门人翁锡麟、池虬同校。徐锡尧（筱垾）有《（庚戌）十月二十日看菊杨园和池仲霖君书感》七律四首，其二云："学派凋零国脉摧，狂澜既倒倩谁回。闻鸡怕舞刘琨剑，倚马惭非李白才。"期望徐定超师生恢复正常的政治秩序、振兴学术，其情溢于言表。杨园，系温州名士杨黄（远峰）、杨青（淡峰）兄弟所建，位于市区大简巷温州市中心医院西首附近（康乐坊中段）。

---

① 陈黻宸《致醉石（陈侠）弟书》第六七，《致孟聪（陈怀）侄书》第八、十四。陈谧编《陈黻宸年谱》，胡珠生修订，陈德溥校。《陈黻宸集》附录，中华书局，1995 年 6 月，第 1111、1114、1122 页。薛凝高《清季陈虬创办利济医学堂始末考》，《温州文史资料》第二十三辑，第 3 页。
② 郑全编《吕渭英年谱》，厦门大学出版社，2021 年 12 月，第 245 页。

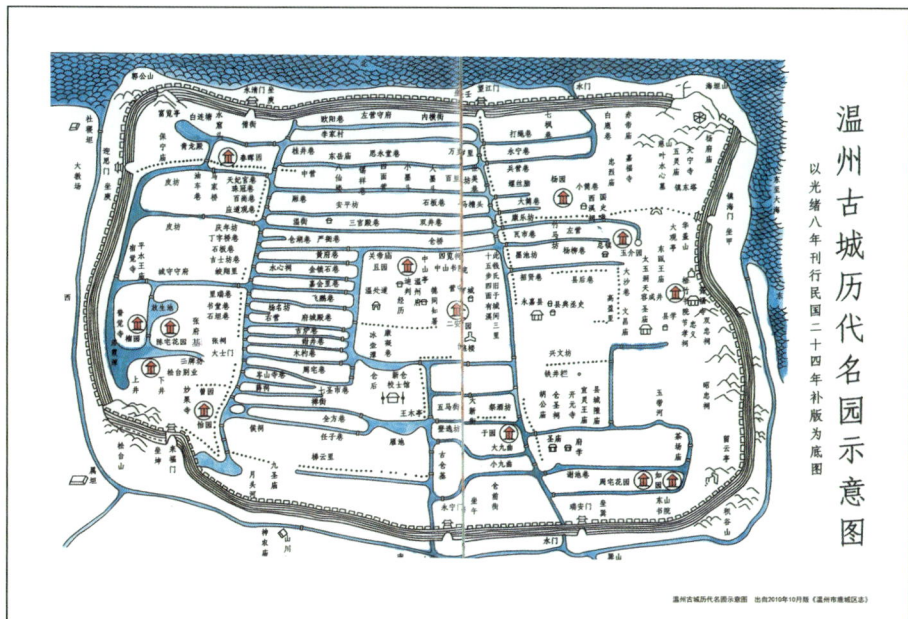

温州古城历代名园示意图

以光绪八年刊行民国二十四年补版为底图

温州古城历代名园示意图　出自2010年10月版《温州市鹿城区志》

　　池志澂（1854—1937），字云珊，晚号卧庐。清光绪元年（1875）八月，随业师湖北布政使孙衣言作幕僚。三年（1877）二月，孙衣言调任江宁布政使，随师到南京。孙衣言弟孙锵鸣主讲南京钟山书院，池志澂遂入学攻读。七年（1881），参加陈虬、许奇畯等组织的"求志社"授徒治学。十八年（1892），到台湾任抚台及台机器局文案，并应台东修志局聘请编修地方志。二十一年（1895），协助陈虬等人创办利济医院，坐堂诊治，在院中设学堂，讲医学之道。

　　曾氏宗祠，位于徐宅东南方向信河街东侧斜桥头，邻近泉坊巷郑恻尘住宅，后来成为胡识因、郑恻尘等人创办私立曾氏新民女子小学校和私立温州中学的校址。1924年12月，中共温州独立支部在此建立。1927年秋，胡识因携带郑昨非、郑育才赴苏联莫斯科中山大学留学，同学有何止铮（瑞安）、曾猛、戴宾（戴任女儿）等。曾猛原籍永嘉西溪，其父曾丹香搬到温州曾宅花园（即怡园，今松台山东麓松台大厦位置）居住。1925年，因思想激进，曾猛被省立十中开除，被道尹黄庆澜通缉。转入上海旧制中学学习，再到广州投奔黄埔军校管理处处长戴任。经邓中夏、李启汉介绍，曾猛加入共产党，追随周恩来，参加北伐、东征。中山舰事件后，到上海党中央书记处任技术干事，在陈独秀、周恩来身边工作。1927年9月，赴苏留学。1929年1月，离开苏联回国，到上海向中共中央报到，被安排在中央秘书厅文书科工作。1932年10月，陈独秀、曾猛、何止铮等11人在上海被捕。曾猛妻黄秋君到南京找到戴任，委托张冲出面营救曾猛。1936年5月，曾猛回到温州，与其父亲曾丹香闹分家，携妻搬出麻行僧街老屋，在城外莲花心山搭茅棚屋居住。曾猛邀何止铮到他那里一起居住。

张珏《琐记随父亲张宗祥在温州》："江心寺（应作江心屿徐公祠）里有辛亥革命时温州军政分府长官徐班侯的照片。民国初年，徐在北京主持医学会，父亲认识他，他们是浙江大同乡。"[①]据白希濂《往事未远》介绍，其祖父白仲英（1892—1973）由南琴舫介绍加入永嘉医学公会，即后来的神州医药总会温州分会，首任会长徐定超，同时任京师神州医药会社的社长。民国元年（1912），永嘉医学公会设立附属中医院永嘉卫民医院，首任院长南琴舫。七年（1918）1月，永嘉医学公会会长徐定超殁于海难，白良玉继任会长，医药公会改为上海医药总会温州分会，并把会址迁到府前街药王庙，仍设附属卫民医院，坐西朝东。八年（1919）9月8日，因温州省立第十师范学校左侧头门不慎失火，累及药王庙和卫民医院烧毁。中医界由白仲英带头，与白文俊、管岳夫、薛立夫、朱洛生、吕渭英等人发起募捐，重建医院，两层建筑，一层为门诊，二层为医界活动场所。白仲英继任卫民医院院长。卫民医院二楼还是《大公报》编辑部所在地。1938年抗战时期，是永嘉战时青年服务团团部与永嘉县妇女会的办公场所。1922年，成立永嘉医药研究会，白仲英为主任。1925年，永嘉神州医学分会改选，白仲英任第四届主席，兼普安施医施药局（温州中医院前身）名誉董事。

---

① 《鹿城文史资料》第六辑第202页，1991年12月。

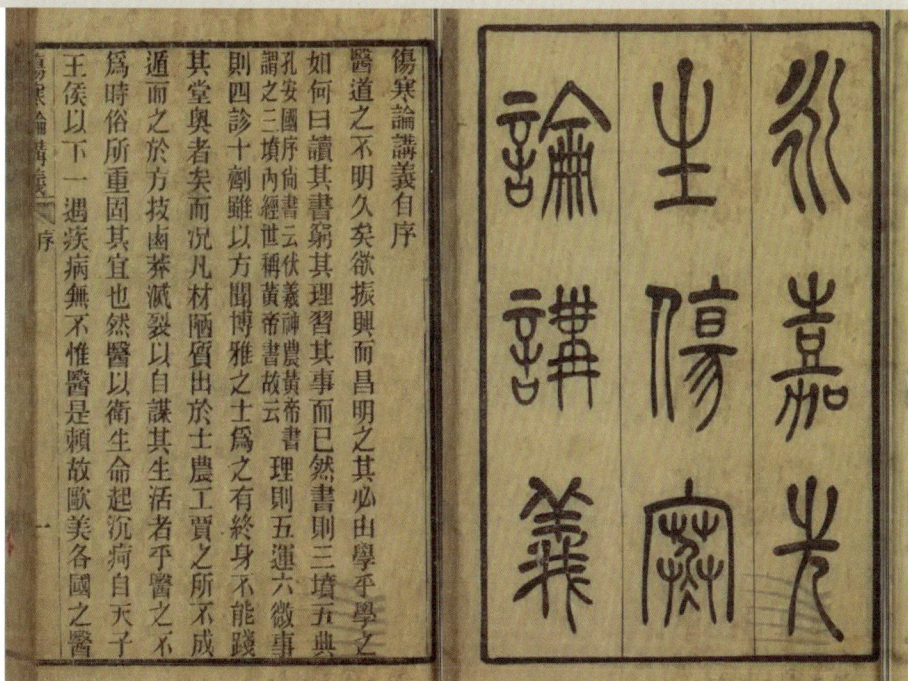

四、徐家房产从陈家转入

温州九山徐定超旧居，原是徐定超的先生和同榜举人陈锵住宅。陈家父子在枫林有任教和求学经历，与徐氏族人形成师承关系，为日后房屋买卖建立人缘基础。陈锵和徐定超姻亲陈寿宸，都是明清时期先后自楠溪白泉分迁郡城的陈氏后裔。

兰芬厅鼎盛时，前门正对松台别业，后进马宅巷，连同门厅共四进，占地十多亩。据《张棡日记》介绍，清光绪二十一年（1895）四月廿五日下午，张棡同谢池坊周仲明"过蝉街、信河街，出大士门张府基，迤西而去。访陈銮坡家花园，以年久失修，亭榭半塌。余犹记儿时访此，盛衰已不同如此矣。同銮坡幼子谈片刻返"。[1]

陈锵去世后，家族衰落，部分房屋典卖给徐定超家居住，故又称徐宅

---

[1] 《张棡日记》，中华书局标点本，第一册，第208页。

温州九山徐宅风华

大屋。徐家兰芬厅三进屋及西边房屋共两座，居住面积692平方米，总占地四亩零。民国元年（1912），徐象先和陈观颜、陈寅僚签订协议，典价3115银圆，典期十年，到期不赎，视作买卖。陈家没有赎回，徐家继续居住。门厅有专人居住，守护徐宅。陈寿宸《赠徐班侯》诗并注文介绍徐定超住宅环境说："入画楼边系钓纶，落霞潭水浣征尘。关心应为园梅放，一度还乡一度春。（入画楼、落霞潭，皆西城胜迹，与君居相近）"徐象先任国会议员期间，徐宅南面隔路河边（今厕所前），建立照壁，前有福字，后有文字，介绍徐定超事迹。三进屋中间一进有走马楼，1941年春被日寇炸弹炸毁，徐贤辅从此间惊险逃生。

清宣统三年（1911）辛亥革命，萧铮（1905.1—2002.1）年八岁。姑父徐象藩家自江西归后，在家设私塾，请老儒王先生教读，萧铮附学，始读四书及纲鉴。革命初起，浙江响应，徐定超被当时士绅推为温州革命军都督。民国元年（1912），徐象藩出任江西省永修县知事，夫人萧氏邀请家塾先生王氏同行，萧铮随姑母行，辞别母亲林氏。二年（1913），徐定超夫妇自杭州返回温州养老，居住温州窦妇桥大屋，兼有花园，屋有三进。徐班老夫妇居中堂，长房徐象藩住头进，次房徐象标遗孀住二进，三房徐象先（慕初）曾任民元众议院议员住后进，一家人口计五十余人。萧铮随同姑丈徐象藩自江西永修县返回温州居住，随王先生在姑家学馆就读。[①]

民国三年甲寅（1914）八月初二，瓯海道公署幕僚符璋诣徐班侯处拜寿。萧铮《萧母林太夫人百龄年谱》："姑家自作宦江西归，为其父母班老夫妇作七十双寿，亲朋云集，家中演戏请客几一周，余初见宦家盛况。"温州师范校长黄式苏有《寿徐班侯丈七十》诗之六："垂老惊看劫火新，沧桑回首倍伤神。瓜门避地宁长策，栗里归舟亦幸民。却为苍生收涕泪，

---

① 萧铮《萧母林太夫人百龄年谱》，民国二年条。《永嘉文史资料》第二十六辑，第274页。

不然碧海遍烟尘。知公独抱枌榆戚，开府艰难未惜身。"①浙江省瓯海关监督兼温州交涉员冒广生《寿徐班侯七十》诗："记作德歌旧末行，虎坊桥畔月光黄。那知白发来江国，重照红灯醉画堂。万劫莺花同梦景，十年丝竹有沧桑。臣今老矣何消说，私喜公门福寿长。"②王毓英《贺徐班侯先生七十双寿》四章之二："事业勋名一世雄，宣公奏议达天聪。豺狼法斥当途险，桑梓民安坐镇风。移孝作忠根至性，将医为相妙同功。回思八国联军日，独有老臣泣两宫。"

民国六年（1917）10月10日（农历八月二十五），张棡和刘绍宽、张次镠、孙芙士、孙孟晋、姜琦、刘孔钧、马公愚等10余人在温州城西籀园藏书楼上商议，"徐班侯先生光复时有功温郡，各人亦议联名请筑祠，立长生禄位，即由此继续行之（指依照孙诒让籀公祠公祭纪念方式）。议毕，各绅均散去。予乃同姜伯韩、刘君孔钧、马君公驭，赴徐牧初（象先）家中小坐。徐宅即昔日陈銮坡先生遗宅，内有池亭别墅，颇饶幽雅，而客厅排设亦极古朴可喜。予到时，而校内王云仙、刘鲁芹、朱隐清、陈君橄、董仲光俱先在。既而牧初出来应酬一番，啜苦茗，观游鱼，消遣刻，始散出。"③刘孔钧、陈慕琳（君橄）、马范（公愚）都是浙江高等学堂毕业生，与徐定超有师生之谊。马孟容、马公愚年轻时经常到严琴隐家里交谈文事。董仲光，日本早稻田大学政经科肄业，住永嘉报安桥。

徐家收藏名家书画丰富，重新打理一番，面目一新。兰芬厅大堂正中悬挂大幅对联："刚日读经，柔日读史；十年树木，百年树人。"这是明代书画家何白亲笔书写。东面恬静小院是书斋，称"还我读书处"，仿苏州留园楠木厅。书斋旁有联曰："春秋多佳日，园林无俗情。"后花园山

① 陈光熙主编《徐定超集》，浙江古籍出版社，2018年3月，第565页。
② 冒广生《小三吾亭诗》卷六，温州市图书馆藏本。
③ 《张棡日记》，中华书局标点本，第四册，第1975、1976页。

石高耸，古木参天，亭榭掩映。有池塘，一泓碧水，微波荡漾，有书法家邱濂沅所题匾额："在水一方。"徐定超身故，中间放置徐定超遗像，用一尺长的玻璃框制成。其旁有蔡元培的对联："念祖楼台高百尺，谏官祠宇壮千秋。"江心屿徐公祠内和枫林御史祠门口都有蔡元培题写的这副对联。念祖，指徐家祖宅。百尺，指三国名士陈元龙住宅，此为用典比喻。大门台御史祠西侧四面屋有徐清来书联："义气元龙高百尺，文章司马壮千秋。"不知情者常把蔡元培的上联误写作"御史楼台高百丈"。枫林衙门前徐氏祖宅后倒厅书房号称念祖斋，门额题刻："己未嘉平月（1919 年十二月），念祖斋，公愚马范。"两侧有对联："虎尾春冰安乐法，马蹄秋水静修方。"

兰芬厅与依绿园、松台别业成掎角之势，为当时温州名园之一，游人不绝。徐穉穉《鹧鸪天，寄怀翰青昆仲》："十里风光拂小桥，深红一尺柳千条。客中才唱梅花落，如此春寒病未消。愁叠叠，酒难浇。帘织细雨更今朝，玉峰山色知何似？仿佛登临忆昨宵。"[①]

1941 年春，兰芬厅被日寇飞机炸弹炸毁，徐家衰落，不复昔日之盛。1945 年 12 月 24 日，《温州日报》副刊《胜景》第五期，有《春园叙乐图——

---

① 同南社《词录》，1916 年第 5 期，86 页。

入画楼随笔》："陈园在窦妇桥陈氏宅内，后易为徐班侯侍御住宅。今尚居徐氏后裔，园荒不治，污秽蔽地，几无人能道此间昔有园林之美。"[1]

1950年以后，园址仍存在一段时间。后来，由于徐家后人外出求学工作，或者援疆插队，住宅多余部分被政府征用，作为工厂或住房公众使用。徐宅花园不断拆迁，不留痕迹。马宅巷中段徐象藩夫人萧氏所建院落，大部分面积被公家征收，现在部分场地拆建为市政道路。

严琴隐《琵琶仙》词小引："甲辰（1964）三月三日至谷园，访明世子古琴，兼看观音白三学士山茶，西府海棠，践宿约也。途经徐班侯表伯旧第看牡丹，花前询主人，始悉时系我族人之家，而窦妇古桥、兰芬酒馆，醉后重经，不啻西州马策。悲乎，词云何哉！谷家旧有阮芸台，殿撰榜书甚佳。徐家兰芬馆，旧有名手擘窠兰芬两字，又有小扁额'午栏香韵'，四字均遭劫毁，至足惜也。"

五、兰芬厅原有格局

徐宅东界妆楼下，南界窦妇桥（今胜昔桥），北界是马宅巷，西界小巷未命名，1995年测绘图作为马宅巷延伸部分。兰芬徐宅与徐象藩新屋之间有杨公堂院落和英显庙（杨大王殿）。

据徐定超孙女徐章回忆，兰芬徐宅正屋有三进各五间，东西两边各有三间厢房。东边头进、二进正屋与东厢房卖予（萧铮《萧母林太夫人百龄年谱》说民国十年出租）曹家，西边厢房后北部也卖给别人，剩下的都是我们的了。头进房子门口边房子作为号房（即传达室）。头进至二进有天井，约六米宽、十来米长，中央铺石板的通道占三米宽。二进正屋大得多，

---

① 《梅冷生集》，上海社会科学院出版社，2006年12月，第209页。

中间是厅堂，两边有正间，二间却还有一个翼间。天井两边有围墙堵住二间门前、翼间和头进里面的屋子。二间门前有走廊，通头进墙里的一间厨房。翼间房前有个露天小天井，放着盆栽花木，房内后边有个露天小花坞，储雨水，用来浇花、防火。二进后边檐下路廊西边有门通西厢。这里房子和正屋大小相当，中间也有厅堂，两边各一间房间，南面房间和二进翼间相连，却不相通。厢房前后有天井，后天井西边有一排小屋，放柴和杂物，靠北有厨房。隔个天井，有座两层楼房，楼房前后有空地，作为书院，书院与三进屋子平行，书房后是邻居。

徐宅第三进房子是全宅最精华的，前面天井与正屋差不多大，却围在墙里面。墙正面开个大门，好像另一座屋子安置在这个位置上。墙上正面两头有动物雕塑。天井地面用很好的青石阶条铺成一块块正方形，图案式地，有连着有分开。正厅、两边正间、二间体积都比二进大得多，窗格子特别精致，后面天井也不小，有前天井一半大，后面墙脚有几棵树。西边有厨房与书院，有路通。东边有门，通向东厢房后面的房子。从二进屋子后面经过东厢房前的路廊，也同样通向后面的房子。后面房子是个和正屋一样大的厅堂，三进二间的后半间开门也对着这个厅堂，厅堂朝南，上方有个匾写"兰芬"两个大字，苍劲有力，因此这里就叫兰芬厅。这个厅西边没有房间，东边有一个和厅一样长的房间，不像前面正屋一样对称。房间后凸出一个小厨房。房间朝南开窗，窗外却别有天地。一道粉白镂空图案样的花墙，围住厅前天井的东南边，花墙里有两米来宽的路。路北是邻居，路里面对着厅的正中，有棵大树，树荫覆盖住半个天井。从树下走过去，转弯就是房间的窗外，有芭蕉树、美人蕉、月季花等，靠近窗，有个花坞，可以随意种上什么，可以种玉米，可以种南瓜、丝瓜，让藤蔓爬上墙，爬上屋檐。

兰芬厅后面，隔一个天井，是一个五六米见方的水池，这里是后花园。

池子东南面是石条护栏，中间有个绿漆亭子，亭内有靠椅，一条小石板桥通向北面的假岩山。山上有棵两人都抱不过来的大槐树。从兰芬厅面路廊向北走，也就在池子西边，又是一排房子，朝东。又是一个厅堂，两边几个房间，厅堂和房间都没有前面正屋大，却也有它别致处。堂前靠池子两边有美人靠，坐在上面可俯视池子里游动的鱼，有鲫鱼、鲤鱼，特别是有很多红色的田鱼，有的一尺多长。池水是活的，通外面的河水，清澈、可食、可洗，有小埠头。美人靠连着厅中央四扇玻璃推门，左右推开。有一座青石梯形有护栏的小桥，桥面拦住厅，桥脚伸进水中。称为"池头"。池头北边房间开后门，岩山背后有墙，后门出去便是巷弄了。

兰芬厅西北角有个大神龛，中间摆着徐定超父母廿四时镜框容图，图前摆着好几个香炉，上标已故上辈的姓氏。徐定超夫妻的香炉最大，还有姻侄胡益的香炉。兰芬厅靠壁有张长台桌，中央摆徐定超的桃木全身雕塑像。用玻璃框子罩住，下面是红色绒布包的木头垫子。框子高约一市尺，宽一尺五寸。塑像两边配棕色的大大的漆花瓶。两边柱子上挂很长的白地黑字布料对联。长台桌前有一张紫红漆的大扩桌，上面有个小桌子。孩子们却把它当戏台，模仿演戏。

徐章《溪山雨痕——回首向来萧瑟处》介绍家庭成员活动："1928年，我们刚到温州时，大部分房子都已出租。只剩下三退东边正间后半间和二间以及兰芬厅、后花园和池头自己住。父亲住兰芬厅边那房间。母亲带小弟弟睡在父亲大床背后床上。娘住二间，二妈和她女儿住正间二间后。大哥在黄埔军校学习，二姐留北京她娘舅家读书，两人不在家。二哥、我和谦弟、美妹由佣人带着，睡在池头房间里。楠溪妈约莫五十来岁，后头梳个发髻，额头已有明显的皱纹，二哥和我跟她睡。她待我兄妹真好，还用她自己的薪俸买零食给我们吃，比母亲还亲切。有一次我惊异地见她爬上兰芬厅花墙里那棵大树上，用柴刀砍下许多树枝，晒干当柴烧。她每天不停地干活，我非常敬佩她。""家里二哥出门了，他住的那个阁楼母亲租给一位在温高读书的学生徐顺荪。他是楠溪枫林我们亲房族，他祖父叫徐端甫，是地方上颇有名气的大绅士，我父亲曾拜他为老师。论辈分，顺荪比我小一辈，可年龄却比二哥还大一岁。我父亲问他有没有在校里闹风潮，他回答不参加不行，人家要孤立你的。其实他在学运中也是个积极分子，曾被学校因此退学，经同学和家长一起抗议，他和同时被退学的几个同学又返回学校。"

解放初期，政府承认赎买契约。徐象先长子徐贤谱重新登记，自住之余房屋由政府收买。1980年11月，温州市税务局工作人员王秀芝和徐贤谦签订房屋收买协议，徐贤谦的房屋被拆，补偿徐家3000元。马宅巷徐贤谦住宅被温州地区农业银行拆除，建造八间四层农行宿舍。1981—2000年，其子徐克住在该宿舍。2000年末，徐克自购得蒲鞋市房屋后，搬出马宅巷。2008年，农业银行建成的八间四楼房被旧城改建指挥部拆迁。温州市房管局下属房开公司的会计陈某以典契证明自家祖业，争取分到100多平方米的新房屋。徐贤谱的房屋没有拆到，保持原状。陈家留下的兰芬厅匾额一直保留不动，直到1958年办食堂时拆掉。

先前，苏家对徐定超有帮助，徐定超女儿嫁给苏振潼（江宁府上元县人）。苏振潼在北京师范大学地理系教天文学课。后来，其妻徐氏和儿子苏贤进从北京迁温州，住徐家隔壁曹宅（即徐宅头进东部）。徐氏于新中国成立前去世后，灵柩在徐宅停留好久。苏振潼的弟弟在温州联中（今温二中）教书，他的女儿给苏振潼妻子徐氏当女儿，即徐贤谱长子徐顺帆的岳母。苏振潼一家按徐家辈分贤、顺取名。苏贤进，毕业于北京中国大学。跟尚小云学京剧，尚小云画一幅梅花送苏贤进，挂在兰芬厅。苏贤进青衣唱得很棒，徐贤议也喜欢唱京戏须生，两人合得来。解放后，苏贤进在温州建国高商学校教书。

民国十年（1921），徐象藩夫人萧氏以余屋租给曹家（曾任永嘉警察局长）。徐定超次女婿苏振潼家人从北京回到温州，就是居住曹宅，位于徐宅东南区块。后来，苏家居住兰芬堂东邻杨公堂大宅院中。接着，董家居住兰芬堂东南区域，与徐家合用头进中堂。兰芬堂北部靠近马宅巷区域由徐永光等人居住，非徐定超后代所有。

六、陈徐同为梅氏门生

陈锵和徐定超的师承关系，可以追溯到清代书画名家永嘉四梅。永嘉四梅长期执教于枫林学馆，培养生员多人。陈锵和徐定超父徐存智都是永嘉梅氏门下传人。陈钧、陈锵父子是晚清枫林士人师承系统的中间人物。

《陈锵举人硃卷履历表》载，陈锵的一世祖陈元，明代自白泉迁居郡城。传十一世至其祖父陈大伦，字绳之，号静阁。候选州同知、敕授儒林郎试用训导。父陈钧，字殿衢，号衡生。郡庠优廪贡生，试用训导，诰授奉政大夫，道光辛巳（1821）、癸卯（1843）荐卷，己酉（1849）堂备。著有《朱伯庐治家格言》《制义颐养斋古文》《还我读书斋时文》《亦园赋钞诗钞》待梓。徐按，楠溪高等小学东南永嘉县丞署楠溪书院有还读轩，典出东晋陶渊明《读山海经》诗："既耕亦已种，时还读我书。"《还我读书斋时文》可能是陈钧执教楠溪志仁书院时的考课范文。

《陈锵举人硃卷履历表》载，陈锵，谱名锡珍，字庆善，号銮坡，别号咏韶。清道光戊子（1828）二月二十八日生，先后师从肄经堂掌教梅铨（长期执教枫林）、徐尧阶（懋中）、永嘉县学教谕中山书院掌教孙同元、永嘉县学训导朱彦山（美镠）、孙锵鸣等。为温州府永嘉县岁贡生，试用训导，民籍，肄业于诂经精舍。考取光绪二年（1876）举人。以擅长书法著称。其母亲谷氏，为乾隆乙酉（1765）举人谷廷桂孙女。

梅铨题书院对联

据《枫林汇珍堂家谱》《徐定超进士硃卷履历表》及墓志题刻知，徐日拔，字尧阶，学名懋荣，为枫林小三房大川支派廪贡生，盐运司知事。配彭氏夫人，墓葬枫林沙门芙蓉庵山，有同治七年（1868）立的墓志。以此分析，陈锵曾在枫林求学。《陈锵举人硃卷履历表》所记徐尧阶，字懋中，与懋荣谐音。徐日拔，即为徐思占（骏声）叔父。

清乾隆、嘉庆间（1736—1820），梅楫，字亦舟。与其侄大显、侄孙超英（字尊甫）及铨（字鉴亭），俱善书画，时号"永嘉四梅"。梅大显，字微之，嘉庆二年（1797）岁贡，善书画。梅大显《太学生徐常袍行状》云："公岁辛未（1871），余寓砚楠溪枫林，徐氏聚族居也。时适大宗修谱，生日坚以其尊人懿行，乞余传之。"徐常袍，国域第七子，居住白门台大院。

梅铨，字子衡，号鉴亭，永嘉人。道光庚戌（1850）岁贡生。工文善书，肆经堂掌教。有文名，著有《吟香山房诗稿》《二呆（梅）杂录》待梓。梅铨《邑庠生徐日坚字习兼号他山行状》云："如他山（1781—1843）徐君之上自尊甫下暨哲嗣，与余祖父及余世从游也，岂偶然也。初，他山之尊甫公（徐康秦）曾受业于余之先大父，余恨弗及见。洎余趋庭时，他山亦于余先君子执弟子礼。余见其勤勤恳恳，视先君子犹父也，学日醇，德日懋，先君子亦遂子之，计十星霜。……他山旋命其三子瑛（字锡文，号子辉，实为日坚第四子）复从予游。"徐日坚有子八人，其中以四子思瑛、六子思瑜最为知名，皆为徐定超受业师。

道南祠监生徐日森（1806—1895）在温州城涨桥头开设布店拥有18间店面。他在枫林新店前建造居安资深宅，宅后建造道南祠纪念其父康治。又在祠西建造三间书屋，教育子弟。书屋中间照壁原有孔子像，梅铨有联云："位奠乎中昭厚德，礼从其朔荐明禋。"老四房二房徐存敏（1810—

1890），字镇南。少年师从梅铨游学。[①]为永嘉县学附贡生，任永康县学教谕。贞二房衙门前徐存智（1814—1868），字秉哲、哲人，号世英。定超父。县学生员，文林郎。少年师从梅铨。

七、城区族人亲友交游

1918 年 2 月，徐定超在海难中身故，温州各界人士在温州新街玉堂里（又称小洲桥，晏公殿巷西段，即大同巷至公安路之间）徐小村家祠堂举行公祭。徐小村为五马街徐信记染坊徐荇汀后人，是徐清来邻居。陈寿宸《丙子（1876）暮春叶羲士云楼邀同徐班侯荇汀任雨荪云琴黄叔颂宴于城南即席赋此》："夜色六街灯火暖，春声比户管弦忙。更阑人醉归何处，谢客闲吟旧草堂。（班侯时寓张园）"又有《习徐云石楷法》诗序："徐云石先生于前清道光丁酉（1837）科，先予六十年拔萃，予曾习其楷法。徐小墀云是乃祖，且述其行，实因感而赋此。忆昔年十五，学书侍吾父。父言先达贤，下笔中绳矩。尺幅徐公书，吉光留片羽。（指徐云石先生）遗墨落人间，临池供摩抚。今昔闻君言，方知是乃祖。"[②]

《张棡日记》：民国五年（1916）2 月 27 日，"董君仲光来，催托送徐荇汀先生挽联。徐为瓯大族，其信记染店已开数百年，章程甚井井有条，而董君之父又与荇翁世交，仲光以后辈晋谒，常沐先生青眼，与之商榷文字。因本其意，姑撰一联应之：文学老通家，忆频年杖履追陪，小子何知，曾许元亭勤问字；古稀犹矍铄，怅片刻脑筋失觉，大招遽赋，共伤巨族丧耆英"。[③]董仲光，亦刘绍宽好友。《刘绍宽日记》：1929 年 7 月 28 日，"午

---

① 清梅铨《乐静公（徐思荃）行状》，谦益堂《徐氏家谱》。
② 陈寿宸《意园诗钞》卷一，温州市图书馆藏本。
③ 《张棡日记》，中华书局点校本，第四册，第 1716 页。张钧孙等编《杜隐园诗文辑存》第 307 页。

谢巖春眺图

汪如渊

永嘉文史

后二时，黄旭初以汽车来邀，到其家中，晤刘冠三。少顷，董仲光（锡麟）、徐敏夫来"。1931 年 4 月 14 日，"午后，遍访知友之在上海者，晤张冷僧、王仲平、陈筠轩、董仲光。须臾，戴立夫来访"。

按温州博物馆藏几份清代徐氏硃卷履历表记载，徐清来、徐定超和元代自枫林后宅房迁瑞安中埭始祖徐棣的晚清后裔徐挺芳、徐雯（云石）、徐福庚同为族人。陈寿宸和徐雯（云石）、徐荇汀都有交往，徐小村和徐小埭似为同宗远房兄弟。《徐定超进士硃卷履历表》有"族叔雯，道光丁酉（1837）拔贡，考取镶红旗官学汉教习，期满引见，以知县用。福庚，癸酉（应作庚午）举人。"《徐雯拔贡硃卷履历表》："徐雯，字子霞，又字雨文，号云石，行一，嘉庆己巳（1809）五月十六日生。浙江温州府学优行廪膳生，民籍。"《徐挺芳优贡硃卷履历表》："徐挺芳，字宝林，号漱之。别号翰巨，行一，道光乙未年（1835）八月二十三日吉时生。温州府永嘉县学廪膳生，灶籍，庚午（1870）科荐卷。始祖子学，号云光，自瑞枫村（又作澍村，今属瑞安塘下镇罗凤社区）迁居永嘉二都老城地方，遂世焉。""嫡堂侄福庚、福泩。"徐挺芳为徐子学第八世孙。《徐福庚举人硃卷履历表》："徐福庚，字过庚，又字锦泮，号玉洲，行一，道光乙酉（1825）六月初五日生，浙江府学优廪生，瑞安县民籍。始迁祖原讳棣，由永嘉枫林迁瑞安之中川（中埭）。""高祖号纳庵，廪生，由中川迁居北门外。""徐雯，丁酉（1837）拔贡。"《国朝两浙科名录》："同治九年（1870）庚午科，徐福庚，瑞安。""同治六年（1867）丁卯科举人，徐树藩，永嘉人。"

据徐淇《先严徐筱埭行述》介绍，徐锡尧（1881—1919），字筱埭，号素庵。徐云石侄孙。徐星埭次子。梅淦内侄。世居松台山麓雁池旁。清光绪二十九年辛丑（1901），浙江提学使张亨嘉主持院试，取徐筱埭为生员。《辛丑（1901）院试既幸获捷回思先大夫通议公遗训》诗注："余家自宋明以来世尚诗书。迨咸、同间烽火连年，饥荒荐至，通议公因亲老家贫，弃儒就贾。先伯祖文林公（徐树藩）继大父中宪公（徐雯）后先逝世，书香遂断，屈指今日刚五十年。""中宪公（徐雯），道光丁酉（1837）拔贡，山东长清知县，升直隶州知州。""通议公尝语家君云：汝既承予旧业，先伯父书香须使汝子绍之，万勿再断，有玷前人。至病革时，犹谆谆不置云。"光绪三十三年（1907），徐锡尧与弟锡昌及同志数人创办育材两等小学，自兼经师。民国鼎新，上书国务院司长汾阳王君九、秘书侯官郭则沄（原温处道道员），论天下利弊。《三十述怀（庚戌，1910 年）》诗注介绍亲友情况："余家自宋四灵迄今书香尚绍。""先伯父文林公（徐树藩，号仰山），同治丁卯（1867）举人。""姑丈梅秀芝、姻丈徐墨西两夫子皆隐居不仕。""妹丈曾丹香中翰屡促余别图进步，余婉谢之。""与晚香吟社诸君唱和诗甚夥。"其诗得李商隐、白居易之旨趣，其书得赵孟頫、董其昌之精神。著有《赪桐花馆吟稿》。梅淦《余园诗稿》有《和筱墀三旬述怀》（1910 年）七律四首依原韵，其二有句："爱国忠诚追杜甫，明窗楷字学羲之。"其三有句："业董陪班屡效劳（现任银业董事），只因琐事困萧曹。"又《代小儿（梅冷生）作》四首，其四有句："堂开百世思良善（君家有良善堂额），名在千秋定及身。"良善堂号和徐定超题自家堂号勉善、题表山门生郑冠生堂号强善，都是劝人为善。

曾丹香，又作丹仙，为曾猛父，曾在福建南台县（今福州市仓山区）任职，卸任归来，当选永嘉县议会议员。曾猛长兄曾亮，字伯明，毕业于法政学堂。居住三官殿巷。抗日战争后期，曾任永嘉县私立济时中学国文教员。

梅淦（1853—1922），字秀芝，晚清廪生。梅淦有枫林踪迹，有《楠溪七律》："艳说西楠分两溪，芙蓉岭界白云低。几家老屋枫林住，四月秋风麦陇齐。潮到沙头人泊棹，雨添塘口客扶犁。陶公石室重游到，不是桃源路易迷。"梅冷生为其独子，在东瓯法政学堂读书时，校长徐定超。

郑猷《余园记》："永嘉梅氏，故为邑望族，世居郡之宣化里，地当通衢。"梅秀芝"家旧有园逼而仄，曩岁购其旁隙地，辟而广之，曰余园。""其左则秬鬯三楹，家庙在焉。"梅冷生当选为议员后，"出其余暇，卜居于张相国赐第旁，将谋余园为家庙专祀之地。"[1]余园，位于今温州市鹿城区府前街康宁路金来大楼。1973年，梅冷生《张毅远来书，言读拙作有故居之思，君本如园旧主，情见乎辞，诗以释之》诗："实景罗幽壑，名园冠永嘉。骨牌三径草，红叶四时花。旧雨仍新雨，飞霞近落霞。淮南能拔宅，何惜此移家。"原注："如园邻飞霞洞，余居近落霞潭。"1974年，吴天五《浣溪沙赠梅翁》注："甲寅初夏，予过江访劲风翁于永嘉石坦小楼。"[2]

八、辛亥革命前后议事场所

徐定超全家移居温州城西窦妇桥陈宅，应在徐定超为继母守制之时，即在辛亥革命之前。房屋产权交割时间，应在徐家居住数年之后。清宣统元年（1909）九月二十二日，继母金氏（1830—1909）去世，徐定超居家守制。十二月，徐定超任浙江两级师范学堂监督。徐定超《谢客》诗透露入浙任职后寓居温州环境："我居城西隅，河水门前绕。浮沚追芳踪，游钓具台沼。自入武林城，人事何扰扰。干谒客日过，杜门难却扫。"此诗作于宣统二年（1910）正月居住温州九山徐宅。严琴隐《寄萧铮、徐贤修序》："徐班侯表伯北（南）归后，住郡城松台山麓张罗山阁老赐第、先人妆楼古址，即今所称妆楼下者。是公一生，对于公事，义不容辞，毅然赴之。"人事纷纭，并非徐定超全能帮办，故有此无奈表态。《符璋日记》：民国十五

① 潘国存编《梅冷生集》，上海社会科学院出版社，2006年12月，第357、358页。
② 潘国存编《梅冷生集》，上海社会科学院出版社，2006年12月，第125、362、371页。

年（1926）七月初十，"妆楼下徐宅楼飞墙圮，幸未移居。"

从陈家典入的徐宅房屋（马宅巷西段徐宅3），后来基本上由徐定超三子徐象先后代居住。长子徐象藩新屋在马宅巷中段。二子徐象标遗孀金氏（东家屿监生金明务长女）原住兰芬厅第二进，此时居住马宅巷（东西走向）东段，其东墙就是妆楼下（南北走向）。马宅巷东西走向，东段与妆楼下交界，西端拐向南延伸至与窦妇桥交界，这延伸小巷，原来无名，后来也称马宅巷。无名巷西侧为温州金融家汪晨笙住宅之一，汪宅北侧为徐家典住的另一座房屋，后来都成为温州中学附小校园，徐克（1952年生）曾在原徐宅地块的教室里读小学，今为温州市艺术学校北校区。

徐宅是晚清民国温州名宅之一，也是温州官绅议事场所。《刘绍宽日记》：宣统二年（1910）正月初十，"午后，至师范学堂。晤徐慕初（徐定超三子），谈营地归入中学事"。七月二十日，"吴博泉太尊来堂，为省委将来中学丈量营地事，商将堂外校场地入堂内"。八月初八，"郡蚕桑学堂改为实业学堂，本日开校，郭啸麓观察、冯太守、陶大令、余太史，学董陈经郭大令均在"。九月廿九日，"余筱璇太史为营地事，邀到商会集议。严筱如（严琴隐父）议估城守校场洋五百元，余嫌太贵，筱璇先生谓当减削，俟再商"。十一月十五日，"审判厅金鸿翔来，与同勘城守营地，划分中学与审判厅界址，缘署改为审判厅，其余地划归中学，为扩充基址"。宣统三年辛亥正月廿三日，"午后，审判厅长金鉴三与学堂划界事，余筱璇、吕文起、刘赞文均在座"。二月十三日，"为营地事，致金审判厅长函"。五月十一日，"李思澄太守前泮来堂，为勘营地事"。十五日上午，"李太守前泮、陶大令瑗、余丈朝绅在审判厅勘地划界，于署后分画一半，署东皂树界内分画一半，遂此决定"。

窦妇桥兰芬厅大院邻近张府基。清孙同元《永嘉闻见录》："张文忠公（张璁）旧第在松台山麓，其旁即为祠堂。余于癸巳（1833）冬仲入

祠游览，大有坍坏之虞。""第中垣墉剥落，屋宇倾颓，院落尽成街道，所居者皆张姓，其子孙亦零落无几，不但无出仕之人，并读书者亦复罕闻。第前有长池，池前有大石牌坊三。今里俗称其地曰三牌坊。"1928年下半年，徐定超孙女徐章（为笔者初三英语老师）进入大士门张阁老祠堂里的私塾读书。

　　张枬因多重姻亲关系，记录九山窦妇桥陈宅和徐宅掌故多则。温州中学堂和师范学堂教员张枬是谢池巷周宅女婿，张枬内弟周仲明女儿许嫁吹台乡十六都庵下地方巨富徐家（枫林徐氏分支）。清光绪二十三年（1897）七月，张枬和周仲明、徐象藩、徐象标同赴省城贡院投靠乡试。永嘉徐象藩、陈经敫、陈子万（寿宸）同住白莲花寺。瑞安张枬妹夫洪岷初任浙江两级师范教员，与监督徐定超同事。《张枬日记》民国三年（1914）八月十七，"乃至永嘉商会，访余小泉先生（余朝绅）。适薛君逸云正在瓯江报办事处，见予即招呼入室茗谈。据云道视学现已为王君毅农、陈君纲二人得去，王是徐公班侯荐，陈为陈颐百先生（寿宽）犹子，则余小泉先生荐也。与逸云约谈至十点半钟出。"陈纲，即陈纪方，陈寿寓子。民国六年（1917）九月初九日，洪家代表人物光绪十八年（1892）进士、江西余干知县洪锦标（叔琳）身故。徐定超有挽联两副，其二上联有注文："前予寓在京宣武门外温州新馆。丙申（1896），君领凭来都时，予为居停，过此不复觏面矣。"洪锦标有《徐班侯户部都中诗来自言为医所苦次韵答之》。洪岷初季妹为徐定超长孙徐贤业（伯勤）妻子。

陈纪方

九、民国后期文人雅事

民国时期，徐象先寓居温州城西窦妇桥宅第。陈守庸（1882—1966）在辛亥革命时是温州最早起义的义勇军领导人之一，经常到窦妇桥看望辛亥革命老战友徐象先。徐象先让幼子徐贤辅拜陈守庸为干爹。杨雨农、刘景晨、严琴隐、梅冷生、夏承焘、吴天五等名士常来徐宅探访。1947年，徐象先（1877—1950）七十岁时，次子徐贤议请英士大学几位教授在家宴会。夏承焘建议徐象先撰写《徐定超传》，徐象先写了几张放在床头，最终没有写成。

刘景晨（1881—1960）就读京师大学堂师范馆时，师从史学教习陈黻宸。清光绪三十四年（1908）春，张伟文、陶成章到上海，会同王金发、陈其美、竺绍康、张恭、周华昌、吕逢樵等共同商讨，策划浙江再次起义。为了争取外省声援，偕同陶成章、王文庆赶往青岛，与臧耀熙、商起予、吕建侯、刘冠三（景晨）等组织震旦公学，准备仿照绍兴大通学堂办法，功课专尚武备，以培养革命干部。被山东清政府侦知，大家分别化装离青返沪。[1]

刘景晨与徐定超及子孙皆有交往。民国五年（1916），徐定超抄录元

①　王心白《陶成章挚友张伟文》，《云和文史资料》第一辑《云和辛亥革命史料专辑》，1985年10月。

代高则诚《支离叟》《桶底图歌》诗赠送刘景晨。末署："录高永嘉《柔克斋》诗，冠三属正，徐定超时年七十有二。"十年（1921），刘景晨先后在厦门大学、温州省立十中兼十师执教各一个学期，即递补为众议院议员。先后任北京外交部立法政专门学校秘书、国民革命军第二十六军第一师师部秘书（驻太仓）、上海美术专门学校教员、中国文艺学院（中国艺术专科学校）教授。他的画很好，徐象先曾吩咐儿子贤辅去跟他学画，但贤辅没去。温州中学校长金嵘轩路过窦妇桥徐宅，看到温州就读学生徐贤辅，就到徐家坐坐，他知道徐定超、象先父子的情况。

民国后期，徐氏后裔外出求学就业后，徐宅部分房屋出租。温州中学教员胡兰成先住张府基，再迁住窦妇桥徐宅，与徐贤辅不是同一座房屋，直到1950年离开温州。胡兰成曾在徐贤辅班任教历史半年。徐贤辅说："胡兰成穿长衫，阴沉沉，阴阳怪气，彼此见面没有打招呼。"胡兰成《今生今世》介绍许多徐宅人物生活场景。1945年12月，胡兰成（化名张嘉仪）到温州窦妇桥徐家大院租住一间侧屋，看到徐家台门原是三厅两院的大宅，正厅（指徐宅中央第二进的几间房屋）被日本人飞机炸成白地，主人（指徐象先）住在东院，那里的花厅楼台尚完好。西院的花厅也被炸毁，但是厢房后屋和假山池榭尚存，分租给几户人家，一家做裁缝，一家当小学校长，后屋住的是打纸浆的人家。范秀美母亲租住的房间原是柴间，长方形的平屋，又狭窄又是泥地，连一张桌子也摆不平，一排窗格子糊着旧报纸，小缸灶即摆在房门外屋檐下，亦是泥地。范秀美家左首当校长的一家是自成院落，那男人兼任镇长，是个国民党员，有些高不可攀。唯有他的妻子偶尔过来，在沿阶坐坐，称范秀美阿姨。右首是阿嬷家，只住厢房间，却有堂前公用。有两个儿子，一个做裁缝，一个做店伙计，都是二十几岁，还有一个顶小的才四岁，是遗腹子。他们平常吃番薯的时候较多，炊米饭的日子少。后面打纸浆的人家又是自成院落，比较殷实，胡兰成经过后门，

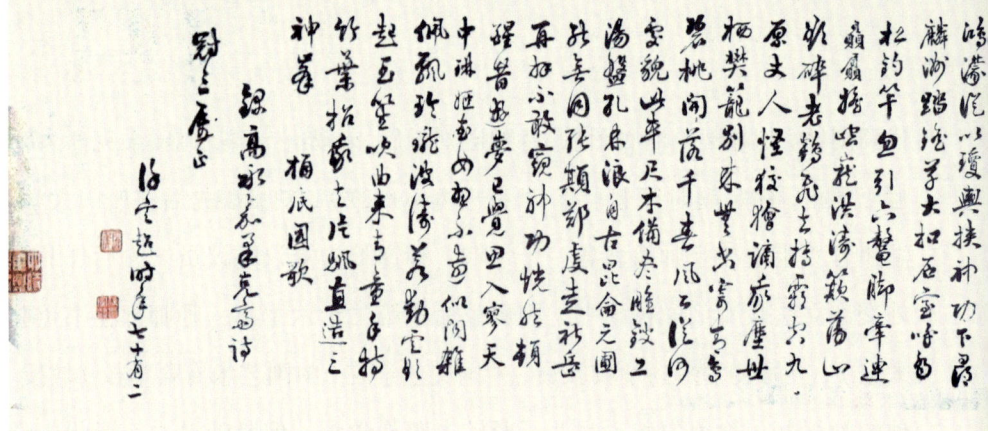

他们倒是客气招呼。阿嬷住的厅屋楼上原是一家瑞安妇女租住的。新近换了姓郑的（指郑姜门家人），一家四口，倒是士绅旧族。那瑞安妇人搬到一个尼姑庵里，她叫陈瑞英，只有一个儿子十八岁，在照相馆里做事，真是家徒四壁。胡兰成和范秀美一家人自觉得，比前院当镇长兼校长的国民党员还好一些。房东徐家的儿子（徐贤议），在浙大当助教的，他寒假回来，胡兰成见过一次。

原来，徐定超曾撰《庚子（1900）秋词叙》介绍王鹏运、朱祖谋、刘福姚、宋育仁等"两月来篝灯倡酬，自写幽忧之作，以余同处患难而属弁言于余。"[①]1929年冬，夏承焘经龙榆生介绍，向徐定超的同年进士朱祖谋请教词学。所编《永嘉词征》选录徐定超《三姝媚·和伯琴（吴钫）》，并注："《徐侍御遗稿》附词十一首，未刊。"夏承焘再传弟子深圳大学徐晋如副教授参与整理的《夏承焘日记全编》，多处提及九山徐宅。徐晋如为夏编《宋词三百首》作注，模仿王鹏运《庚子（1900）秋词》作《庚子（2020）春词》。2023年1月，徐晋如由温州陈胜武、吴晓梦陪同，到永嘉枫林参观徐定超故居和纪念馆，在温州登选坊66号参观夏承焘故居，给随行人员介绍夏承焘弟子张珍怀诗词。

2023年1月徐晋如参观徐定超纪念馆

---

① 王鹏运等著《庚子秋词》卷首，张晓峥点校，浙江人民美术出版社，2023年10月。

1947 年 7 月 10 日，因刘景晨介绍，夏承焘与吴天五赴窦妇桥徐宅访问张嘉仪（胡兰成）。"晤徐穆初先生，须发皓然矣。厅堂悬袁爽秋（袁昶）撰班老寿屏。"[①]13 日，夏承焘日记："晚访嵘老（指金嵘轩）于温中，介张嘉仪君。即访张君于徐宅，不遇，留一纸告之。过穆初翁，请为其尊人班侯先生作年谱，记轶事。穆翁极衰弱，予劝其日制一条。晤徐绣、张珍怀。珍怀新丧夫（瑞安表兄孙演万），任教上海务本女学，仪态与昔迥异矣。于嘉仪家见一女郎，倚窗看予作书，询其姓，曰陈。既而户外一中年妇人，向予问讯，讶不识其人，询之，则郑姜门令妹也。忆予年十八九，往来姜门家，时其妹才十四五，且一度与予议婚。今乱头粗服，子女皆已成人，似隔世相逢。"[②]7 月 18 日，张珍怀访夏承焘。孙演万（1903—1946），谱名经焘，名师觉，北京法政专门学校（北京政法大学前身）经济本科毕业，任财政部盐务署科员，后到交通部财务科工作。先娶黄绍第孙女、民国陆军上校黄曾枚之女黄娟（1908—1939），生两子一女。1939 年病亡。继娶年近三十的张珍怀，生女孙芸才一岁，孙演万去世。

张珍怀（1916—2005）是谢池巷积谷山如园张之纲（1867—1939）第

① 吴蓓主编《夏承焘日记全编》第七册，第 4346 页。浙江古籍出版社，2021 年 11 月。
② 吴蓓主编《夏承焘日记全编》第七册，第 4348 页。

三女，自幼生长北京，师从徐沆、夏敬观学词。十七岁（1932年），随父自北京迁居上海。从事中学语文教学及古籍整理工作。二十三岁（1938年），回温州如园居住三月。其父张之纲，为徐定超在东山书院和如园执教时的门生，徐定超每至府城，张之纲常从之交游。后来徐定超在海上遇难，张之纲为协理治丧文墨。其有《仰述祖德兼抒鄙怀》诗序："春夜兀坐，忆别如园十有四年矣。曩岁台飓肆虐，台榭倾颓，郎潜老拙，令弱弟稍稍修葺，未复旧观。康乐池塘频入吾梦，泉明松菊，未赋归来，爰用谢诗《登池上楼》韵。""试续山居赋，载赓行田吟。千祀缅贤守，一椽盟素心。述德愧未逮，勿替唯在今。"张之纲有长胞姑嫁给永嘉县曾评，次胞姑嫁给永嘉县学廪贡生曾铦；胞妹张咏华（1870—1925）嫁给瑞安孙诒让侄延畛（大理院书记）。孙延畛《宜人曾氏、张氏墓碣》："继娶张宜人，永嘉张通判志瑛女，事缓过前，随官大理院。生子师觉（演万）、次师权，均大学毕业生。生女二：经宓、经镛，未字。民国十四年（1925）卒，年五十又六。"皆属于徐定超世交家族。1939年，夏承焘在上海任教之江大学，兼任太炎文学院、无锡国学专修学校课。张珍怀入无锡国学专修学校学习，先后从

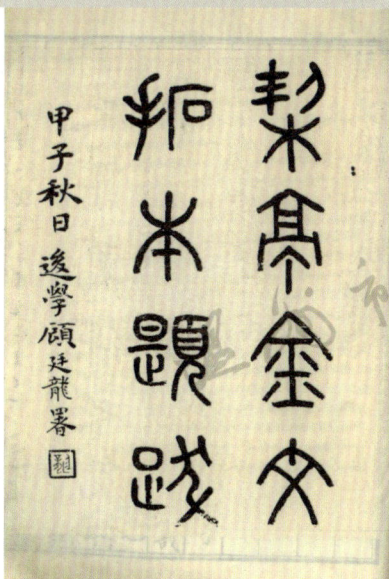

夏承焘、龙榆生学词，从王蘧常、钱仲联学古文学。曾在上海教育学院古籍整理研究室工作，被聘为上海文史馆馆员。整理其父张之纲《栔亭金文拓片题跋》送给上海图书馆，馆长顾廷龙题署书名。整理《池上楼诗稿》，王蘧常题署书名，陈声聪撰《池上楼诗辑佚序》，今藏温州图书馆古籍部。整理校勘龙榆生讲义，定名《唐宋词格律》。清戈载《词林正韵》以《集韵》206 韵目标目，分目繁多且有僻字。张珍怀删僻字，并依平水韵 106 韵目重新编排，称《词韵简编》，附在《唐宋词格律》书末。1978 年，上海古籍出版社出版。此后反复重版，成为广大学词者案头必备工具书。与夏承焘先生合编《域外词选》。编撰《日本三家词笺注》、《阳春白雪笺》与《清代女词人选集》，著《飞霞山民诗词》《飞霞说词》。《朱霞歌赠旅日友人》:"我家昔住飞霞山，山明水秀瓯江边。飞霞山名作笔名，为念家山记旧缘。"1992 年 2 月，赴美定居。

郑姜门(1883—1942)，为瓯海道尹林鹍翔聘为秘书。夏承焘《怀郑姜门》诗："绛帷丝竹后堂陈，坐冷青毡不厌贫。羡煞传经郑高密，门墙弟子半佳人。"1947 年 7 月 30 日 "早，嘉仪来，与同谒贞晦翁（刘景晨）问病，伦見與諸器文同遞嬗之迹合校之自明戒舊釋職讖或伦釋普呂盂鼎弟二器職伦字伦戠从或為職之古文爪校之則此从者孚之省即今伦字已夾注改正此余舊校實誤重訂甑盤釋定近有據集韵釋為戠敠呂上下文不誃甚矣其繆也○○道兄箧嗜金絜曾呂頌壺精本屬題况此盤為其先世藏器經亂而佚拓本獨存是誠可寶也顧今之亂視昔尤甚顧什籠之葉萬保之勿普戊寅中秋卅三日

十四帛閒堂

一九三九年玲懷鈔

尚有热度，面颜甚憔悴，嘱予为撰《徐班侯先生传》，谓其家欲以此上国史馆。班老率真，表里如一，内行甚修，有家书数册，诫诸子如曾文正"。①8

① 吴蓓主编《夏承焘日记全编》第七册，第 4358 页。

勺逡口箸左鬲下从女當以兮白盤佀嚮為寂
斯不㒸敲盖佀嚮下其右鬲糹他器省佀8則以此器
嚮右佀糸為軼葡說文女部姁糸部絇坴以句為聲
盖古文佀絇从姁不省篆則省佀絇姁絇拘聲母同
證之原文腸合無間也唯近人率沿陳氏介祺引詩
軼訊說仍釋為訊殊未宷其字形全不合也觀此
銘與顯坴見當為顯之異文它敲顯佀鑾盂鼎
顯克鼎閒史頌毀䣎追毀閒吕勘此古文顯當
本佀顯左从尹从暴右从頁省變佀見又省佀
己乜與亟鼎史頌毀坴省糸它毀盂鼎則省尹右

月24日，夏承焘在温州中学为温属专科以上联谊会演讲《长恨歌》与《琵琶记》。26日，张嘉仪（胡兰成化名）送来讲座笔记整理稿全文七千言，自注二千言，时引佛经印证夏说。该稿参考谷超豪的听讲笔记改补。后来，

胡兰成出奔香港，三人多有交往。

温州期颐词人严琴隐（1893—1996）经常到九山徐宅走访，与徐家四代人都有交往，连缀九山徐宅百年文脉。有《挽徐慕初表兄》联云："京华旧梦，君真宝马香车，问万寿江山，春好都随流水去；劫罅余生，我尚素琴自裕，盼九天鸾鹤，月明还为知音来。"徐象先孙徐克娶杨若兰结婚时，严琴隐撰写嵌名对联祝贺："东风徐来，克家胜利；琼楼杨起，若兰芬芳。徐克表侄孙、若兰笑女士结婚大喜。严琴隐撰并书。"

我父亲徐贤任的艺术人生

◎ 徐顺适
◎ 王炜红

我的父亲叫徐贤任，清宣统二年（1910）四月出生在温州一个官宦大家庭里。我的曾祖父徐定超，清光绪九年（1883）癸未科进士，签分户部广东司主事，户部则律馆纂修、国史馆协修、京师大学堂医学馆提调兼总教习、神州医药学会会长、陕西道江西道山东道京畿道监察御史、旅京浙江公学监督。参加过蔡元培组织的光复会；做过浙江两级师范学堂监督（即校长），民国初温州军政分府首任都督。我的祖父徐象藩（翰青），是我曾祖父徐定超的长子。我曾祖父曾祖母携一家人进京时，我祖父象藩正是少年，在皇城根里读书生活了二十余年。考取

徐贤任

我父亲徐贤任的艺术人生

223

邑庠生后，我祖父徐象藩曾就任江西浮梁县（辖管景德镇御窑）、信丰县、宜春县知县。据我大姑父萧铮那本《萧母百龄年谱》书中记载：我父亲贤任出生那年，恰逢我曾祖父曾祖母二老66岁双寿，我祖父象藩从江西任上返回温州为他们做寿，当时亲朋云集，家中演戏请客一周。

我父亲有四个兄弟姐妹：他的哥哥徐望孚（贤濂）、弟弟徐贤修、姐姐徐玉我、妹妹徐行之。我祖父徐象藩曾在家中设私塾，请来老儒王先生教读《三字经》、《千家诗》、四书及纲鉴。后来又请李观甫先生继续给孩子们教《史记》，并时常谈论国事。我的表伯父萧铮，比我父亲年长五岁，他读书甚好，时常与他的众表弟妹一起讨论时事问题，或者阅读杂志和小说。后来，萧铮表伯父在十中读书，年节和课余时，常与他四个表弟表妹一起读书赏戏。他们都在徐宅大院里生活、读书，直到长大成人。我的表伯父萧铮，是我的舅公萧鸿声的儿子，舅公患病离世时，他还未满三岁。我的祖母萧氏和祖父徐象藩，对萧家的孤儿寡母有很大的帮助，待他们母子亲如一家人。1928年5月，表伯父萧铮和我大姑徐玉我结婚。因此，他是我祖父母的内侄，又是他们的女婿。

1918年1月，我曾祖父徐定超与曾祖母胡氏在上海返温途中，因所乘的"普济轮"被英国船只撞沉于吴淞口而遇难。次年，我祖父徐象藩为父报仇未果，反遭枪击遇害，国恨家仇都积聚在一家老小的胸膛。滔滔瓯江水，呜咽向东流；这是怎样的一笔笔旧账血债，铭刻在徐家每个人的心头，震惊了温州大地上各个角落，当年的《瓯海公报》，上海《申报》皆报道了这一惨案。这段历史也铭刻在永嘉枫林镇家家户户族人的心里了。

我父亲徐贤任成长的时代刚好处于新旧碰撞之时，他兄弟几个从小就接受的是传统礼教的生活方式，饱受诗书文化的熏陶，与他们的父亲象藩一样，除了读书外还酷爱京剧艺术和音乐，这一嗜好也表现在全家孩子们的身上，我父亲徐贤任尤为突出。时值1927年大革命失败，知识分子中普遍弥漫着对未来方向彷徨未知的气氛；而以田汉为首创建的"戏剧王国"南国社发出了"不问学历，但取天才"的揽才方针，凭借知识青年对祖国对民族的热爱、对光明的渴望、对艺术的追求，南国社将一群充满理想、焕发浪漫色彩又有艺术特长的年轻人召集起来，汇集成一支清新的、富有革新精神的话剧队伍。正如田汉所说："凡我血气之伦，安忍坐视中国之不救？盍联手以偕来，为正义而奋斗！"此时我父亲徐贤任中学刚毕业，满怀着国恨家仇及对艺术道路的向往和选择，加入了南国社，跟随田汉先生投身到"五四"新文化运动的洪流之中。

在《田汉南国社话剧史料整理及研究》（第一册第52页）人物说明中可看到对我父亲的介绍："徐贤任，浙江温州人，又名徐志尹。数学家徐贤修之兄。自幼爱好艺术，中学后从事戏剧活动。后加入南国社，参与南国社第一次公演和1929年旅粤公演。曾出演《苏州夜话》等剧。南国社公演结束后，与社员唐槐秋、吴家瑾、严工上、唐叔明等留在广州，加入广东戏剧研究所。长期从事话剧、电影工作。后病逝于台湾。"

我父亲徐贤任加入南国社后参与了第一次轰动上海"鱼龙会"公演的活动。上海戏剧学院赵铭彝教授、广东陈酉名等多人对"鱼龙会"演出均有记载，如：1927年12月，南国社在上海举行了一次非常成功和轰动的艺术活动。田汉先生邀请了戏剧名家多人参与演出。这场每周一次或者隔周一次的艺术沙龙演出，被称为"鱼龙会"。田汉邀请了欧阳予倩、周信芳、高百岁、唐怀秋、顾梦鹤等著名演员和艺术家，与南国社的学生一道对艺术理论进行研讨和同台演出。既有理论探讨又有艺术实践的教学方式，为培养艺术人才发挥了重要作用。田汉认为欧阳予倩等人在艺术上已经卓有成就，堪称为"龙"，而大学的学生们还只是些未经风浪的"鱼"，因此大家在一起演出，便被称为"艺术鱼龙会"。田汉说："我们这些人是鱼，就请两条龙来，周信芳、欧阳予倩，他们是京剧名角。"

沈仍福先生也在《南国社》大事记中记载：1928年12月23日，南国社借上海梨园公所小剧场，举行了第一次公演。剧目除了鱼龙会最好的剧目外，还添排了《强盗》《白茶》《最后的假面》《湖上的悲剧》《迷娘》等（注：迷娘曾试演过一次，根据歌德《威廉豪斯特》中眉娘故事编了一个简略情节，由左明等即兴演出，曾定稿，而未发表过。后来赵铭彝、陈鲤庭曾根据此情节改编成《放下你的鞭子》）。这次演员有洪深、田洪、万籁天、金焰、宋小江、郑千里（君里）、辛汉文、闫折梧、王芳镇、徐志尹（贤任）、蔡楚生、周信芳、高百岁、严工上、严箇凡、杨泽衡、王素、吴似鸿、姚素贞、艾霞等。

据著名戏剧家洪深回忆："南国这次在梨园公所演出大为成功，受到观众欢迎。日本名作家谷崎润一郎也亲来观赏。上海保守的英文报纸《字林西报》也不得不承认演出的成功。"另据赵铭彝回忆："在南国社戏剧作品中所流露出来的带有浪漫的和感伤的色调，对许多受到大革命失败冲击的青年起了一定的共鸣作用，因而受到欢迎。的确，那时候的社会空气十分恶浊，紧压着青年们的身心。因此这一次公演完全不同于"戏剧协会"那种以描述中上层社会的家庭生活纠纷为主要内容，而多少带有社会意义，关心社会问题的倾向了。"

关于整个鱼龙会的演出集中表现了当时小资产阶级知识分子"动摇与苦闷"的心声，以及对于中国革命的朦胧向往，加之表演真率，自然感人，在上海引起了很大的反响。南国大事记鱼龙会演出的盛况及影响力从以上文章中可以真切地感受到。父亲徐贤任能在人才济济的上海加入南国社，与国家戏剧之栋梁的开山之祖田汉、欧阳予倩、洪深、赵铭彝等大师结为师生关系，同台演出，近距离感受大师的舞台风采和艺术指导，是多么地幸运。

1929年1至2月，南国社在南京第一次公演。剧目有《古潭里的声音》

《苏州夜话》《父归》《湖上的悲剧》《名优之死》等，这次的演出轰动了整个南京各界。陶行知先生赞扬这次南国社的演出是"革命的教育和革命的艺术的携手"。

1929年3月2日《广州民国日报》："定本月6日起公演。广东戏剧研究所招待上海南国社话剧来粤公演，已见本报。该社吴家瑾、唐叔明、黄大琳、艾霞诸女士，及左明、田洪、赵铭、宋小江、徐贤任等一行九人，已于昨晨抵省，其前已来粤，此次能加入表演者，尚有万籁天、唐槐秋、严工上、洪深等多人。"

《南国社大事记》中写道："1929年3月，接到欧阳予倩从广州来信，邀请南国社至粤公演。3月7日到3月12日南国社在广州大佛寺国民体育会演出。演出剧目有《颤栗》《未完成之杰作》《苏州夜话》《生之意志》《名优之死》《古潭里的声音》还有广东戏剧研究所演出的《空与色》《人面桃花》《刺虎》。参加演出的有左明、唐叔明、艾霞、吴家瑾、宋小江、严工上、田洪、徐贤任、赵铭彝。洪深还亲自参加歌剧《人面桃花》和《名优之死》的演出。"

从我父亲徐贤任参与南国社的演出剧目中，可以看出一个显著的特点，那就是具有与时代脉搏相通的进步倾向，表现了强烈的反封建主题，它们

227

或揭露旧道德的伪善，或宣扬妇女解放和个性解放，艺术表现的方式和角色也是多姿多彩的。关于他的艺术生涯与成就，在我叔叔徐贤修对他的描述中亦可略见一斑。那是1998年，我叔叔徐贤修在第二次回故乡温州参观温州师范学院时，我也在场，他对接待他的市台办、统战部、温师院领导说起哥哥徐贤任："我哥哥是艺术家，他做过话剧的导演和电影的副导演。还参演过很多话剧的角色。他演剧的舞台生涯主要是在广州、南京和上海。扮演过话剧《茶花女》里面的角色；会拉梵婀玲（小提琴）。我们兄弟姐妹从小都很喜欢音乐和京剧，我在台湾京剧的黑胶片收藏量可以说是首屈一指。"

在《中国现代数学家传》一书中有一篇是台湾学者美国密歇根大学罗碧英采写的《徐贤修传记》。文章有段这样写："先生酷爱京剧，小时见兄（贤任）常听京戏、唱片，母亲以其耽误功课，把所有的唱片从楼上丢下，先生眼见唱片粉碎，立志将来要买回。第一次回台湾时，人以百张唱片任其挑选，他百张全买，从此他收藏的唱片，录影片，台湾出的，大陆出的，集古今之大成，两岸之精华；收藏之丰，无人能出其右，并自行接配，把唱功最佳的配在造像最好的上面，天衣无缝，成为最上作品，举世无双……"。这篇文章还写道："其兄徐贤任，自幼有艺术天赋，中学后从事戏剧活动，毕业时演话剧，为蒋介石见识，令其负责政治部宣传工作，第一批演员中即有茵茵即蓝苹（即江青）……"

可见当时，我父亲徐贤任对戏剧和音乐痴迷到极致，满身心地追随田汉、欧阳予倩、洪深这些戏剧、话剧大师的脚步。结束广州演出后，我父亲徐贤任在欧阳予倩、洪深新成立的"广东戏剧研究所"留任办学，担任职员并参演了不少的剧目。在广东戏剧研究所上演的剧目中，《买卖》《国粹》《贼》大多是揭露洋行买办利用自己亲友妹妹为香饵与军官勾结，大搞外国军火进口的肮脏交易，剧中敢于抨击时下社会的主要矛盾。在《怒吼吧，中国》剧开场时，戏演到码头苦力和船夫们同心合力冲向英国舰长面前，准备和外国水兵拼搏的时候，台下观众情绪激动，"打倒帝国主义！""打倒洋奴走狗！""英美帝国主义者滚出中国去！"呼声震撼着红花岗上庄严而肃穆的夜空。"我想，在这个剧目里我父亲徐贤任参演时一定不会忘记他祖父徐定超所乘普济轮被英国人撞沉的海难和父亲徐象藩被英国人枪击的惨案，这些仇恨怎能忘记？他抗议的呼声一定是最投入和最发自内心的。

戏剧研究家陈西名在《广东戏剧研究所的前前后后》一文中写道，田汉先生曾经这样说："如同欧阳予倩支持我们刚开办的艺术大学一样，1929 年春南国社也应约到广州演出，替广东戏剧研究所"打开场锣鼓"。他追忆自己对欧阳老的看法又说："我当时不认识予倩，但对于予倩不慕荣利，不考洋博士，却毅然投身戏剧事业，是非常钦佩的。他是世家子弟，留日学生，竟把戏剧当作光荣职业，在当时那样的半封建社会是要经过很多斗争、忍受很多委屈的。"

欧阳予倩在 1953 年底所写的自传里也说过："第一次为我阐明阶级斗争的是田汉，在此以前我曾根据唯心的心理学说分析人物，自从接触了阶级斗争的学说，我的眼睛似乎亮了很多。"从田汉和欧阳予倩两位我国戏剧先驱者的战斗友谊上可以看出，他们对中国话剧的方向和理念是共通的，他们的艺术造诣和爱国热情对我父亲徐贤任追求正义的方向和艺术的成长，起着无可替代的导航作用。田汉为广东戏剧研究所写了两副对联：

三百载余韵流风，读莎翁乐府名篇，高举人生明镜；
六十年消歌歇舞，集岭表艺林才俊，重开戏剧先河。

歌场战场，记曾为义战驰驱，瘦狗岭边留热血；
天听民听，准备替吾民喊叫，回龙桥畔试新声。

也正是阅读到这些书本里对南国社和广东戏剧研究所一系列的文章，对田汉、欧阳予倩，洪深一行人的演剧事业有了更深的认识，赵铭彝说："我国的话剧运动经过的这几个历史阶段，每一阶段都和那个阶段当时的社会变革相呼应，有时是适应变革思想要求，有时也作为思想的前驱，都对广大人民产生了巨大的宣传教育作用"。也因此使我们对父亲献身话剧事业的热情有了进一步的理解。再看看当时与父亲徐贤任一起留在广东戏剧研究所的有著名的国歌作曲家聂耳先生，还有陈西名、罗品超、章正凡等一批年轻的文艺人。新中国成立后这些人有的成为粤剧院副院长，有的是上海戏剧学院教授，有的是音乐学院教授，还有些去了香港从事电影和艺术研究工作，分别对广东以及港、澳地区的剧运起到推动作用，广东戏剧研究所真不愧为培养民族艺术家的摇篮。

这一系列的从艺经历对我父亲徐贤任日后在南京和温州从事的话剧导演、电影厂副导演等工作都积累了非常重要的宝贵经验。1932 年 10 月至 1933 年 3 月，我父亲徐贤任中央陆军军官学校政训研究班第一期学习毕业，留任南京国民党中央中宣部工作，负责戏剧、电影及演艺工作。1933 年《青年与战争》这本影响力广泛的刊物有一篇人物专栏，附上我父亲徐贤任照片和文字介绍。1935 年 7 月 31 日《中央日报》第 3 版报道："中央电影场前为参加比利时农村影片国际竞赛会，特制《农人之春》运往竞赛。该片描写中国农村生活，极为优美，已得该会优等奖。公开映演，尤受欢迎。兹系该片编导黄天佐、余仲英，副导演徐贤任，布景张宗禹，摄制颜鹤鸣，以及演员威利、兰英、吟特、李英等，将由电影事业指导委员会分别给予奖励。"

我父亲徐贤任在演艺事业上收获颇丰，在温州故乡也留下了华彩的篇章。为温州的话剧事业从启蒙、发展走向成熟作出了不俗的贡献。1944 年的报纸上登出在蛟翔巷大礼堂演出于伶名剧《花溅泪》，导演徐贤任。在省立温州中学，剧团在该校大礼堂公演由我父亲导演的曹禺四幕话剧《蜕变》。可以这么说，作为南戏的故乡，温州在戏剧表演及研究方面，人才辈出，有其独到的地方，但现代戏尤其是话剧的初期发展，我父亲徐贤任对温州话剧艺术的推动和贡献，有着不可磨灭的成绩。温州导演徐贤任和叶曼济的名字同时被记录在戏剧家曹禺的年谱编著里，令我们为之骄傲。

　　解放前，我父亲徐贤任的两个姐妹玉我和行之随姐夫萧铮一大家跟随国民党去了台湾，弟弟贤修去美国普渡大学读博士，后来任教于台湾新竹清华大学并担任校长。哥哥徐望孚任教于浙大和上海华东师大。1950年我父亲贤任匆匆去了广州、经香港也去了台湾，他曾打算待台湾工作安定下来再来接全家老小；谁知蒋介石败退台湾，加之美帝国主义的干扰，台湾与大陆被一湾浅浅的海峡隔断了回家的路。听小叔贤修说：父亲在台湾还是任副导演工作，直到1964年病故，葬在了台北阳明山。2015年夏天，我们兄弟四人顺通、顺遏、顺遊、顺适为了结束几十年来父母两岸分离之苦，终于办妥赴台迎接已故父亲魂归故里的申请。在中秋节的当天，我父亲徐贤任在四个儿子护拥下乘飞机回到了家乡温州，全家几十口人以最隆重的仪式迎接他的归来，完成了父母的团圆之梦。

东瓯贤淑 汉水女神

◎ 高远

伟大的夏禹，以非凡的治水功绩，成功地接受虞舜的禅让，登上帝位。然后以高明的手段，传位给自己的儿子启，抛弃上古"天下人之天下"的朴素民主思想，实现了家天下的愿景。夏启时代还比较太平，他的儿子太康就开始骄奢淫逸，以致被流放而死，后羿篡夺了夏朝。权臣寒浞杀了后羿，掌控夏朝。直至太康的孙子少康，经过艰苦卓绝的斗争才夺回夏朝，开始中兴。

清吴乘权著的《纲鉴易知录》载：少康40岁时，即在公元前2079年杀了寒浞，践帝位。公元前2068年，52岁的少康"恐禹墓之绝祀，乃封其庶子于越，号曰无余，春秋祀禹墓于会稽"，这就是绵延2000来年古越国的开始，国都在会稽。以今永嘉为中心的浙南瓯地，当时就在古越的疆域之内，是越国的一部分，也称瓯越，又在东部，世称东瓯，因此常识性的界定，认为东瓯即永嘉。

夏朝被商汤取代，商又被周武王收拾了，但这越国却依然是越国，可能是因为禹的功业遗烈感人，且僻处海隅，远离中原争斗中心。瓯越在夏商周三代没发生过战争，生产发展，社会进步，文化发轫，古东瓯人居住在以古瓯水流域为中心的浙南地区，古瓯水即今之楠溪江。

中华文化发展到汉代，已经成为当时全人类高峰的汉文化，受到周边各地区人群的仰慕。中国北方却在西晋末年陷入了历史上最混乱最黑暗的五胡十六国时期，前后 100 多年。但也出现过两个比较强大的国家，氐族建立的前秦政权（351—394）和鲜卑族建立的北魏（386—534）政权。这两国战争不断，治理混乱，享国时间不长。但不是一无是处，其统治者因向往汉文化，创造出的文学、书法、雕塑等艺术作品，至今仍见其风骨超伦。其文学作品有北魏杨衒之的《洛阳伽蓝记》和前秦王嘉（？—390）所著的《拾遗记》，足可代表那个时代的文学成就。

按理说，僻处海隅的东瓯，尽管后来在楠溪江流域已发现了几处河姆渡时期的文化遗址，上古时还是接近洪荒之地。在西周的初期，水位比现在要高 60 来米，除有几处山坡上小遗址外，也就源头山岗上有些石刻岩画存留，青铜时代的文明至今极为罕见，所以关于东瓯的地理文化特征也不明显。在中国悠悠历史长河中，浩如烟海的古代典籍中，极少有关于东瓯的记载。

永嘉最早的地志书是南朝刘宋时的员外郎郑缉之撰写的《永嘉郡记》，可惜此书在公元五世纪成书，到唐后原书就散佚不见，但书中内容被唐以后的类书广泛引述，以条目式被部分保留下来。清末，经学大师瑞安孙诒让先生从有关类书中摘编条文详加注释，重辑为《永嘉郡记》，这已经是永嘉之幸了。

《永嘉郡记》瓯水条曰：出永宁山，行三十余里，去郡城五里入江。

昔有东瓯王都城，有亭，积石为道，今犹在也。

我们不难看明白，原来所谓的瓯水，就是从永宁山中出来的，而永宁山的存在却是具体明确的，即今瓯北与沙头之间的山体，东起黄田千石，西南到桥下镇，东北至沙头镇。原黄屿以上，沙头以下的区域，旧称永宁乡，是永宁山的中心范围。显然这条水就是现在的楠溪，所以孙诒让注云：永宁山在今永嘉县，绵亘贤宰、仙桂、永宁、清通四乡。瓯水盖即今楠溪。入江即谓入永宁江。明以来郡县志并以永宁江为瓯江，而于瓯水本派不复能识。

查看明嘉靖《永嘉县志》所载与孙先生言不违如例，可见真实的瓯水就是今之楠溪江。并且《永嘉郡记》明确指出汉代乃至以前的东瓯王国就建都在楠溪江下游，今瓯江北岸。那么，我们不难得出结论，所谓地理意义上的东瓯，其实就是以今楠溪江流域为中心的浙南地区。

毕竟是远离中原文化中心的海隅僻所，关于上古时期的东瓯，《禹贡》无述，《山海经》述而不明。斯地也燠，斯人也隐。剪发文身，以食鱼蟹，制瓯远鬻，人以器名。一直到东瓯国消亡，也少有东瓯人形象的鲜明记载。

有幸所言，草蛇灰线，伏脉千里。我们在前秦王嘉所著的《拾遗记》中却看到了东瓯人的鲜明形象。此书虽为志怪小说，所记之事上自太古伏羲神农，下至后赵武帝石虎（295—349）时代之事迹，后人称其辞采富腴，记述荒诞。而历述百代，多数人物和事件亦往往有其真实性，可见固非无所本，否则无以传远也。齐梁亡后有一遗少萧绮流落北方，因经历过王朝的兴衰，胸中自然就有了郁勃之气，在见到《拾遗记》后，居然产生跌宕的共鸣。萧绮站在儒家正统观念的立场上，以史家的实录精神和国家治理的眼光，对《拾遗记》作了系统的整理和多层面的评价，内容涉及主旨的阐发，辞藻的品评，内容的补充以及虚实的考证。在故事后附加议论，品评得失，从而此书也有了历史借鉴之意义，这就加强了其记事的合理成分，超越了志怪小说的价值。《拾遗记》中记载周昭王二十四年的事：

二十四年（前977或前1076）涂修国献青凤丹鹊，各一雌一雄。孟夏之时，凤鹊皆脱易毛羽，聚鹊翅以为扇，缉凤羽以饰车盖也。扇一名游飘，二名条翮，三名亏光，四名仄影。时东瓯献二女，一名延娟，二名延娱，使二人更摇此扇，侍于王侧，轻风四散，泠然自凉。此二人辩口利辞，巧善歌笑，步尘上无迹，行日中无影。及昭王沦于汉水，二女与王乘舟夹拥王身同溺于水，故江汉之人到今思之，立祀于江湄。数十年间人于江汉之上犹见王与二女乘舟戏于水际。至暮春上巳之日，禊集祠间。或以时鲜甘果，采兰杜包裹以沉于水，或结五色纱囊盛食，或用金铁之器并沉水中，以惊蛟龙水虫，使畏之，不侵此食也。其水傍号曰招祇之祠，缀青凤之毛为二裘，一名烦质，二名暄肌。

也就是在周昭王二十四年的某月某日，东瓯即古瓯水（今楠溪）之域的人给昭王送上了两名美女，一名叫延娟、一名叫延娱，按永嘉方言中存在的古音读法，这延应读作"淡"音。按文中描述，此二女不仅仅艳丽无比，苗条修顾，顾盼生情，仪采万方。且巧言善辩，妙语连珠，歌声清婉，舞蹈美曼，体态轻盈，神姿洞清。由此可见，那时的东瓯能培养出比西施、毛嫱毫不逊色的美女，东瓯已很文明发达了，不是以往常见书中所说剪发纹身、野服粗食的夷蛮社会了。美女的出现，是经济、文化、政治发展到一定高度的产物，那么我们地域在上古可能存在着一个东瓯文明时代，只是湮没在历史的尘埃之中，有待后人发现。

按《纲鉴易知录》计算：周始于前1122年，亡于前249年，历37王，享国873年。"昭王名瑕，在位五十一年（前1052—前1002）"。有的书认为其在位24年，更有资料显示其在位仅19年。如果真是19年，那么这些事就没有发生，也就没有东瓯两美女什么事，这使整个中国的文史事业就差了很多浪漫的审美华章。而他在位的第24年，发生了一件历史上聚讼至今未决的公案，即佛祖释迦牟尼诞生于是年，著名的禅宗史经典《五灯会元》即持佛祖释迦诞生于周昭王二十四年之说。

《周书异记》和《汉法本内传》两书上说：昭王二十四年"四月初八日，平旦时，暴风忽起，宫殿人舍，咸悉震动，夜有五色光气，入贯太微，遍于十方，尽作青红色"。当时这现象可谓地动山摇，祥光四射。昭王问卜者这是什么现象，说是西方有圣人降生，所以现在说释迦牟尼诞生就是昭王二十四年。卜者还说千年后此圣人之教将传入中国，昭王很神往，就立碑待证。多数史料说他为王的最后一年，"王巡狩至汉，崩"。这周昭王长得很帅，喜欢出游，这时昭王年纪很大，不惧劳顿之苦，还要远巡汉地。这一爱好，后被其子穆王发扬光大，大臣造父为御八骏之车，常年肆心远游，乐而忘返，不见到西方圣人而不休，最后只见到西王母。

其实，王者巡狩，并不一定是冶游，而是去制服强项，宣示主权，张扬存在感，往往与战争有关。历来周楚关系微妙，貌合神离。楚人部落是黄帝之孙帝颛顼高阳氏的后裔，居处长江流域。与商朝有联姻关系，后又从周武王参加牧野之战，帮助灭商，本来居功不菲，但周成王初年封楚人熊绎仅子爵。周成王还特意为这次分封搞了一个叫岐阳之会的浩大敕封庆典活动，让楚国国君熊绎做一个看火把的小司仪，即看管外面的篝火，老熊觉得很没面子，对周之封非常不满，就一直怀恨在心。到昭王时楚国强大起来，就叛乱了。这时昭王觉得"周道渐衰"，小诸侯们都不听话了，就发动对东夷与南楚的战争。《史记·周本纪》载：昭王之时，王道微缺。昭王南巡狩不返，卒於江上。其卒不赴告，讳之也。《竹书纪年》记载昭王巡楚有三次：十六年伐楚，涉汉遇大兕。十九年春，有星孛于紫微。祭公、辛伯王伐楚，天火，雉兔皆震，丧六师于汉。王陟。周昭王末年，夜有五色光贯紫微。其年，王南巡不返。

第一次是十六年，渡汉水见到了江边的雌犀牛。这一次的战事比较顺利，周昭王巡狩南方，集结成周大军进攻楚国，并命令各诸侯国率军扈从讨伐。东夷诸国闻风归附，派遣使者前往觐见周昭王，南夷（汉水流域诸国）、东夷（淮水流域诸国）二十六邦国均来觐见，于是周军掠夺了大量的楚铜而归。那么这蛮楚小国当然没有真正臣服，更加怀恨在心。

第二次是十九年，周大军六师战争是打赢了，但在凯旋渡汉水时遭遇地震，结果被楚军歼灭。第三次是昭王末年，又率师南巡，可能真是巡视，但也没那么顺利，昭王没有返回成周，死于汉水。《史记》称：其卒不赴告，讳之也。本来周王驾崩，是要赴告列国诸侯的，因为昭王死得很尴尬，不光彩，朝廷对此讳莫如深。为什么如此呢？

魏晋时人皇甫谧的《帝王世纪》云：

昭王在位五十一年，以德衰南征，及济于汉，船人恶之，乃胶船进王。王御船至中流，胶液解，王及祭公俱没水而崩。其右辛游靡长臂且多力，拯得王。国人讳之。

楚人顽梗，因此前的种种不称心，不服周化，而昭王又屡来扬威，老大不高兴。这时，周王美女侍侧，文武扈从，冠盖如云，就以胜利者的姿态要征用一些船只渡过汉水，凯旋而去。楚人假意献上漂亮的木船，方便王者渡江。周人当时只见过独木舟，还没看过这么大而华美的巨舸，心里颇为受用，以为这回楚蛮老实了。正当周人在舟中意气风发时，不想眼看着这船儿进水，眼看着船板一片一片地散开，楚人看着周王与美女、大臣沉入江中。岸上的楚人得意地欢呼时，周人却在水里挣扎几下就没了。原来狡猾的楚人预谋，造船时只用牛皮煎成胶，将船板粘在一起，故意偷工减料，而没有用长而坚的青铜扁钉连穿成船。牛皮胶黏合的船板，干燥时坚实无比，入水则化，而汉之广矣，行驶不久船就解体了。

"及昭王沦于汉水，二女与王乘舟夹拥王身同溺于水，故江汉之人到今思之，立祀于江湄。"《拾遗记》中的这句话，昭示了昭王巡楚，最后淹死在汉水中。东瓯两女在左右夹拥着昭王，沉入水中，以身殉王，三人的殒身之处为今汉中的汉江。当时周王的车右卫士辛游靡，身材高大，手长臂壮，力大无穷，见状赶紧去救昭王，捞得的昭王已经被水淹死。

楚人虽然弄死了周昭王，自知因此与成周结下冤仇，心有芥蒂。而觉得同时被他们弄死的二延美女是无辜的，表面上是给二女立招祇祠以祭，实际心里仍是藐视周王，表达了对周王强烈不满的情绪。而二女的故事还未结束，《拾遗记》曰：

故江汉之人到今思之，立祀于江湄。数十年间人于江汉之上犹见王与二女乘舟戏于水际。至暮春上巳之日，禊集祠间。或以时鲜甘果，采兰杜包裹以沉于水，或结五色纱囊盛食，或用金铁之器并沉水中，以惊蛟龙水虫，使畏之，不侵此食也。其水傍号曰招祇之祠，缀青凤之毛为二裘，一名烦质，二名暄肌。

或许是出身东瓯的两个美女，在地缘上与楚同属南国的原因，心灵上有亲近感。战国后期东瓯所在的越国被楚所灭，直至秦统六国，东瓯属楚，瓯楚文化融合，楚人就将二女进一步神化，以至于大显灵通。在她们死后的数十年间，常常看见长江和汉水之上周昭王与二女乘舟戏水。形成了楚地风俗，就是上巳之日，到招祇祠里祭祀二女，被除不祥。并以时鲜水果和香草包裹起来，把食物用五彩纱袋装起来，沉于汉水之中以飨二女，同时还沉以金铁之器，以惊走蛟龙水虫，不使侵食献祭二女之物。所述又是一个关于中国修禊活动与清明节的起源问题。所说的"至暮春上巳之日，禊集祠间"，按周历以建子之月为正月，也就汉代以来的以建寅之月为正月算，周昭王末年出巡的时间是四月初八，即今二月初八。而东瓯二女死于汉水的时间可能就在昭王出巡后一个月左右的暮春三月上巳之日。

一般认为清明节一俗，起源于周代之前扫祭先人坟墓的活动。春秋之初晋文公重耳（前697—前628）的同患难贤臣介子推隐居绵山，拒绝重耳请他出山辅政。重耳以烧山相逼，最后介子推被烧死了。此后晋文公每年以此日不举火烧吃来纪念他，形成寒食节，因与清明节时间相近，就并在一起了。而古代修禊活动也是起源于周代，时在农历三月的第一个巳日，即上巳日在水边举行祭礼，去污濯垢，祓除不祥。三国魏以前多在三月上巳，魏以后固定在三月三日，因此诗圣杜甫的《丽人行》诗曰：三月三日天气新，长安水边多丽人。而修禊活动起源于楚人祭祀被无辜淹死的周昭王身边来自东瓯的二女，比寒食节要早300多年，也成为清明节传统民俗活动的一部分，其祭祀方式，类似于后来的楚之三闾大夫屈原（前340—前278）自沉汨罗所演绎出来的端午节的风俗，但要早五六百年，而且延续至今。

萧绮在此文后作录曰：成康以降，世祚陵衰。昭王不能弘远业垂声教，南游荆楚，义乖巡狩，溺精灵于江汉，且极于幸田水滨，所以招问，《春秋》以为深贬。嗟二姬之殉死，三良之贞节，精诚一至，视殒若生，格之正道，不如强谏。楚人怜之，失其死矣。

萧绮认为昭王的这次南游，名不正，言不顺，所以招祸，为《春秋》所贬。而在高度称赞二女的殉死是"三良之贞节，精诚一至，视殒若生"的同时，他站在贤者的高度强人所难地提出：二女知道殉死，而不知对昭王进行强谏，进言阻止其这一次不正义的南巡。这可能是他作为正统卫道者的高尚情怀吧！

《纲鉴易知录》和《帝王世纪》两书所载，周昭王在位时间为51年，而后来的学者按鲁纪年推算得出结论，周昭王在位时间为24年。而《竹书纪年》记载昭王南巡并无具体纪年，只说中"昭王末年"，也就是其死于汉水的那一年，《拾遗记》所述周昭王的事始于二十四年，并无确凿指出其死于是年，只说"及昭王沦于汉水"。如果昭王在位二十四年，那么仅得寿不足50岁，二女不足20岁。如果在位51年，那么其寿70多岁，二女亦40多了，都已高于西周人的平均寿命。试想二女如死于东瓯人贡献之当年，不仅时间过促，知道这些人事的信息，也不会如此之多。备此一说，以示宽慰！

如果，东瓯二女的故事到此终结，再无延续，那么故事本身缺失了大段审美价值，而对整个文学史而言，浪漫主义的成分恐怕损失更大，同时也失去了一对美好的灵魂从神女到女神的升华。一对美好的东瓯女子，被楚人的诡计所逼，心甘情愿地殉身随周昭王而去，本来应当是冤气不散，眉皱乌云起，眼横雷电生，呼气阴风出，吸气人断魂。然此二女没有为崇人间，作恶害人，楚人所见"数十年间人于江汉之上犹见王与二女乘舟戏于水际"。她们似乎并没有死，依然嬉戏人间，成为神女。这从道教成神成仙的方式而言，她们不是被水淹死，而是水解成神，而从美女上升为神女，这是二女人生的第一次升华。

现在，湖北和陕西的很多学者，倾注极大的热情，研究构成汉水流域文化的核心对象汉水女神，把《诗经·汉广》一诗与屈原的《抽思》《思美人》两诗中的抒写对象基本定格为出身东瓯的汉水女神，这种作法似有穿凿之嫌，但无碍大旨，也大大地丰富了汉水女神文化。

东瓯永嘉的楠溪江（瓯水）流域，地处天下第十洞天即括苍山洞天南麓，道书称此洞天：周回三百里，总管人间水旱罪福。据有关史料载，自东汉到北宋就有 12 位真人在此修道成仙。王远和麻姑相会的一段传说，留下美丽的"沧海桑田"故事，括苍山是故事发生地之一。现今整个永嘉地域都接近括苍洞天的中心位置，楠溪江上游的区域，自东汉建县以来都称仙居乡，表明是为神仙居所。且永嘉多道书所称的洞天福地，自古就是神仙产生地和输出县，上至金华下达闽北都有信仰出自永嘉之神祇，估算有本土神仙不少于 12 位，其中有两位女神最著名：上塘殿女神卢氏以身饲虎救母的故事，孝感动天而封神；楠溪周氏的太上祖姑苍山尖周氏龙母，水旱祷之无不灵验，志书所载昭昭。这些神话好像冥冥中与东瓯二女水解于汉和括苍洞天主管人间水旱罪福自然发生了呼应，因同样贞烈的人生态度，都成为福佑苍生的美善神祇，而不是凶神恶煞。一方水土养一方人，这些故事也从侧面反映出自上古以来，东瓯女性的大爱精神，和追求真善美的崇高信念。

西汉的两位经学大师、文学家韩婴（约前200—前130）和刘向（约前77—前6）的著作里都写到汉水神女的故事。韩婴的《韩诗外传》里有孔子（前551—前479）与神女的故事，刘向的《列仙传·江妃二女》里写有周人郑交甫与神女的遭遇。相关书中只说郑交甫是周时晋人，并无具体的生卒时间。

我们人类的历史是一个不断被归纳、被概括、被代表的进化过程，不只是以文化与思想的形式，同时也会残酷地用武力归纳、概括。《拾遗记》中的东瓯二女手持羽扇立在周昭王两侧，就给了人互为镜像之感。她们死后，楚人在汉水上看到的仍是两人。郑交甫遇到的也是两人，但说话的就只有一人了，郑更没有提到《汉广》之诗，我们就有理由怀疑此诗是郑后之作，或者是郑氏在遇神女后的神魂颠倒之作。而《韩诗外传》所述的孔子遇到的汉水神女就只有一个，可见继《汉广》诗后，东瓯二女开始在文化上、思想上被归纳、概括、代表为一人了，现在汉中汉江之滨的公园就只塑有一尊地标性的汉水女神像。

刘向《列仙传》曰：郑交甫常游汉江，见二女皆丽服华装，佩两明珠，大如鸡卵。交甫见而悦之，不知其神人也。谓其仆曰：我欲下请其佩。仆曰：此间之人，皆习于辞，不得恐罹悔焉。交甫不听，遂下与之言曰：二女劳矣。二女曰：客子有劳，妾何劳之有？交甫曰：橘是柚也，我盛之以笥，令附汉水，将流而下，我遵其旁挈之。知吾为不逊也，愿请子佩。二女曰：桔是橙也，盛之以莒，令附汉水，将流而下，我遵其旁，卷其芝而茹之。手解佩以与交甫，交甫受而怀之。即趋而去，行数十步，视佩，空怀无佩。顾二女，忽然不见。

话说周代晋人郑交甫常在汉水边漫游，那天遇到了两位水边巡游的美女，穿着华美的衣服，腰际佩挂着鸡蛋那么大的明珠。风流倜傥的小郑顿生爱慕，过去深深一揖说，两位美女辛苦了！神女说，客人你辛苦，我们小女子有什么辛苦的！小郑说，橘子柚子我都要了，装在方筐里，放到汉水上顺流而下，我追随着水流，信手取来。原谅我的不礼貌吧，请把你那美丽的珠子赠予我，作个纪念！两神女平静地说：什么橘子、柚子啊？还橘子啊、橙子唉，我们把它放在圆圆的竹篮子里，看着这些俗物随汉水流去吧，我们只采灵芝而食。同时也解下身上佩戴的珠子递给小郑。小郑接过珠子袖了，心里美极，以为得计。急忙走了几十步，珠不见了，美女也不见了。小郑当时惘然，惆怅不已，从此神情恍惚，成了他一生的心病。

于是，不久就有了被传唱至今的《诗经·汉广》一诗，诗曰：

南有乔木，不可休思；汉有游女，不可求思。

汉之广矣，不可泳思；江之永矣，不可方思。

翘翘错薪，言刈其楚；之子于归，言秣其马。

汉之广矣，不可泳思；江之永矣，不可方思。

翘翘错薪，言刈其蒌；之子于归，言秣其驹。

汉之广矣，不可泳思；江之永矣，不可方思。

此诗以一个樵夫的身份表达了对汉水神女忧伤缠绵的哀婉深情，作者愿意为游女劈柴喂马，侍候左右，而汉水太广太长，怎么才能到你身旁呢？让人不禁想起西北歌王王洛宾的歌：我愿做一只小羊，跟在她身旁。我愿她每天拿着皮鞭，不断轻轻打在我身上。孔子删定《诗经》后，此诗广为传唱，诗中神女为不少人所喜爱，一个女子如果美好到让那么多男子，或说所有的男子都喜爱，则只有神女了。

韩婴的传世名著《韩诗外传》本着以事证诗的宏旨，借圣人孔子途遇神女的故事，对此诗作一番著名的演绎。传曰：

孔子南游适楚，至于阿谷之隧，有处子佩璜而浣者。孔子曰：彼妇人其可与言矣乎？抽觞以授子贡曰：善为之辞，以观其语。子贡曰：吾北鄙之人也，将南之楚，逢天之暑，思心潭潭，愿乞一饮，以表我心。妇人对曰：阿谷之隧，隐曲之氾，其水载清载浊，流而趋海，欲饮则饮，何问婢子乎？受子贡觞，迎流而挹之，奂然而弃之；从流而挹之，奂然而溢之，坐置之沙上曰：礼固不亲授。子贡以告，孔子曰：丘知之矣。抽琴去其轸，以授子贡曰：善为之辞，以观其语。子贡曰：向子之言，穆如清风，不悖我语，和畅我心。于此有琴而无轸，愿借子以调其音。妇人对曰：吾野鄙之人也，僻陋而无心，五音不知，安能调琴？子贡以告，孔子曰：丘知之矣！抽缔五两以授子贡曰：善为之辞，以观其语。子贡曰：吾北鄙之人也，将南之楚，于此有缔五两，吾不敢以当子身，敢置之水浦。妇人对曰：行客之人，嗟然永久。分其资财，弃之野鄙。吾年甚少，何敢受子？子不早去，今窃有狂夫守之者矣。诗曰：南有乔木，不可休思。汉有游女，不可求思。此之谓也。子贡以告，孔子曰：丘已知之矣，斯妇人达于人情而知礼。

事情说的是鲁哀公六年（前489），孔子受楚昭王之邀南游，不幸困于陈蔡，差不多饿死于荒野。脱困后继续向楚到汉中，在一条狭小漫长山谷中的小道旁，看见身佩玉璜浣纱的美好女子，心眼一亮，想起自己编定《诗经·汉广》中神女。于是出现一场孔子三难神女的生动情景，其目的就是"善为之辞，以观其语"，以证于诗也。孔先生的眼光可不像小郑那么混浊，神人不分，一眼就看出了这女子非常人。就叫弟子子贡去，好好地跟她说，看看她是怎么回答的。第一次，给子贡一个杯子，子贡拿着杯子，很得体、很谦恭地说了一通言辞，向她讨水喝。神女说这里水很多么，问我干什么？但还是接过杯子，动作很优美地迎流洗杯，顺流舀水，满满一杯，置于沙滩之上，说男女授受不亲，你自己来端去喝吧！第二次，孔子拿出七弦琴拔掉了琴轸给子贡，子贡明师之意，请神女为调无轸之琴。此时孔子之亓官夫人已去世，不知老夫子故意借此表达续弦之意与否，未可知也！子贡的言辞很高明，颇溢美。神女此时很不客气，说我只是村姑一枚，五音不懂，怎么会给你调琴呢？你哪儿凉快，哪儿去吧！第三次，孔子又拿出五匹细苎布，叫子贡送给神女。子贡说了一通冠冕堂皇的话，充分表达了送苎布的诚意，把苎布放在水边。当时的五匹苎布是一笔不少的财富，当有聘礼之意。神女当然明白这是什么意思，就说：北方来的客人啊！你一路奔波，行程遥远，途中不知要消费多少东西呢！你把东西放在这里，我年纪小小的，何德何能接受你的贵重馈赠啊？你赶紧拿回去，要是被匪人看见了，就等着被劫吧！孔子听了神女的三通话非常感动，说这真是知情达理的人啊！果如诗所写的"汉有游女，不可求思"。孔子三难神女以证诗后，圣人的标榜更是把汉水神女推向崇高。孔子经这番遭际后，似乎大有所悟，结束了三四十年的奔波追逐，回到鲁国安心教授生徒，编定六经，老死不外出了。这两个出身东瓯的淑美女子，既受圣人加持，就被持续褒美神化。

据文献记载，汉水神女漂游于整条汉江，至今汉水上游的汉中，中游的襄阳，下游的沔阳、天门都留下了她们活动的神迹，形成以襄阳为中心影响遍及汉水流域的女神信仰。从古祭礼规定的所谓"祭不越望"来看，祭祀汉水女神还只是楚国的宗教行为。

公元前313年，秦国第一个称王的嬴驷（惠文王）派张仪使楚，行离间之计，迅速见效，屈原第一次被流放于楚北襄阳。第二年秦国发动对楚战争，夺取了楚北之地600里，建立汉中郡，在战略上打开了东进的不挡之势，局面大好，这成为秦国向东扩张的标志，因汉水也是当时秦国的主要河流，就开始把汉水女神作为秦国的主要祭祀对象。从此东瓯二女形象进一步升华，汉水女神至今成为与长江巫山女神、黄河洛水女神、湘江湘水女神并列的中国四大河流女神，且是第一个河流女神，护佑着汉水流域的芸芸众生。

楚怀王十六年（前313）秋，屈原（前340—前278年）在汉水之滨，眼看国事日非，秦国虎视眈眈，大楚危机重重。想起了传说中护佑楚国的汉水女神故事，为其忠贞精神所感，写下了《抽思》一诗。这题目令人费解，结构也与屈原别的诗有不同处，是组诗，四段结构。前面第一段是正文40句，第二段是《少歌》4句，第三段是《倡曰》22句，第四段是《乱曰》20句。

心郁郁之忧思兮，独永叹乎增伤。思蹇产之不释兮，曼遭夜之方长。
悲秋风之动容兮，何回极之浮浮！数惟荪之多怒兮，伤余心之忧忧！
愿摇起而横奔兮，览民尤以自镇。结微情以陈词兮，矫以遗夫美人。
昔君与我成言兮，曰黄昏以为期。羌中道而回畔兮，反既有此他志。
憍吾以其美好兮，览余以其修姱。与余言而不信兮，盖为余而造怒？
愿承闲而自察兮，心震悼而不敢。悲夷犹而冀进兮，心怛伤之憺憺。
兹历情以陈辞兮，荪详聋而不闻。固切人之不媚兮，众果以我为患。
初吾所陈之耿著兮，岂至今其庸亡？何独乐斯之謇謇兮，愿荪美之可光。
望三五以为像兮，指彭咸以为仪。夫何极而不至兮，故远闻而难亏。
善不由外来兮，名不可以虚作。孰无施而有报兮，孰不实而有获？

少歌曰：与美人抽思兮，并日夜而无正。憍吾以其美好兮，敫朕辞而不听。

倡曰：有鸟自南兮，来集汉北。好姱佳丽兮，胖独处此异域。
既惸独而不群兮，又无良媒在其侧。道卓远而日忘兮，愿自申而不得。
望北山而流涕兮，临流水而太息。望孟夏之短夜兮，何晦明之若岁！
惟郢路之辽远兮，魂一夕而九逝。曾不知路之曲直兮，南指月与列星。
愿径逝而未得兮，魂识路之营营。何灵魂之不信直兮，人之心不与吾心同。
理弱而媒不通兮，尚不知余之从容。

乱曰：长濑湍流，泝江潭兮。狂顾南行，聊以娱心兮。

轸石崴嵬，蹇吾愿兮。超回志度，行隐进兮。

低徊夷犹，宿北姑兮。烦冤瞀容，实沛徂兮。

愁叹苦神，灵遥思兮。路远处幽，又无行媒兮。

道思作颂，聊以自救兮。忧心不遂，斯言谁告兮！

　　屈原是个大政治家，但他主要的职业是楚国世袭的大巫师、大祭师。楚地历来多巫傩，多淫祀。这一点与我们东瓯很相似，遍地淫祠，崇拜鬼神。这缘于东瓯曾经被楚统治过百多年，文化被浸淫之深，至今难从剥离出楚遗的因子。而至今民间祭祀中的祭文，也多写成四字句，且尾字多用兮，有"来格来兮"之语。我问过向我出示此祭文抄本的持有者——一位年长的老先生，为什么有这么多兮字，他说不明白，只是传下来就是这样的。他读此文时，把兮字音拉得很长，即我乡俗语所说的叹长哦声。

　　永嘉民间至今流行降神仪式，有什么危难不决之事，就请神童到神前伏案，由道士持香在其头上打圈念几通"急降急临，速降速临"的召神咒语。于是只见那神童眼睛上翻，全身颤抖，开始说话。说是真神降身，这种现象叫神抽起。所以《抽思》可能是屈原祭祀汉水女神，降神时用的召神、谢神的祭神之作。抽有出现、现身的意思，在永嘉话里说人突然表现出不正常的神情举动是抽起，与北方方言中抽风、抽筋有相通之处。思在此可当语助词解，与出现在《汉广》中的"不可求思"之思视同。那么"抽思"一词就可解为"神啊，降临吧！"这诗的四段写法不同，功用也不同。前三段以六言为主，第四段以四言表达。第一段是通情请神，第二段是责神速降，第三段是献歌颂神，第四段是立诚谢神。所谓"倡"者唱也，"乱"者辞也，修辞立诚也！所以《抽思》这组诗，是屈原以大巫师的身份，与神的对话，祈求女神护佑楚国，给民福祉，而此神就是东瓯先人出身的汉水女神，这是传世最早的祭祀汉水女神的一组诗。求人解决不了的事，就求神来解决吧，这也是屈原忧国忧民的虔诚表达。纵观屈子的诗《九歌》《九章》《离骚》《天问》，大多是与神对话的作品，所以读着这些诡异奇丽的诗章，就会想起唐代大诗人顾况的《永嘉诗》：东瓯传旧俗，风日江边好。何处乐神声，夷歌出烟岛。这不恰是当年屈子在汉水之滨祭祀汉水女神的情景写照么？

次年，即公元前 312 年，还在流放襄阳的日子里，汉中地区已被秦国夺去，屈原忧愤不已，写下了《思美人》一诗，再次向汉水女神申诉冤情，祈求女神的庇护，让楚王和楚国振作起来，继续奋斗。公元前 306 年，楚怀王趁越国内乱之机令大将昭滑率军伐越，从此古越分崩离析，楚占越地，直到公元前 222 年秦灭楚，才结束楚对东瓯的统治，这期间楚人也把东瓯一地的风俗顺便神化了，至今如此，可惜的是汉水流域那出身东瓯永嘉的汉水女神信仰却没有东渡归来，正应了永嘉的一句谚语：神佛显外地！楚顷襄王七年（前 292），屈原第二次被流放于江南，流浪于沅水湘江一带，有感于汉水神女的对周昭王的忠贞，把汉水女神化身为湘君、湘夫人，写诗以表自己忠诚于楚、心系楚国安危的崇高思想。

秦人夺取楚汉中地区建郡后，为了安抚民心，把祭祀汉水女神，上升到比较高的地位，秦统一天下后，规定祭祀汉水女神。汉高祖刘邦灭秦有功，不待见于楚霸王项羽，王于汉中，成就帝业，汉水流域成为龙兴之地，汉水女神的祭祀规格直接升华，成为有汉一代的最重大祭祀活动，是为国祭。其享祭神主就是出身东瓯的二延女子化身，其祭坛遗址汉皋台和汉庙堆至今在焉，汉水女神文化成为现在汉中文化的重要组成部分。

我们看东瓯女子二延，从周昭王的侍女到汉水神女，再到汉水女神，从前述文中看，人矣神矣，常常交替出现，时人时神，比人多一分神气，比神好像又多了些人情味。唯美而高贵，睿智而温柔，理性而宽容，矜持而旷达，敏给而从容，贞烈而无怨，可望而不可即，故而是人也具有了神的品性，升华为唯美的文学形象。从汉之后，成为历代诗人追游向往的浪漫对象，流连歌咏，留下了大量的诗词歌赋，成为中国文化史上最为著名的浪漫风景，在中国文化上留下最为瑰丽的一页。

两汉时期，除刘向外，还有司马迁、扬雄、马融、张衡、应邵、王逸、曹植、何逊等大家都有诗文表述过汉水女神。东汉建安十三年（208）九月，刘表之子刘琮率众降曹，曹操得到襄阳后，军威大振，意气风发，在汉水之滨宴集群僚，庆祝胜利。这时随军南下的文化大腕，除孔融外，杨修、徐幹、阮瑀、陈琳、应玚，以及新归顺来的王粲等建安七子中的六子，在宴席上以汉江女神为对象，写下同题作品《神女赋》。其中王粲在传为神女弄珠之地万山居住生活了 15 年，耳熟于郑交甫遇汉江女神的故事，因此对汉水女神的描写最为传神。《神女赋》曰：

惟天地之普化，何产气之淑真。陶阴阳之休液，育夭丽之神人。禀自然以绝欲，超希世而无群。

体纤约而方足，肤柔曼以丰盈。发似玄鉴，鬓类削成。质素纯皓，粉黛不加。朱颜熙曜，晔若春华。口譬含丹，目若澜波。美姿巧笑，靥辅奇葩。戴金羽之首饰，珥照夜之珠晔。袭罗绮之黼衣，曳缛绣之华裳。错缤纷以杂桂，佩熠爚而焜煌。退变容而改服，冀致态以相移。发筵对兮倚床垂，税衣裳兮免簪笄，施华的兮结羽仪。扬娥微眄，悬藐流离。婉约绮媚，举动多宜。称诗表志，安气和声。探怀授心，发露幽情。

彼佳人之难遇，真一遇而长别。顾大罚之淫愆，亦终身而不灭。心交战而贞胜，乃回意而自绝。

此《神女赋》文藻绚丽，铺陈锦簇。文辞似稍逊司马相如之《长门赋》，而神女形象远胜《登徒子好色赋》中之东家子与《长门赋》中之阿娇。该赋可分为三段，第一段总写神女是天地间的淑真之气造化而成，绝世无双。

第二段用铺陈和比喻的手法，从体形、鬓发、肤色、五官、服饰、举止、气质等方面，渲染出神女的美貌和气质，真切地描摹了神女的鲜明生动形象，自是神仙般美丽耀眼的，所谓姑射仙子不过若此。第三段写神女之"不可求思"，令人神往而伤别，真乃满怀惆怅。六子的《神女赋》完整传世的还有陈琳和杨修的美丽文辞，比之王粲，有相似处，而恐有不及，故不一一附列。曹植后来写的《洛神赋》来看，也是深受王粲此赋的影响，而情节颇类郑交甫遭遇。两者身份不同，所作语气也有大小之别。汉水之名得而望之俨如银汉，可见其地位之重，汉水女神地位之高，在曹赋中却成洛神的跟班。王赋似小家碧玉，莹莹可爱；曹赋似大家闺秀，失之过于秾纤。在对两女神的形象描述上，也是如此。王赋平实贴近，不蔓不枝，曹赋大开大合，未脱宋玉、王粲之法，却更加妖艳。在文体上王赋似独出机杼，而曹赋看似楚辞体与汉大赋体的揉杂，有夹生之嫌。可能王赋是即席而成，曹赋却是事后之作，有时间铺衍成大赋。曹本王子，故流传广矣，王赋虽好，影响不是很大。但没有因此而减少汉水女神的影响，洛神因曹赋凸显，成为后世画家创作喜欢的题材。

这么美好浪漫的女神形象也深深地打动两晋以至六朝的文学家，花大量的笔墨去抒写东瓯二延汉水女神。唐代的浪漫更是《诗经》《楚辞》中的汉水女神的气质呼应，于是就有了李百药、李白、杜甫、孟浩然，张子容、储光羲、陆龟蒙等30多位诗人，心向往之，追踪行吟，互趋唱和，尽展才华，诗文流传，光灿典籍。乃至宋有苏轼，直到清代还有王士禛咏之。现当代学者中还有闻一多、姜亮夫、钱穆等在文论中也大量地述及。

东瓯永嘉多出女神，而西周二延是为典范，其美好代表着南国女性的精神和形象，也是永嘉美好女性的写照。3000多年后，我们在古诗文能看到如此美好的前辈女子，诚是我乡之幸，也昭示了东瓯永嘉在远古时代曾经有过比较发达的文明时期。神乎其人，人乎其神，这也反映出我们漫长的历史进程中，中华文化精神的嬗变，众所周知，商周时代的神道设教，在春秋之后的人本思潮冲击下，开始走向人道教化，具有真善美的人物，成为人们膜拜的标杆，况乎《诗》以歌之，赋以颂之的汉水游女。作为中国第一例江湖女神，是东瓯出身的贤淑女子与上古祭祀河源百川风俗的绝美结合，上巳修禊、端午驱邪这两项中国重要的岁时习俗，是东瓯二延与三闾大夫相互成就的，是中国文化历史上的亮丽风景，也是中国文学史上两个最为美好的文学形象。

神女其来，永受嘉福！

永嘉孝子代父死难诗

　　明朝万历年间，永嘉有位叫姜准的读书人，写了《岐海琐谈》一书。"岐海"是什么意思？根据郭璞对《山海经·海内南经》的注释："今临海永宁县，即东瓯，在岐海中也。"由此可知，岐海就代指东瓯了。《岐海琐谈》就专门记载温州的林林总总，为研究元明时期温州的政治经济文化提供了丰富的史料。书中也多有奇闻异事的记载，《永嘉孝子代父死难诗》一则，读后令人扼腕长叹，作三日心疼。

　　元延祐六年（1319），在台州黄岩一带流传着"洋屿青，出海精"的童谣。洋屿是一座光秃秃的小山，寸草不生，却忽然在这一年变得草木葱茏，一派生机。也就在这一年，一个男婴在洋屿山脚降生，他就是方国珍。《明史》说他"长身黑面，体白如瓠，力逐奔马"。元至正八年（1348），平时以贩卖私盐为生的方国珍，遭到仇家陷害，就杀了仇家，然后入海为盗，很快就聚众数千，劫掠往来船只，成为威震东南沿海的"海精"。

元至正十七年（1357），方国珍攻占温州。次年，方国珍派他的堂侄方明善在温州据守。楠溪古庙义士刘公宽，成立了地方武装，在古庙一带布防，对抗方明善。刘公宽慷慨激昂地对手下人说："方明善荼毒温州，而我们温州人却忍声吞气，大家不觉得问心有愧吗？"这一年的农历九月十日，趁着夜色，刘公宽率众渡过瓯江，去偷袭方明善。当冲进方明善的卧室时，只杀了一名叫杨廷宪的侍从，方明善却从暗道侥幸逃走了。

从鬼门关捡回一条性命的方明善，认为这次偷袭必定有内应，而最最值得怀疑的对象就是刘公宽的哥哥，时任县尹（相当于县长）的刘公源。于是，在城内大肆搜捕刘氏亲友，许多无辜的人受到了牵连，许多颗无辜的人头遽然落地。在刑场上，更是出现了令人惨痛不已的揪心场面，有代兄长去死的周士威，有代父亲去死的魏保、胡野庐。呜呼！"其为人也孝弟，而好犯上者，鲜矣；不好犯上，而好作乱者，未之有也。"可惜的是，只晓得杀人越货的海盗方明善哪里懂得这个道理？

据万历《温州府志》记载，胡野庐是永嘉人，二十一岁，在县衙供职。在这次大搜捕中，他的父亲胡义也被抓了去。他毅然决然挺身而出，说："在刘县尹手下当差的是我，抓我父亲干什么？"于是，从容代父赴死。

《岐海琐谈》记载的这首《永嘉孝子代父死难诗》曰：

> 西风凛凛杀人天，虚度光阴二十年。
>
> 满拟曾参养曾晳，岂期颜路泣颜渊。
>
> 白头老父收骸骨，红粉佳人挂纸钱。
>
> 明日音书报慈父，一声儿子一声冤。

也许是在刑场随口吟诗的缘故，整首诗明白如话，不必多做解释，只有颔联中的几位历史人物需要搞清关系：曾晳是曾参的父亲，颜路是颜渊的父亲，他们四人都是孔子的学生。

如果从艺术的角度来看，这首诗写得也有可取之处，但关键还是在于感情真挚，直抒胸臆，正像曾参所说的"鸟之将死，其鸣也哀；人之将死，其言也善"，所以自有一种感人的魅力在内。孝子之心，赤子之心，一片真情自心地流出，不必字斟句酌，便能缠绵贴肉，打动人心。"西风凛凛杀人天"，劈头一句，先声夺人，场景感十足。"白头老父收骸骨，红粉佳人挂纸钱"，令人情何以堪！正看侧看，横看竖看，只是血泪模糊，模糊血泪。如果我们把这首诗看作是用血和泪写成的临终绝唱就一切都好理解了。

　　视死如归不是一句空话，不是人人都能做到的，到了刑场，不尿裤子就算一条汉子了。试想，历史上除了嵇康在刑场弹琴外，还有谁能够面对屠刀吟诗呢？其人是何等气量？何等胸襟？而以代死这种极端方式去保全亲人，古今又有几人？因此我说，这是真孝子，是真诗人，是真丈夫。

　　这首诗的作者到底是谁？七百多年过去了，早就成了一笔糊涂账。那么，这笔账应该记在谁头上？代父死难的有魏保、胡野庐两人，《岐海琐谈》也搞不清楚："魏邪？胡邪？谨阙疑以俟知者。"我不是"知者"，却喜欢推测，总认为这首诗出自胡野庐之口。何以见得？胡野庐在县衙工作，应该具备相当的文字功底，再说了，"野庐"这名字不是很有诗人范吗？

　　魏保？也许是"魏宝"，市井细民耳。

近 10 年来，我从采访谢灵运山水诗踪迹引出徐定超祠堂守护人陈其桃家族，从追溯陈氏迁居史引出桥头铸造业，进而引出镬炉铸造师傅黄氏。一路上，旁逸斜出，引出一段桥头工商业发展史。犁锅铸造曾经是司空见惯的日常生产生活形态，经历数十年变迁，已经成为珍稀的非物质文化记忆。

2012 年 11 月 2 日，因"探寻谢灵运山水诗之旅"采访活动，我在江心屿徐公祠（澄鲜阁）前采访管理房住户应明珠，她是徐公祠守护人陈其桃的儿媳妇，透露陈家来自菇溪桥头窑底村。由于陈家族人迁居和改姓，所以我在窑底村找不到访问线索。古代军事攻城往往借助云梯，现代人建造房屋往往要搭脚手架，借梯升屋。2022 年 8 月 25 日，我让应明珠次子陈中庆提供本家三代人的辈分用字，并回忆童年走访桥头叔父叶克兰住地场景，作为考证陈家世系源流的辅助线索。9 月 2 日，我在桥头

镇前庄村委会的会议室，以座谈人证和查阅宗谱物证相结合，终于破解徐公祠守护人陈其桃的家族来源之谜。

前庄村高龄老人陈必琴（1927年生）介绍："陈岩元（其仲，陈其桃堂弟）住址在窑底村庄坑石板桥附近，原为陈明伦（唱词盲人）居住大屋，曾被桥头村办犁锅厂（实为1958年炼铁厂）占用。于是陈岩元一家人搬到窑底村中心地带居住。后来，陈岩元子叶克兰又在桥头岩头（即窑底庄坑）建房居住。桥头村犁锅厂不远处是桥头村农械厂。"这条信息印证陈中庆回忆叶克兰住宅环境，也透露桥头工商业崛起初期的信息。

我在桥头镇前庄村采访结束，返回上塘，晚上阅读当日（2023年9月2日）的《今日永嘉》周末版，恰有董秀燕《镬炉村的前世今生的故事》专访文章，提到镬炉村民到桥头办犁锅厂情节。9月5日，我询问桥头镇桥西村支部书记叶柏辉知，桥头岩头位于桥头镇中心小学一带，该校园一半属于窑底村、一半属于桥西村（1961年从桥头村分出）。查阅腾讯地图，桥头镇中心小学东侧有横跨菇溪桥梁，西侧不远处是窑底村综合大楼。

1971年，永嘉菇溪桥头村创办犁锅厂，聘请古庙北山和枫林镬炉的技术人员，从事开炉翻砂铸造农具，产业规模不断发展壮大，带动村民就业致富。后来，犁锅厂不断转型，股东们有的从政，有的成为知名企业家，旧厂址成为桥头集镇崛起的重要支点。近年来，北山经济转型，翻砂铸造业外迁，厂房已经空置。镬炉村铸造业随着农业机械化程度提高不断衰落，至今只有 2 户人家坚守传统工艺，产品供应浙南山区小畦田地耕作农户，已经成为非物质文化项目传承人。昔日遍布各乡镇的犁锅厂和农械厂风光不再，已经成为历史文化记忆。展望未来，还得看看来时的路径，于是我开始探索桥头村犁锅厂的历史。

2022 年 9 月 6 日，笔者采访枫林镇镬炉村黄宗义（71 岁）得知，桥头犁锅厂确实位于今桥头镇中心小学所在位置。黄宗义说，桥头犁锅厂在溪边，有老石板桥，是三粒石板拼成桥面，桥头农械厂在山边，两厂隔着公路。犁锅厂厂长是叶正强（实为吴世开），创办之初，访到枫林镬炉村犁锅铸造师傅黄善妹、黄宗星叔侄，请他们到厂担任开炉技术老司，在桥头村收阿存（王定存，2021 年去世）为学徒。1974 年，黄善妹让儿子黄宗义到桥头厂里做学徒帮忙，产品有铸镬、犁头、犁壁，都是支农产品，

桥头菇溪石板桥

每年要铸造 3000 件犁头、犁壁供应桥头镇辖区。另外，黄善妹还要到温溪犁锅厂帮助开炉，铸造镬、犁头、犁壁，每年也是 3000 件左右。温溪犁锅厂、翻砂厂、木材厂三合一，规模比桥头犁锅厂要大得多，厂长是老蔡，副厂长名字为进辉，会计是温溪派出所所长的妻子郑兰英。到青田温溪犁锅厂做工的还有镬炉村黄宗琐、黄宗奇兄弟。黄宗义从枫林镬炉村到桥头锅炉厂，基本上是坐船到温州，再转到桥头石板桥处，上岸到父亲的厂里，10 多年行程都是如此。最近几年，黄宗义依然送货到桥头，犁锅厂旧址大致位置还记得。当年，办犁锅厂支农是头等大事，国家政策允许办厂，技术工人可以获得较高的报酬。如果不是支农，以三产盈利为主，那么就要割资本主义尾巴。

9 月 16 日，桥头村叶正强说，桥头村办犁锅厂的厂长是吴世开，老工人（股东）还有金国新、叶克其（正强父）。叶正强比较年轻，在桥头犁锅厂做工两年后去当兵，转业后从事行政工作。犁锅厂股份由其父叶克其接手。当时，厂里有古庙北山村和枫林镶炉村的技术工人。叶开其曾在桥头村当村长。

12月12日，吴世开介绍，1969年，他从部队转业。1971年，他和叶正强（克其子）、陈芝江（负责采购）、陈明尧、陈志跃、金国新、陈世堂7人创办犁锅厂。1972年，搬到窑底村庄坑叶嘉进的三间房屋，租用隔壁陈明谷三间房屋作办公室。一两年后，找到一处空地建造厂房。后来，叶正强参军，他的父亲叶克其进厂。不久，厂名改作桥头犁锅机械厂，增加车床、冲床，改制生产阀门。再后来工厂改作餐馆继续经营（叶克庭介绍，先前纽扣摊位摆在路上、桥头、学校门口经销。1984年，成立桥头工商所，拿出13万元给小学，搬迁校舍。桥头、桥一、桥西三个大队砍掉竹林，建成简易市场。1985年，原小学场地改建为五层建筑，作为纽扣市场）。桥头纽扣市场不方正，经工商部门协调，拆除犁锅厂部分房屋，作为桥头纽扣市场附属场地。后来因建设道路，桥头犁锅厂地基被征用，场址遗迹都没有了。

叶克其，91岁，原是桥头村大队长。1960年（《永嘉县地名志》作1961年），永临区区长潘洪高（岭头乡岭南村人）到桥头管理区指导农业生产，看到桥头村的社员因没有劳动力，妇女没有力气干活，农业生产指标抓不起来，要求桥头分出桥西、桥一，形成三个生产大队。叶克其、金国新、陈芝江（温州新城纽扣公司陈明南父）等人先是租用桥头壕门头陈松贵三间房屋，这里比较偏僻，就地取材，创办桥头村犁锅厂，六七人拉高脚风箱，烧炭翻砂铸造犁锅。这里办厂后，逐渐变得热闹起来。后来搬到桥头菇溪对岸的岩头（属于窑底村庄坑自然村地盘），租用陈明德（芝祥、芝连父）的房屋办厂。再后来，在空地建造厂房，增加动力，改作犁锅机械厂。后来改作餐馆，再改作万象商场。叶克其以桥头村大队长兼犁锅厂负责人，工人有几十人，技术师傅有枫林沙岗镀炉村黄善妹、古庙口北山陈光峰。据李庆鹏《温州新城纽扣饰品有限公司》介绍，桥头村陈芝江联合 7 个乡亲，每人筹资 70 元，创办桥头村犁锅厂。他们从沙头北山请来师傅（陈光峰），用手拉风箱，炼铁炉，生产锅和犁头，解决人民生活用锅和生产用犁头。父辈的商业基因成了陈明南在桥头商界基业长青的精神源头。

2022 年 12 月 20 日，陈明南说，他在外弹棉，寄回家 1000 元，他父亲陈芝江用 600 元建造房屋。然后发起创办桥头犁锅厂，先是租用陈芝祥、芝连父亲陈明德的房子作厂房。他父亲和他大哥（陈明尧）有两个股份，每股 70 元，父亲的股份后来转给他妹妹陈晓春（王林海妻子）。犁锅厂最后的场址位于桥西村老人亭所在地方，在桥头纽扣市场对面。桥头纽扣市场兴起之前的工业遗址记忆渐行渐远，知情人不失时机指点地址和口述事件，历史才能传承，为后人所借鉴。

回望来路，探索未来。2001 年 6 月，桥头镇政府征地拓宽道路而受阻，桥头市场经济发展空间受到限制。2007 年，因全国、浙江省、温州市政协征集史料编写《民营经济的兴起与发展》，当时永嘉县政协文史委主任徐崇统和我前往桥头镇，访谈桥头镇工办和工商所的老同志，希望整理桥头纽扣市场早期崛起和发展历程的史料，不得如愿，原来是 1996 年发大水，淹没档案。2011 年 4 月 25 日，我在永嘉县地方志办公室工作，到义乌市地方志办公室交流二轮修志经验，参观义乌小商品市场摊位和市场历史陈列馆，非常震撼人心。义乌市场赶超桥头市场，后来居上，很值得我们借鉴。

2018 年 8 月 13 日，华东师范大学历史系博士生导师冯筱才教授带领学生萧建业、吕红运、杨学嘉到桥头镇访谈桥头纽扣市场发展史，有桥头工商所退休人员叶克庭、财税所老所长黄正昌、纽扣市场党支部老书记王碎奶、桥头纽扣商会会长王永铮、福光拉链厂陈芝田、长城拉链厂叶克连、钛金镀膜厂邹永芳、桥头育才控股集团陈孔亮等参加座谈口述，永嘉县志办谢向荣、徐逸龙和桥头镇党政办徐芳芳陪同。王碎奶在纽扣市场经营40年，当支部书记37年。其丈夫陈芝来在桥头大队当会计30年，中间兼任桥头犁锅厂会计。2022年8月，我得知桥头犁锅厂旧址，成为纽扣市场一角，在发展市场经济，促进桥头城镇建设、提升交通条件方面起着铺垫作用，就陆续做访谈，整理成文。

中央涂

◎ 陈章仁

冬日的一天，寒风萧瑟，天色苍茫。我又一次徘徊在东瓯大桥南端西侧的望江西路上。左边不远是卧旗山，右手靠近的是翠微山，身处两山怀抱，面对瓯江波涛奔流、北岸群山连绵，过去永嘉桥下浦石村的中央涂就坐落在此。但不见昔日江涂泥滩、野鸭鹭飞、芦苇咸草一片片，唯有街道纵横、车水马龙、滨江绿树成荫望不到边；不见当年堤塘逶迤、水田井联、稻花菽荚飘香，却见"广润嘉苑"、"玉锦麟"新建的住宅小区高楼鳞次栉比，繁华喧闹。近观东瓯大桥跨南北，长虹飞渡，连接千载隔江乡下城里一线牵；翘首回望，楼宇遍地，桩架擎天，那隆隆机声已将这一片融入温州城西大发展的蓝图展现。

据浦石村的长者回忆，中央涂、卧旗涂成因是由于瓯江上游水流受卧旗山阻挡，转向江北河田、前牌村一带冲刷，致该山下游和翠微山之间下寅村一带原有江岸涂泥淤塞，日久成洲。

那时的中央涂东西长条形，呈香蕉状，北临瓯江，南隔二港，与下寅的温州木材厂毗邻。大约在上世纪初期，浦石门前山的陈茂坤正值壮年，通过勤劳致富，积下不菲家财。当他得知下寅江涂不断扩大，知其后日必有可图之利，便一边在中央涂上围滩垦荒，插咸草、种茭笋等，一边逐年垒堤筑塘、占地囤田。同时，他还向下寅人便宜购买涂田，即"飞机场"那些塘底涂田。

正当陈茂坤置田扩业、施展宏图之际，恰逢新中国成立，颁布了新的土地法，废除封建地主阶级的土地私有制。公民按贫富、土地的多寡划分"地主、富农、贫农"等不同阶级。陈茂坤之子陈洪福被划为地主阶级成分，他们家的房屋、田地都被分给那些一穷二白的贫下中农。1956年，农村实行人民公社化，这些土地归梅岙人民公社浦石生产大队集体所有了。于是，村里四个生产队每个生产小队均有田地在中央涂。

由于那时候交通落后，从浦石村到中央涂生产劳作，因隔江，得靠舢板木船划来划去，非常不方便。记得每次农忙时节去插秧或割稻，生产队长事先要根据潮水涨落，定日定时，提早做好农事准备：比如去插秧，头一天要先拔好秧苗；若去割稻，要把稻桶、稻梯、长箩等早早准备好，更不能忘了备上中餐饭包。那个年代生活还比较艰苦，大多是带饭桶盛番薯干饭或米饭，也有偶带米扁儿（饼）或水浸糕（年糕）。第二天一大早，大家就一齐到村口码头乘船，一路有说有笑。但等到下午劳动结束，个个泥衣污面，一身疲惫，赶着瓯江潮涨，闷声不吭地乘船回村。

那个年代农机水利还比较落后，农田生产基本是靠天吃饭，中央涂的灌溉更成了难题。农作物除了比较高旱地块撒种"花香（籽可打油）"以外，基本上都以种水稻为主。插秧前，队里要早几天派人，先把耕牛用船运去中央涂，依靠牛力犁田、耙田，把水田通平，然后才好插秧。一次轮到我父亲去中央涂"塔田"（方言，即耕田），正好我初中放农忙假，父亲就让我帮忙。为防耕牛乘船过程中跳窜，父亲一边谨慎地划桨，一边让我牵着牛绳，不断喂草料，稳住它情绪。好不容易把牛运到中央涂，便要开始连续耕作，当天不能回家，要等队里的田全部平整完毕方可返回。所以那几天，人和牛都要住在涂上临时搭建的简易棚里过夜，这可就受罪了。且不说涂滩草丛茂密，蚊子又黑又大似苍蝇，成群结队围着你转，蚊香根本驱不散。加之四周浪涛哗啦啦响不停，以及漆黑的棚外传来飞禽和不知名动物的哀鸣与怪叫声，让我彻夜辗转，惊怵难眠。

最让我为难的是烧饭。一般早饭、晚饭父亲会打理，但中午他想趁牛多干活儿，就让我动手。糟糕的是从家里带出来的柴爿还不是很干燥，要去周边堤塘上找些干枯的杂草苇叶来引火。偏偏五月梅雨连绵，到处湿漉漉的，找来的枯草苇叶，根本就很难引火。我把自来火（火柴）擦了一根又一根，草叶烧了一把又一把，一会儿趴在地上，嘴巴朝着镬灶口"囉囉囉"地不停吹气，一会儿又拿把破棕榈扇"嚤啪嚤啪"地对着镬灶孔里的柴爿，不停地煽。结果弄得满脸黑不溜秋的，像个"镬灶佛（灶神爷）"一样，费尽了吃奶的力，总算将柴火点燃。等到饥肠饥肠辘辘的父亲揭开锅盖，却见大半白米粒都粘在镬底，散发着刺鼻的焦味。我一看，心里直打鼓。一贯凶巴巴板着脸的父亲，此时却只瞟了我一眼，淡淡地说："以后闻到了饭香，就不要再烧了，闷一阵子就可以了。"说完，他把那些乌焦发黄的米饭全都盛在自己的碗里，默默地吃了起来，而把那些没有乌焦的米饭都剩给我……父亲一生不善言语，但在壮年时，每当脾气一上来就会骂人，但我对他始终敬畏！

当然，去中央涂劳动也有苦中作乐的时光。农闲时去耘田、拔草或除虫、施肥，任务比较轻松，大家抓紧干活，提前完工。然后，就一起嘻嘻哈哈地划着舢板船，有时去温州江心屿逛逛，有时去城里西角大桥头吃面、喝啤酒，那快乐、惬意，至今记忆犹新。

1979 年改革开放后，经村集体协商，动员部分村民前往中央涂居住，并分田承包经营那片土地。通过自愿报名、签订协议，全村四个生产队共有 11 户先后迁居中央涂。随后几年，由于温州木材厂在南港大量停放木排，堆集木材，致使沙泥沉积，江涂淤塞，逐渐把中央涂和下寅连接。那段时期，永嘉的桥头、桥下等地一些人，瞄准中央涂和温州市区距离近，陆续来此买地买房，建房租房。同时，凭借其毗邻鹿城鞋都工业区之交通便利，商贾云集，人员大增，空前繁荣。其时中央涂行政上虽属永嘉桥下镇（1992 年梅岙乡撤并）管理，但鞭长莫及，治安比较混乱，先后发生多次聚众斗殴事件甚至命案。

2001 年 8 月，经国务院批准温州市区进行行政区域调整，浦石村中央涂 11 户、土地 70 亩划入鹿城区双屿街道管辖。自此，这片土地告别了永嘉版图。

老灯塔与礁下港济众社

在瓯北礁下的江边有一座不起眼的老灯塔，离他不远处就是新建的 104 国道瓯江特大桥，渺小与宏大、沧桑与崭新、古老与现代的对比尤为强烈。始建于 1918 年的礁下灯塔已经走过了 100 多年的历史，为数不清的航船指引了航道，往来温处之间的瓯江夜航人永远要感谢这座灯塔。

灯塔所在的位置有三处礁石，处于温州与丽水水上交通的要道上，船只往来众多。潮落的时候，礁石从水里露出来，潮涨的时候，礁石就隐藏在水下，江上的船只一不留心就会有触礁的危险，从古至今船难时有发生，极其凶险。现在瓯北有两个常用的地名"礁下"和"礁头"就是因这里的礁石而得名，在礁石下方的聚落叫礁下，现在是礁下社区；在礁石上方的村落叫礁头，现在是和一、和二、和三三个社区。

温州图书馆里藏有一份 1923 年印制的《永嘉礁下港济众社》

相关材料，网上的个别文章没有仔细读材料，把 1918 年的建塔与 1923 年济众社成立混在一起。

　　《组织永嘉礁下港济众社缘起》里提到了两起船难事件。一起是民国二年（1913年），永嘉的宪兵教练官包綮英长子由青田赶赴温州，在此处触礁，同船的总共有二十四人，仅六人存活，其余人全部死于船难。另一起是清朝道光咸丰年间，某位温州知府的家眷也是在这里触礁身亡。

清道咸年间的船难发生后，曾在此处置田建灯，大概率是让人以在这里挂灯笼之类的方式提醒船家过往这里要注意，雇人挂灯笼自然会产生开销，所以需要捐赠一定的田亩用于日常开支。不过时间久了，这套做法慢慢地就废驰了，仅存石碑，字迹已经模糊不清。民国时期的船难发生后，当地的乡贤士绅迅速行动起来，"醵资设球镫于险处，俾舟人知所趋避也"，就是大家一起筹资挂灯笼提醒船家注意，有效减少了船难事故。这只是权宜之计，最终的解决方案还是要建造永久性的灯塔，因为工程浩大，经费没有着落一直搁置。

黄庆澜来温州担任瓯海道尹一职后，极力促成这项工程，发起募捐、筹集资金，据瓯海关报告的内容，官员和商家等捐了600余元，灯塔最终在1918年得以落成。永嘉县官方另外每年支出120元用于维持灯塔运行的灯油、雇工等日常开支。塔分为两层，最上层放灯，下层是管理人员的居住场所，灯的光影照射到礁石上面，指引船只趋避。

所以1918年在社会爱心人士的关心下，礁下灯塔得以落成，此时灯塔的日常运行主要靠政府支出得以维持。

到了1923年，灯塔的运行模式发生了一些变化，地方上的爱心人士在这一年成立了"永嘉县礁下港济众社"，济众社主要是由温州当地的陈子明、林桂生、陶履臣、林云龙、蔡冠夫等工商界人士发起，以礁下灯塔管理为核心、热心于公益事业的社会团体，除了灯塔管理外，还有搜救收埋等职能。济众社成立时，总共有一百八十余名捐资者以及一百余家商号参与了捐资成为社员，其中不乏金三益、严升记等当时温州的知名商号，总共募集了将近3000元，募集的资金存放在钱庄，产生的利息用于日常开支。

济众社的成立有着特别的意义，灯塔从原来的灯塔由官方独自出资维持日常管理转变为官方与民间社会力量共同参与的模式，同时兼具着瓯江上的搜救职能，遇到船难事故及时出动搜救。济众社设常驻员一人、常驻水手一人、救生船一只、预备衣服若干件、药物若干、大铜锣一面、棺木若干，常驻员兼任看守灯塔，常驻水手专管救生船而兼施救收埋等事务。准备铜锣是担心万一救援力量不够，可敲锣召集邻近的船夫一起帮忙。济众社每年还会在中元节这一天在瓯江上举办水陆法会超度江上因船难身故之人。

民国时社会动荡，政府财政困难，在民生、慈善救助等领域根本没有能力采取更多的措施，主要依靠民间力量的支持，在这方面士绅和工商人士作出了大量贡献。蔡冠夫曾任民国时期的永嘉商会会长，除了带头成立礁下港济众社外，蔡冠夫等人还发起成立了民间医疗慈善机构普安施医施药局，诊病给药，概不收费，是现在温州市中医院的前身。

虽然礁下灯塔已经停止了使用，但他仍然伫立在江边，凝视着茫茫的瓯江。

中華民國癸亥年秋月立

嘉永礁下港齊眾社三三

博利石印局代印

274

图书在版编目（ＣＩＰ）数据

永嘉文史资料. 第三十八辑 / 永嘉县政协文化文史和学习委员会编 .
-- 北京：中国文史出版社，2024.11. -- ISBN 978-7-5205-5008-6

Ⅰ . K295.54

中国国家版本馆 CIP 数据核字第 2024GY5269 号

责任编辑：戴小璇　詹红旗

出版发行：中国文史出版社

社　　　址：北京市西城区太平桥大街 23 号　　邮　　编：100811

印　　装：温州市北大方印务有限公司

经　　销：全国新华书店

开　　本：787mm×1092mm 1/16

印　　张：17.25

字　　数：187 千字

版　　次：2025 年 1 月北京第 1 版

印　　次：2025 年 1 月第 1 次印刷

定　　价：88.00 元

文史版图书如有印、装错误，工厂负责退换。